Fred Christmann

Faszination Psyche

Wissen & Leben
Schattauer

herausgegeben von Wulf Bertram

Zum Herausgeber von „Wissen & Leben“:

Wulf Bertram, Dipl.-Psych. Dr. med., geb. in Soest/Westfalen. Studium der Psychologie und Soziologie in Hamburg. War nach einer Vorlesung über Neurophysiologie von der Hirnforschung so fasziniert, dass er spontan zusätzlich ein Medizinstudium begann. Zunächst Klinischer Psychologe im Univ.-Krankenhaus Hamburg-Eppendorf, nach dem Staatsexamen und der Promotion in Medizin psychiatrischer Assistenzarzt in der Provinz Arezzo/Italien und in Kaufbeuren. 1985 Lektor für medizinische Lehrbücher in einem Münchener Fachverlag, ab 1988 wissenschaftlicher Leiter des Schattauer Verlags, seit 1992 dessen verlegerischer Geschäftsführer. Ist überzeugt, dass Lernen ein Minimum an Spaß machen muss, wenn es effektiv sein soll. Aus dieser Einsicht gründete er 2009 auch die Taschenbuchreihe „Wissen & Leben“, in der wissenschaftlich renommierte Autoren anspruchsvolle Themen auf unterhaltsame Weise präsentieren. Bertram hat eine Ausbildung in Gesprächs- und Verhaltenstherapie sowie in Tiefenpsychologischer Psychotherapie und ist neben seiner Verlagstätigkeit als Psychotherapeut und Coach in eigener Praxis tätig.

Fred Christmann

Faszination Psyche

Sich selbst und andere besser verstehen

Schattauer

Dipl.-Psych. Dr. Fred Christmann
Stiftung Psyche
Am Hohengeren 9
70188 Stuttgart
f.christmann@stiftung-psyche.de

Bibliografische Information der Deutschen Nationalbibliothek
Die Deutsche Nationalbibliothek verzeichnet diese Publikation in der Deutschen Nationalbibliografie; detaillierte bibliografische Daten sind im Internet über http://dnb.d-nb.de abrufbar.

Schattauer
www.schattauer.de

Printed in Germany
Cover: unter Verwendung einer Abbildung von shutterstock.com © angkrit
Gesetzt von am-productions GmbH, Wiesloch
Gedruckt und gebunden von Friedrich Pustet GmbH & Co. KG, Regensburg
ISBN 978-3-608-43292-3

2. Nachdruck, 2023

Lektorat: Maren Klingelhöfer
Projektmanagement: Dr. Nadja Urbani

Auch als eBook erhältlich

Vorwort

Woran sollen wir uns heute orientieren, wenn Traditionen überholt sind und permanenter Wandel die Gegenwart prägt? Früher gab die Religion den Menschen Orientierung. Die Sicherheit, die man der religiösen Ordnung verdankte, ging häufig mit Schuldgefühlen einher, denn diese Ordnung war in der Regel mit Drohungen und Strafen bei Verfehlungen verbunden. Doch wer ist schon frei von Fehlern?

Heute hat die rationale Wissenschaft die Deutungshoheit über unser Leben übernommen. Erklärungen ersetzen Vorschriften, dennoch befriedigen die Antworten angesichts psychischer Abgründe manchmal nicht. Wir suchen mehr denn je nach Sinn und Glück. Immer mehr Menschen nehmen die Hilfe eines Psychotherapeuten in Anspruch, um für sich zu klären, wie ein gutes Leben aussieht und wie dieses gelingen könnte. Meist ist selbst in einer Psychotherapie die Zeit zu knapp, um alle wichtigen Punkte anzusprechen. Denn alles hängt mit allem zusammen. Dieses Buch versucht, eine Grundlage für die Beantwortung dieser Fragestellungen zu schaffen, Orientierung zu geben. Ein großes Spektrum psychologischer Themen, die unseren Alltag betreffen – von Angst über Glück und Persönlichkeit bis hin zu Veränderungsmöglichkeiten –, soll hier anhand wissenschaftlicher Experimente dargestellt werden. Denn es ist faszinierend, sich mit unserer Psyche und der Wissenschaft vom Verhalten und Erleben auseinanderzusetzen. Nichts ist graue Theorie, alles betrifft einen persönlich.

Sie erfahren in diesem Buch viel über sich, das Leben und den Umgang mit anderen. Als erfahrener Psychotherapeut, der zudem seit vielen Jahren psychologische Inhalte in Ausstellungsführungen und Stadtrundgängen vermittelt, weiß ich, dass viele Menschen an der Psychologie und ihrer

Anwendung interessiert sind. Dieses Buch soll das bestehende Interesse befriedigen.

Zudem bietet es konkrete Tipps und online zwei 30-minütige **Audioübungen**, die dabei helfen, die gewonnenen Erkenntnisse in neues Verhalten zu überführen.

Die digitalen Zusatzmaterialien zu diesem Buch haben wir Ihnen zum Download auf www.klett-cotta.de bereitgestellt. Geben Sie im Suchfeld auf unserer Homepage den folgenden Such-Code ein: OM43292 So gelangen Sie zur Download-Seite, wo Sie die Materialien herunterladen können.

Wer sich und andere besser versteht, wird eher ein gutes Leben führen können und auch mehr von einer Psychotherapie profitieren.

Fred Christmann

Durch das Verstehen lösen wir uns von der Beherrschung durch das Unbewusste.

(Carl Gustav Jung, Begründer der analytischen Psychologie)

Inhalt

Online-Material:
www.klett-cotta.de
(hier OM43292 ins Suchfeld eingeben)

1 Psychologische Experimente – objektiver Erkenntnisgewinn?

Psychologie ist die Wissenschaft vom Erleben und Verhalten. Sie gewinnt ihre Erkenntnisse meist durch Befragung oder Beobachtung der Menschen. Beiden Methoden sind Grenzen gesetzt. Viele Menschen können über ihr Inneres nur sehr schlecht Auskunft geben, und über ein mögliches Verhalten in einer noch nie erlebten Situation täuschen sie sich in der Regel sehr. Beobachtung führt oft zu verfälschten Ergebnissen, weil sich dadurch das Erleben und Verhalten der beobachteten Personen verändert. Beim Sex ist es offensichtlich, dass ein beobachtender Versuchsleiter oder auch eine Kameraaufzeichnung für die anschließende wissenschaftliche Analyse die Intimität beeinflussen würde. Befragungen sind jedoch wenig zuverlässig. So sinken die Angaben zur Häufigkeit sexueller Aktivität unter Partnern, wenn nach einer Befragung mittels Fragebogen später noch einmal dieselbe Frage im Rahmen eines Lügendetektorexperiments wiederholt wird. Die Neigung zu sozial erwünschtem Verhalten lässt sich meist nur durch trickreiche Experimente verhindern, wie durch die angebliche Ableitung objektiver Messwerte mittels Lügendetektor.

Der Wahrheit über unsere Psyche kommt man in wissenschaftlichen Experimenten oft näher als mittels anderer Methoden. Viele klassische Experimente haben selbst ihre Versuchsleiter überrascht! Manches Rätsel um die Seele konnte experimentell gelöst werden, z. B. die Frage, warum wir anderen in Notlagen nicht helfen, wenn gleichzeitig viele weitere Personen anwesend sind. Trotz großen Erkenntnisgewinns gibt es aber Kritik an vielen Experimenten.

Kritik an psychologischen Experimenten

Ethische Bedenken. Einige Experimente dürften heute sogar wegen ethischer Bedenken nicht mehr durchgeführt werden. Ein besonders schlimmes Beispiel dafür ist das sogenannte Monsterexperiment: Der angesehene US-amerikanische Psychologe Wendell Johnson startete 1939 ein Experiment zur Klärung der Ursache des Stotterns. Johnson, der selbst stotterte, wollte beweisen, dass Kinder anfangen zu stottern, wenn Eltern und Lehrer auf harmlose Sprachfehler des Kindes reagieren und es dadurch verunsichern. Doch die Universität von Iowa veröffentlichte dieses Experiment nicht, weil Johnson einfach zu weit gegangen war. Es wurde erst 2001 von einem Journalisten wiederentdeckt und als Monsterexperiment bekannt, obwohl es aus Sicht des Forschers erfolgreich war: 22 Waisenkinder, die unter Sprachfehlern litten, wurden in zwei Gruppen aufgeteilt. Den Kindern beider Gruppen wurde mitgeteilt, dass man ihre Sprachfehler therapieren wolle. Die Kinder der einen Gruppe erhielten viel positives Feedback, sie wurden gelobt und ermutigt. Die Kinder der anderen Gruppe wurden hingegen wegen ihrer Sprachfehler getadelt und gehänselt. Durch diese mehr als zweifelhafte Behandlung verschlimmerten sich ihre Sprachfehler. Obwohl man den Kindern nach den Experimenten erklärte, dass mit ihrer Sprache alles in Ordnung sei, ließ sich der Schaden nicht mehr rückgängig machen. Viele Versuchsteilnehmer litten noch im Erwachsenenalter unter der Behandlung. Eines der Kinder lernte sogar nie wieder richtig sprechen. 2007 bekamen sechs der Teilnehmer vom Bundesstaat Iowa Schadensersatz zugesprochen.

Methodische Schwächen. Häufiger Anlass zur Kritik sind auch methodische Schwächen. Oft sei die Anzahl der Versuchspersonen eines Experiments zu klein, um repräsentative Aussagen ableiten zu können. Experimente müssten zudem von anderen Wissenschaftlern wiederholt werden, um den Versuchsleitereffekt, also den Einfluss der Erwartungen der beteiligten Forscher auf die Ergebnisse der Untersuchung, auszuschließen. In einem Laborexperiment, das Robert Rosenthal und Kermit L. Fode 1963 durchführten, wurden zwölf Studenten jeweils fünf Laborratten gegeben. Der einen Hälfte der Studenten wurde mitgeteilt, dass »ihre« Ratten so gezüchtet seien, dass sie einen Irrgarten besonders schnell durchlaufen konnten. Der anderen Hälfte der Studenten wurde gesagt, dass »ihre« Ratten dumm seien. Obwohl die Ratten in Wirklichkeit alle vom gleichen genetischen Stamm kamen, zeigten die angeblich intelligenten Ratten deutlich bessere Leistungen als die vermeintlich dummen Ratten der Kontrollgruppe. Die Erwartungen der studentischen Versuchsleiter hatten die Leistung der Ratten beeinflusst. Dieses als Rosenthal-Effekt bekannte Phänomen lässt sich ausschließen, wenn man ein Experiment von anderen Wissenschaftlern wiederholen lässt. Dies ist jedoch für Wissenschaftler wenig attraktiv, weil sie für ein solches Wiederholungsexperiment meistens keinen Ruhm ernten.

Halo-Effekt. Menschen sind nicht objektiv. Sie lassen sich von vielen Äußerlichkeiten beeindrucken. Das zeigte schon 1920 ein klassisches Experiment des Psychologen Edward Lee Thorndike: Er untersuchte, wie Vorgesetzte in der Armee ihre Untergebenen beurteilten, z. B. in Bezug auf Kondition, Charakter, Führungsqualitäten und Intelligenz. Dabei fiel ihm folgender Zusammenhang auf: Soldaten mit hübschem Gesicht und guter Körperhaltung erhielten in fast allen Bereichen hervorragende Noten. Soldaten mit einem weniger einnehmenden Äußeren wurden in fast allen Bereichen schlechter beurteilt. Diese Ergebnisse wurden in ähnlichen Experimenten vielfach bestätigt. So gelten Brillenträger als klug, Dicke als gemütlich und schöne

Menschen als sympathisch. Diese Tendenz wird als Halo-Effekt bezeichnet. Dabei handelt es sich um einen sogenannten Überstrahlungsfehler: Eine einzelne Eigenschaft kann so stark auf den Beurteiler wirken, dass sie alle anderen Merkmale überstrahlt.

Probanden. Nicht zuletzt sind die Ergebnisse psychologischer Experimente zu relativieren, weil diese meist mit weißen Studenten durchgeführt werden. Studenten sind zwar schnell zu rekrutieren, und der Aufwand für ein Experiment lässt sich somit in Grenzen halten, die Aussagekraft ist dann jedoch nicht sehr hoch.

Nutzen psychologischer Experimente

Nichtsdestotrotz geben die meisten psychologischen Experimente wichtige Aufschlüsse über Erleben, Denken und Verhalten. Gerade die berühmten Experimente wurden nach einer ersten studentischen Untersuchung auch mit Personen anderer Alters- und Berufsgruppen sowie in verschiedenen Ländern durchgeführt, sodass wir daraus wertvolle Hinweise für ein gutes Leben in unserem westlichen Kulturkreis ableiten können. Ein gutes Leben meint, dass wir angemessene Ziele für uns finden und sie im Einklang mit unseren persönlichen Bedürfnissen, aber auch mit anderen Menschen, realisieren.

Da wir zunächst von der eigenen Familie und dann von Kindergarten und Schule geprägt werden, beziehen sich unsere Erwartungen auch später immer auf diese Erfahrungen. Deshalb besteht die Gefahr, dass wir unsere Erfahrungen in dem uns gebotenen Kontext unzulässig verallgemeinern. Wir bewerten dann z. B. eine Meinungsverschiedenheit nicht als Gedankenaustausch, sondern als bedrohlichen Streit und wittern unter Umständen Bedrohungen, wo gar keine sind. Oder wir vermuten etwa Hilflosigkeit und bieten Hilfe an, wo Selbstständigkeit gewährt werden sollte. Die Wissenschaft vom Verhalten kann unser Leben bereichern, psychologische Experimente geben uns Hinweise. Welche Schlüsse wir daraus für unser Leben ziehen, bleibt uns selbst überlassen.

Ablauf eines psychologischen Experiments

Wie ein Experiment heute im Allgemeinen durchgeführt wird, sehen Sie in Abb. 1-1: Es muss eine ausreichend große Anzahl von Versuchspersonen rekrutiert werden, um Zufallseffekte ausschließen zu können. Ausgehend von einer Hypothese werden meist zwei Gruppen von Versuchsteilnehmern gebildet. Eine Gruppe erfährt dann eine bestimmte Behandlung, die andere Gruppe eine davon abweichende. Ergeben sich in den beiden Gruppen unterschiedliche Reaktionen, wird dieser Unterschied auf die Behandlung zurückgeführt.

Als eines der ersten Experimente der Psychologie gilt die Kraftmessstudie von Max Ringelmann aus dem Jahr 1883. Ringelmann ließ 20 Studenten allein und in Gruppen an einem fünf Meter langen Seil ziehen, dessen anderes Ende mit einem Kraftmessgerät verbunden war. Je mehr Leute am Seil zogen, desto geringer war die Leistung des Einzelnen. So bot bei einer Gruppe von acht Personen jeder durchschnittlich nur noch die Hälfte seiner Maximalleistung auf. Dieses Phänomen, den sogenannten »Ringelmann-Effekt«, kann man durch die menschliche Neigung erklären, es sich bequemer zu machen, wenn es auf die eigene Leistung nicht so sehr ankommt oder diese nicht so deutlich in Erscheinung tritt. Oder waren etwa Koordinationsprobleme am Seil für die nachlassende Zugkraft verantwortlich? Durch die Wiederholung des Experiments 1974

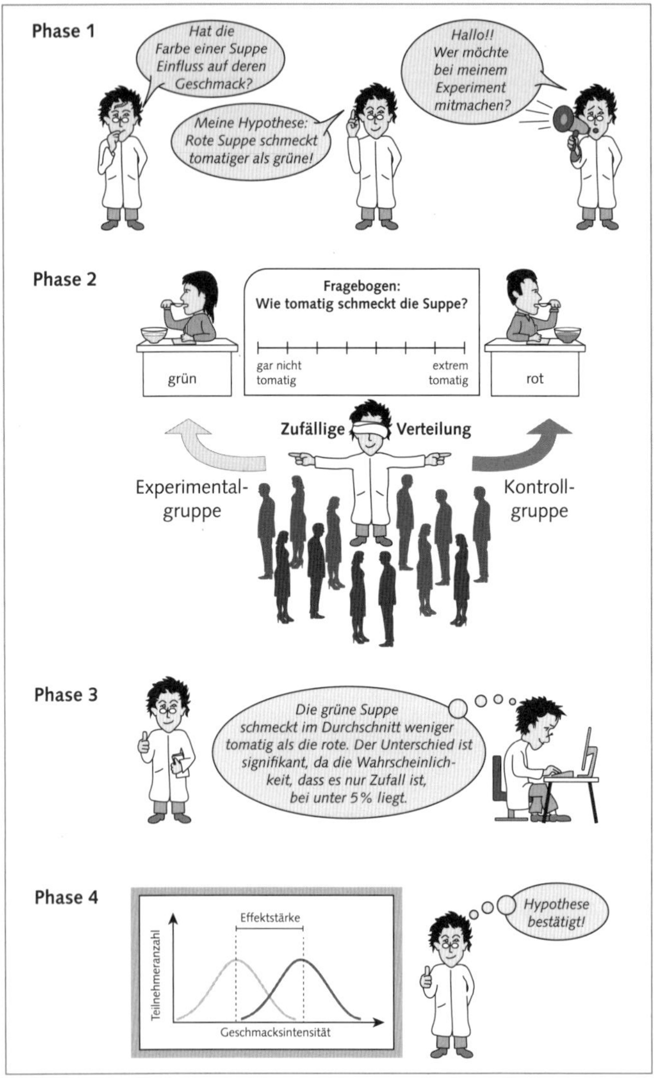

Abb. 1-1 Ablauf eines einfachen psychologischen Experiments

an der University of Washington in variierter Form konnte diese Erklärung ausgeschlossen werden: Nur die Leistung einer der Teilnehmer wurde gemessen, die anderen simulierten lediglich ihre Anstrengung. Dabei wurden der uneingeweihten Versuchsperson die Augen verbunden, sodass sie nichts von der Untätigkeit der anderen bemerken konnte. Tatsächlich ließ die Motivation wie beim Ringelmann-Experiment nach, die Leistung sank wieder entsprechend der Gruppengröße. Kein gutes Ergebnis für den Teamgedanken!

Heutige Experimente sind meist viel aufwendiger als bei Ringelmann, wie auch schon die Versuchsanordnung des Wiederholungsexperiments zeigt. Oft werden ganze Serien von Experimenten mit kleinen Variationen der Fragestellung über mehrere Jahre hinweg durchgeführt.

2 Wie unsere Psyche »funktioniert« – Lernen und Verhalten

Unsere Psyche – unser Erleben, Denken und Handeln – ist oft widersprüchlich. Das hängt unter anderem damit zusammen, dass das menschliche Gehirn im Laufe der Evolution entstanden ist – sozusagen im laufenden Betrieb. So entwickelten sich nach und nach verschiedene Bereiche für ähnliche Funktionen. Unter anderem verfügt unser Gehirn über zwei *Informationsverarbeitungssysteme*, diese sind – vereinfacht dargestellt – dem »alten« und dem »neuen« Gehirn zuzuordnen: Das »alte« Gehirn ist sehr schnell, undifferenziert, lebensrettend und produziert dafür auch hin und wieder einen Fehlalarm. Das »neue« Gehirn ist etwas langsamer, differenzierter, vermeidet Fehlalarme und ist damit auch in der Lage, Erklärungen für das Verhalten des ersten Systems zu finden (Abb. 2-1).

Stammesgeschichtlich hat sich also zunächst das *Überlebensprogramm* entwickelt. Gefühle sichern das Überleben, denn sie lassen uns schnell reagieren. Darum, dass wir uns wohlfühlen, geht es erst in zweiter Linie. Auch durch angeborene Neugier zeichnet sich jedes Lebewesen aus. Das junge Individuum soll und muss die Welt erkunden. Wenn es etwas älter wird, kennt es seine Welt, und die Neugier legt sich. Wachsen Lebewesen in einer für sie untypischen Umwelt auf, können sie neue Verhaltensweisen zeigen: Ein Hund, der bei einem Menschen aufwächst, springt eventuell durch einen Reifen. Solches Verhalten ist nicht angeboren, es wurde in der neuen Umwelt erworben. Welche Faktoren tragen nun dazu bei, dass Verhalten erworben, also gelernt wird? Welche Mechanismen erklären das Lernen von Verhaltensweisen?

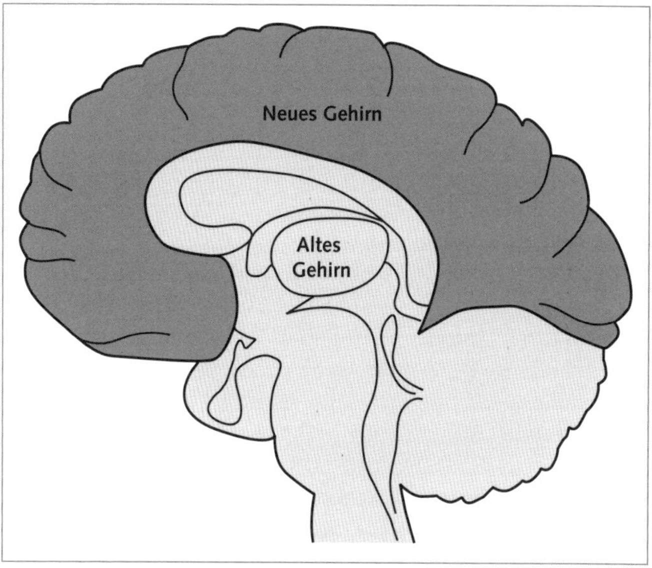

Abb. 2-1 „Altes" (hell) und „neues" (dunkel) Gehirn ermöglichen eine zweifache Informationsverarbeitung

Lernmechanismen des »alten« Gehirns

Nachahmung. Viele komplexe Verhaltensweisen lernen wir ganz einfach durch Beobachtung. Ohne dass uns jemand etwas erklärt oder für etwas lobt, lernen wir neues Verhalten. Durch Beobachtung lernen wir nicht nur das Verhalten, sondern erkennen auch die darauf folgenden Konsequenzen. So werden sogar komplexe Werte wie Friedfertigkeit oder Hilfsbereitschaft von Kindern durch Beobachtung der engen Bezugspersonen übernommen. Sehr beeindruckend ist auch, wie Ängste übertragen werden: Wenn Affen, die im Labor ohne Angst vor Schlangen aufgewachsen sind, nur ein einziges Mal mitbekommen, wie ihre Artgenossen angesichts einer Schlange in Panik geraten, zeigen auch sie von nun an panische Angst vor Schlangen.

Die meisten menschlichen Verhaltensweisen werden über Modelle erlernt.

(Albert Bandura, Lernpsychologe)

Klassische Konditionierung. Der russische Forscher Iwan P. Pawlow hat bereits 1905 in Experimenten mit Hunden herausgefunden, wie Verhalten erlernt wird. Wenn der Hund Futter bekommt, löst dies Speichelfluss aus – eine angeborene Reaktion. Wenn eine Glocke klingelt, reagiert der Hund zunächst nicht mit Speichelfluss. Wird einige Male die Fütterung mit dem Klingeln einer Glocke gekoppelt, folgt der Speichelfluss bald allein aufgrund des Klingelns – ein gelerntes Verhalten.

Dieses Prinzip der Gleichzeitigkeit ist ganz elementar für Lernvorgänge, wenn auch ohne bewusstes Verstehen. So können z. B. auch Ängste erzeugt werden, wie der Psychologe John B. Watson von der Johns Hopkins University in Baltimore 1920 in ethisch bedenklichen Versuchen gezeigt hat: Er führte den kleinen Albert, den Sohn einer in der Klinik angestellten Amme, in einen Raum mit verschiedenen Tieren, darunter eine weiße Ratte. Zunächst reagierte Albert neugierig auf die Ratte und spielte mit ihr. Als jedoch ein lauter Knall durch das Aufeinanderschlagen von Metallstangen hinter Alberts Rücken erklang, erschrak er und begann zu weinen. Im weiteren Verlauf wurde der Knall mit dem Anblick der Ratte gekoppelt. Wie bei Pawlows Hunden reichten wenige Reiz-Reaktions-Verknüpfungen, und schon hatte Albert die Angst vor dem Knall auf die Ratte übertragen: Er fing an zu weinen, allein wenn er die Ratte sah. Später hatte er sogar vor weißem Fell und Ähnlichem Angst.

Schon Pawlow hatte entdeckt, dass mittels Reizgeneralisierung die Speichelsekretion auch durch einen Reiz ausgelöst wird, der dem Klingelzeichen ähnelte, z. B. auch durch das Ertönen eines Gongs oder Flötentons. Diese *Generalisierung* bedarf keiner zusätzlichen Konditionierung für die ähnlichen Reize.

Die Angstreaktion selbst musste Albert nicht lernen, sie war schon in ihm angelegt, aber die Angst vor bestimmten Objekten hatte er gelernt. Viele Menschen haben vor harmlosen Situationen Angst, z. B. vor Prüfungen, obwohl dabei noch niemand verletzt wurde oder gar zu Tode kam. Auch dies ist eine gelernte Angst, wie wir sie von Albert kennen.

Pawlows Konditionierungsexperimente haben gezeigt, dass man gelernte Ängste durch mehrmalige Konfrontation ohne den unkonditionierten Reiz – beim kleinen Albert wäre das der erschreckende Knall – wieder »löschen« kann. Bevor Watson die *Löschung* bei Albert jedoch durchführen konnte, zog seine Mutter mit ihm in eine andere Stadt. Es ist nicht bekannt, wie stark die Experimente das Leben von Albert prägten. Doch ist davon auszugehen, dass er die gelernten Ängste nicht ohne Weiteres wieder verlernte.

So unglücklich die Versuche mit dem kleinen Albert waren, haben sie doch zur Entwicklung einer damals völlig neuen Therapierichtung, der *Verhaltenstherapie*, beigetragen. Profitiert haben davon bis heute viele Kinder, Jugendliche und Erwachsene mit Ängsten.

Besonders beeindruckend war die Therapie bei Marion, einer Studentin am Ende ihres Studiums. Sie war von klein auf unsicher gewesen und hatte in der Schule zunehmend Ängste vor Prüfungen entwickelt. Dennoch schaffte sie es irgendwie bis zum Studienende. Im Examen versagte sie jedoch mit einem klassischen Blackout. Und danach ging bei ihr in Prüfungen nichts mehr – totales Versagen, über Jahre. Sie baute in der Folge körperlich ab und wurde chronisch krank. Als sie endlich eine Verhaltenstherapie begann, war sie völlig deprimiert. Sie hatte keinerlei Hoffnung mehr und wollte sogar den angestrebten Beruf nicht mehr ausüben. Es ging ihr nur noch darum, nicht als totale Versagerin dazustehen, vor allem nicht vor den verzweifelten Eltern.

Trotz dieser bereits mehrere Jahre anhaltenden Misserfolgsgeschichte gelang in nur zweieinhalb Monaten Therapie der Durchbruch. Marion meisterte die gefürchtete Prüfung und danach auch alle weiteren Prüfungen. So hatte sie doch noch den Abschluss ihres Studiums geschafft. Auch danach ging es weiter aufwärts, sie erholte sich körperlich und psychisch. Ein wahrer Albtraum war zu Ende.

Operante Konditionierung. Für die Entwicklung der Verhaltenstherapie waren die Experimente von Burrhus Skinner von herausragender Bedeutung. Der US-amerikanische Psychologe ging noch weiter als Pawlow. Er wollte zeigen, wie neuartiges Verhalten erlernt werden kann. Dafür entwickelte er 1930 eine nach ihm benannte Apparatur, mit deren Hilfe er experimentelle Verhaltensstudien an Tieren durchführen konnte: Bei der *Skinner-Box* handelte es sich um einen Käfig mit glatten Wänden, in dem sich ein Hebel befand. Wenn man diesen drückte, fiel aus einem Schacht ein Futterstückchen. Wurde eine Ratte in die Box gesetzt, untersuchte sie diese zunächst genau, da sie Hunger hatte. Stieß sie dabei zufällig gegen den Hebel, bekam sie Futter. Nach einigen Glückstreffern lernte die Ratte recht schnell, den Hebeldruck mit der Futterausgabe in Verbindung zu bringen. Die Belohnung bestärkte die Ratte in ihrem Verhalten. Schließlich betätigte sie den Hebel in immer kürzeren Zeitabständen.

www.youtube.com/watch?v=TtfQlkGwE2U

Skinner demonstriert die operante Konditionierung.

Allein durch die Erwartung, Futter als Belohnung zu bekommen, wenn sie ein bestimmtes Verhalten zeigten, lernten Tiere bei Skinner die seltsamsten Verhaltensweisen. So drehten sich Tauben im Kreis, weil sie fälschlicherweise glaubten, dieses Verhalten löse die Futtergabe aus, und

Hunde fuhren sich auf ein gelerntes Signal hin mit der Pfote durchs Gesicht, als ob sie sich schämten.

Auch wir Menschen lernen sehr viel durch Belohnung, d.h. durch die Aktivierung eines Hirnareals, das als *Belohnungszentrum* bezeichnet wird. Es reagiert nicht nur auf Essen, sondern auch auf soziale Anerkennung, Lob und Gruppenzugehörigkeit. Wird uns die soziale Anerkennung verweigert, ist dies für uns Menschen sogar eine der härtesten Strafen überhaupt.

> *Verhalten wird durch positive und negative Verstärkung geformt.*
>
> (Burrhus F. Skinner, Behaviorist)

Am schnellsten lernen wir, wenn wir regelmäßig und zeitnah für ein gezeigtes Verhalten belohnt werden. Haben wir hingegen Angst vor negativen Konsequenzen, so versuchen wir stattdessen, die Situation zu vermeiden.

Um eigene Ängste zu überwinden, sollten wir Schritt für Schritt kleine Erfolgserlebnisse suchen (*positive Verstärkung*), anstatt den angsteinflößenden Situationen immer wieder auszuweichen. Denn wird eine angsterzeugende Situation vermieden, also ein unangenehmer Reiz entfernt, so verstärkt das Nachlassen der Angst das Vermeidungsverhalten (*negative Verstärkung*).

Durch die Konditionierungsexperimente von Pawlow und Skinner kann die Psychologie die Entstehung und Aufrechterhaltung von Ängsten und psychosomatischen Erkrankungen heute gut erklären. Dies hat wesentlich zur Entwicklung einer effektiven Behandlungsform bei Angst- und Traumaerkrankungen, der *Expositionstherapie*, beigetragen.

Lernmechanismen des »neuen« Gehirns

Mit der Weiterentwicklung des Gehirns wurde bewusstes Denken und somit auch bewusstes Lernen möglich. Doch auch das Lernen des »neuen« Gehirns läuft überwiegend un- oder halbbewusst ab. Aufgrund der Fähigkeit zur Reflexion können wir sogar Erklärungen für Reaktionen unseres »alten« Gehirns finden. Damit hängen auch unsere Konstruktionen von uns und der Welt zusammen (s. Kap. 4). Auch wenn das »neue« Gehirn für die Erklärungen zuständig ist, die zugrunde liegenden Motive entstammen dem »alten« Gehirn. Deshalb sagt man auch: Der Verstand ist nicht die Regierung des Menschen, sondern eher so etwas wie der Regierungssprecher. Er erfährt als Letzter, was beschlossen wurde, muss es aber nach außen vertreten und rechtfertigen. Die echten Entscheidungen fallen woanders, so machen die verschiedenen Regionen des »alten« Gehirns Lobbyarbeit für ihre Bedürfnisse.

Hinter dieser »Lobbyarbeit« im Gehirn stecken u. a. die *Neurotransmitter*, wichtige Botenstoffe zur Übertragung von Signalen. Wegen seiner Wirkung auf das Belohnungszentrum im Gehirn wird *Dopamin* auch als Glückshormon bezeichnet. Genauer gesagt, es aktiviert und motiviert (s. Kap. 15).

Der freie Wille

Ein Experiment des US-amerikanischen Physiologen Benjamin Libet von der University of California in San Francisco hat im Jahr 1979 für große Irritationen gesorgt. Noch heute wird angeregt diskutiert, was es im Hinblick auf unseren freien Willen bedeutet. Die Versuchspersonen sollten, wann immer sie wollten, die Hand heben und mitteilen, wann sie die bewusste Entscheidung dazu trafen. Dabei wurde mittels EEG-Ableitungen gemessen, wann in ihrem motorischen Cortex (Hirnrinde) die einleitende Nervenaktivität erfolgte. Das Ergebnis: Der Zeitpunkt, zu dem die Handlungsabsicht bewusst wurde, war deutlich später als der Zeitpunkt, zu dem der motorische Cortex die Bewegung vorzubereiten begann. Das Experiment wurde später von anderen Forschern mit ähnlichen Resultaten wiederholt. Libet interpretierte das Ergebnis so, dass unbewusste Gehirnprozesse Handlungen beschließen und die bewussten Hirnareale davon erst später in Kenntnis setzen. Daraus lässt sich folgern, dass wir keinen freien Willen haben. Wäre dies der Fall, hätte es erhebliche Auswirkungen auf unser Rechtssystem. Einige Hirnforscher schlossen sich dieser Auffassung an, andere sind der Ansicht, die Ergebnisse seien zu weitgehend interpretiert worden.

Zumindest spielen unbewusste Prozesse eine größere Rolle für das Funktionieren der Psyche, als wir uns das meist zugestehen. Zu gern möchten wir glauben, dass unsere Handlungen von vernünftigem Denken und bewussten Entscheidungen geleitet sind. Damit wären wir jedoch nicht sehr leistungsfähig. Wir Menschen sind so erstaunlich produktiv, weil unser Gehirn sich in seinen verschiedenen Bereichen selbst organisiert und uns mit seinen Automatisierungen die meiste Arbeit abnimmt.

Erfüllung unserer Grundbedürfnisse

Menschen streben nach Selbstbestätigung, was uns von anderen eher isoliert. Wir sind aber auch soziale Wesen mit einem Bindungsbedürfnis. So fühlen wir uns hin- und hergerissen zwischen Individualität und Anpassung, zwischen eigener Überzeugung und dem Erwartungsdruck durch Mitmenschen. Wir wollen dazugehören und sind doch anders. Jede Persönlichkeit hat unterschiedliche Bedürfnisse.

Wer gesprächig ist, braucht mehr Kommunikationspartner als jemand, der schüchtern ist und sich mehr allein beschäftigt. Wer offen und kreativ ist, sucht mehr intellektuelle Stimulation als ein Mensch, der am Bewährten festhält.

Aufbauend auf den Forschungen zu inneren Konflikten von Seymour Epstein und eigenen Untersuchungen formulierte der deutsche Psychologe und Therapieforscher Klaus Grawe die Konsistenztheorie für das psychische Funktionieren.

Grawe geht davon aus, dass bei uns Menschen vier Grundbedürfnisse gleichberechtigt evolutionär angelegt sind und nach Befriedigung streben:

1. Bindung,
2. Orientierung und Kontrolle,
3. Selbstwerterhöhung und Selbstwertschutz,
4. Lustgewinn und Unlustvermeidung.

Der Organismus ist bestrebt, diese Grundbedürfnisse auszugleichen und zu befriedigen. Diesen Zustand nennt man *Konsistenz*. Je höher und dauerhafter die Konsistenz, umso gesünder ist der Organismus. Es besteht Harmonie, man ist mit sich und der Welt eins.

Im Laufe des Lebens entwickelt das Individuum bestimmte Schemata oder Verhaltensstile, um die Befriedigung dieser Grundbedürfnisse zu erreichen. Eine frühkindliche Frustration einzelner Grundbedürfnisse bewirkt Inkonsistenz in Form einer Überwertigkeit des bedrohten Bedürfnisses. Diese Überwertigkeit eines Bedürfnisses stört die Befriedigung der anderen – seelisches Leid entsteht. So ist z. B. bei »klammernden« Personen das Bindungsbedürfnis überwertig. Bei sehr dominanten Personen ist hingegen das Kontrollbedürfnis stark ausgeprägt. Diese Menschen versuchen, in sozialen Situationen immer die Kontrolle zu behalten, indem sie Interaktionen und Gespräche beherrschen.

Balance hört sich leicht an – aber eine Balance der Grundbedürfnisse zu erreichen ist nicht einfach. Zu oft wohnen zwei Seelen in unserer Brust. Wir können uns dann nicht entscheiden, bleiben gefangen in Ambivalenz. Eventuell ist dies ein Anlass für eine Psychotherapie. Ihr Ziel wäre, dass der Betroffene sich selbst besser zu verstehen lernt, damit er Entscheidungen treffen kann, hinter denen er wirklich steht. Erst eine eindeutige Entscheidung ermöglicht nämlich eine Veränderung, indem beständig auf ein Ziel hingearbeitet wird. Ist ein Dilemma gelöst, wird das Ich gestärkt. Im Laufe des Lebens warten jedoch immer wieder neue Entwicklungsaufgaben auf uns. Wer z. B. als junger Mensch einen Partner gefunden hat, kann eine solche Herausforderung als alter Mensch trotzdem als schwierig empfinden. Auch ein starkes Ich kann ängstlich und mutlos werden, wenn die Situation es überfordert. Unsere Psyche funktioniert dann gut, wenn sie einen Ausgleich der vielfältigen Anforderungen schafft, wie es die folgenden Kapitel zeigen werden.

Das Streben nach Konsistenz bzw. nach Reduktion von Inkonsistenz stellt das Grundprinzip des psychischen Geschehens dar.

(Klaus Grawe, Klinischer Psychologe und Therapieforscher)

3 Ich und mein Selbstwert – sich des eigenen Wertes bewusst sein

Heute bestehen hohe Anforderungen an jeden von uns, das Beste aus sich zu machen. Kinder werden schon als Babys gefördert. Alle Kinder gehen zur Schule, viele wechseln auf das Gymnasium und wollen danach studieren. Gedacht ist Schule als Ort der Bestätigung. Für etliche Schüler ist sie jedoch eher ein Ort der Verunsicherung. Sie fragen sich: Schaffe ich das? Bin ich gut genug? Für manche Kinder und Jugendliche wird die Schule sogar zum Ort der Demütigung. Nicht wenige entwickeln eine Sozialangst. Sie haben Angst, nicht zu genügen, nicht dazuzugehören. Manche leiden unter Mobbing, werden ausgegrenzt.

Für viele Menschen beginnt in der Schule eine negative Entwicklung: Daraus, dass sie schlechtere Noten bekommen als einige andere oder dass sie zufällig von einer kleinen Gruppe abgelehnt werden, ziehen sie den verallgemeinernden Schluss »Ich bin dumm« oder »Keiner mag mich«. Später prüfen sie dann gar nicht mehr, ob die negativen Erfahrungen noch relevant sind, sondern es fehlt ihnen nun generell an Selbstvertrauen.

So können Sie das Selbstwertgefühl eines Kindes stärken

Ein Kind sollte in einer verlässlichen Umgebung mit klaren Strukturen aufwachsen. Von klein auf sollte ihm Vertrauen entgegengebracht werden, und es sollte zur Selbstständigkeit ermuntert werden. Überbehütung ist Gift! Wenn Schäden und Blessuren keine Katastrophen, sondern wertvolle Erfahrungen darstellen, können sich im Kind Selbstwirksamkeitserwartungen ausbilden. Es wird dann positiv und mutig auf die Welt zugehen. Bleiben Überforderungen aus, wird sich das Kind als wertvoll erleben.

Zurückweisung bedroht den Selbstwert

Wie Verunsicherung im Kindes- und Jugendalter unterschwellig wirkt, veranschaulicht ein Experiment von Geraldine Downey von der Columbia University, New York aus dem Jahr 2004: Normal sensible und besonders sensible Versuchspersonen wurden je zwei Serien von Gemälden gezeigt – eine von Edward Hopper und eine von Auguste Renoire. In Hoppers Bildern geht es um Einsamkeit und Isolation. Die Bilder Renoirs vermitteln dem Betrachter hingegen Wärme und Zugewandtheit. Nach jeder Bildbetrachtung ertönte jeweils ein lauter Knall. Dieser löste bei allen Teilnehmern eine kurze Schreckreaktion aus. Die Heftigkeit des Reflexes wurde mit einem Augenlidsensor erfasst. Die besonders Sensiblen reagierten wie ein Seismograf bei Erderschütterungen mit intensiverem und längerem Lidflattern bei den Bildern von Hopper. Sie erlebten überschießende körperliche Reaktionen beim bloßen Gedanken an Ablehnung oder Zurückweisung. Die Bilder stießen sie auf die Möglichkeit der sozialen Isolation hin. Die weniger Sensiblen reagierten unbeeindruckt nach beiden Bildserien mit je gleichstarkem Reflex.

Der Mensch als soziales Wesen empfindet regelrecht Schmerzen, wenn andere ihn ausschließen. Durch soziale Zurückweisung besteht lebenslang ein hohes Erkrankungsrisiko. Zurückweisungsempfindlichkeit kann zum Persönlichkeitsmerkmal werden. Diese Menschen gehen in sozialen Situationen dann generell davon aus, von den anderen zurückgewiesen zu werden. Sie nehmen Zurückweisung vorschnell wahr und reagieren extrem darauf. Menschen mit dieser Eigenschaft sollten an sich arbeiten, indem sie die scheinbare Gewissheit einer Zurückweisung immer wieder infrage stellen und sich nicht einfach gekränkt zurückziehen (s. Kap. 19).

Realistisches Selbstbild und positiven Selbstwert entwickeln

Wir glauben, uns selbst zu kennen, aber wenn es um unsere Eigenschaften und Kompetenzen geht, neigen wir dazu, uns entweder zu unter- oder zu überschätzen. Wie können wir zu einer besseren Selbstwahrnehmung gelangen? Dafür müssen wir Situationen und Erfahrungen der Vergangenheit reell auswerten und für uns nutzbar machen. Andere Menschen kennen uns meist besser, also sollten wir um ein Feedback aus dem Freundes- oder dem Kollegenkreis bitten. Und nicht zuletzt geht es darum, dass wir relevante Vergleichsmaßstäbe wählen. Was ist relevant? Die Medien liefern uns ständig Vergleichsobjekte, häufig Superreiche oder Superhelden. Von ihnen dürfen wir uns nicht verunsichern lassen. Denn relevant ist nur, was unseren eigenen Bedürfnissen und persönlichen Zielen entspricht.

Wer angemessene Vergleiche zieht, kann eher ein realistisches Selbstbild und einen positiven Selbstwert entwickeln. Selbstvertrauen erlaubt, die eigenen Bedürfnisse wahrzunehmen und zu beachten, sich entsprechend zu entscheiden, auch eigene Fehler zu erkennen und anzunehmen. Ohne Selbstvertrauen fällt es schwer, anderen etwas abzuschlagen und sich abzugrenzen. Viele Menschen fürchten, von anderen abgelehnt zu werden, wenn sie ihnen nicht jeden Gefallen tun. Sie scheuen Konflikte, weil sie darin nicht den fairen Ausgleich der Interessen sehen, sondern Streit, der in Sieg oder Niederlage endet und Trennung zur Folge hat. Doch niemand ist auf der Welt, um die Erwartungen anderer zu erfüllen, es ist unser gutes Recht, uns und unsere Bedürfnisse und Gefühle ernst zu nehmen. In einem *Selbstsicherheitstraining* können wir lernen, Nein zu sagen und eigene Bedürfnisse durchzusetzen, ohne andere zu verletzen.

Allerdings sind wir auch soziale Wesen und haben ein Bedürfnis nach Bindung. Insofern müssen wir uns selbst immer wieder klar werden, welchem Bedürfnis wir in welchem Maß Raum verschaffen wollen. Geben und Nehmen gehören zusammen, es muss für alle stimmen, nicht in jedem Augenblick, aber aufs Ganze gesehen.

Nein sagen lernen

Die Fähigkeit, Nein zu sagen, untersuchte die Psychologin Ellen Langer von der Harvard University 1978. Ihre Versuchspersonen standen vor einem Kopierer und wollten Kopien anfertigen. Eine Person trat mit der Bitte an die Probanden heran, fünf Kopien machen zu dürfen, eine Begründung wurde nicht geliefert. 60 Prozent waren so freundlich und ließen der Person den Vortritt oder konnten nicht Nein sagen. An eine zweite Gruppe von Probanden wurde die gleiche Bitte gerichtet und durch die Begründung »weil ich es eilig habe« ergänzt. Nun taten fast alle (94 Prozent) der Person den Gefallen und ließen ihr den Vortritt. Im dritten Versuch wurde wieder die gleiche Bitte vorgebracht, aber eigentlich ohne Begründung: »Entschuldigen Sie, ich habe fünf Kopien. Darf ich bitte den Kopierer benutzen, weil ich Kopien machen muss?« 93 Prozent gewährten der Person den Vortritt. Das Wörtchen »weil« deutete eine Begründung an, und schon gaben fast alle nach. Es folgte zwar keine wirkliche Begründung, aber die Versuchspersonen achteten wohl nicht darauf. Diese Gedankenlosigkeit war weniger ausgeprägt, wenn es um das Anfertigen von 20 Kopien ging, was bei den damaligen Kopierern einige Zeit in Anspruch nahm. Wenn es um fast nichts geht, kann man ja auch einmal großzügig sein. Trotzdem sollte man aufpassen, nicht Opfer der Fuß-in-der-Tür-Technik zu werden.

Deren Effekt bewiesen 1966 Jonathan Freedman und Scott Fraser von der Stanford University in einer viel beachteten Untersuchung: Sie gaben sich gegenüber Besitzern von Einfamilienhäusern als Arbeiter aus, die ein großes Plakat mit der Aufschrift »Fahre vorsichtig« in einem Garten aufstellen sollten. Immerhin 17 Prozent der Hausbesitzer waren dazu bereit. Wesentlich mehr, nämlich 76 Prozent, konnten dafür gewonnen werden, wenn sie zwei Wochen vorher gebeten worden waren, ein kleines Schild (8 mal 8 cm) mit dieser Aufschrift anbringen zu lassen. So gut wie alle Grundstücksbesitzer waren damit einverstanden. Als dann später die Arbeiter mit dem großen Plakat kamen, konnten die wenigsten die Bitte abschlagen. Erklärt wird dieses Phänomen mit der *Dissonanztheorie* (s. Kap. 4): Niemand gerät gern mit sich selbst in Widerspruch. Nur wer bewusst und bestimmt Nein sagen kann, wird durch die Fuß-in-der-Tür-Technik nicht übertölpelt.

Übung

Nein sagen und sich abgrenzen

Eine Übung, um zu lernen, sich abzugrenzen, könnte so aussehen, dass man sich für zwei Tage wie ein Kleinkind benimmt und zu allem Nein sagt. Man trifft gar keine Auswahl (von beruflichen Entscheidungen abgesehen), sondern lehnt jede Bitte ab. Man sagt einfach, dass es einem leidtut, abzulehnen, aber es gehe einfach nicht, passe jetzt nicht usw. Der Sinn der Übung ist, konsequent zu sein und sich als selbstbewusst zu erleben. Wenn man dies eine Zeit lang geübt hat, kann man entscheiden, wo und wann man Ja bzw. Nein sagen möchte. Etwas abzulehnen, was man nicht gut findet, sich angemessen abzugrenzen, bedeutet, dass man zu sich selbst steht. Die Unfähigkeit, Nein sagen zu können, ist die Ursache für viele psychosomatische Krankheiten. Für sich selbst einzutreten tut gut. Lassen Sie nicht zu, dass man Sie demütigt oder respektlos behandelt. Das wäre ein negatives Signal an Ihr Selbstbewusstsein.

Stärkt positives Denken das Selbstwertgefühl?

Vertreter des positiven Denkens fordern uns immer wieder auf, positive Selbstgespräche zu führen, wie: »Ich bin ein liebenswerter Mensch.« In Experimenten von Joanne Wood, Elaine Perunovic und John Lee von den Universitäten Waterloo und New Brunswick wurde 2009 Folgendes überprüft: Was passiert, wenn Personen mit niedrigem bzw. hohem Selbstwertgefühl sich den Satz »Ich bin ein liebenswerter Mensch« vorsagen? Bei Menschen, die bereits ein hohes Selbstwertgefühl hatten, stieg dieses noch gering an. Bei Menschen mit niedrigem Selbstwertgefühl wirkte dieser Satz hingegen stärker – nur in die falsche Richtung. Sie fühlten sich schlechter, nachdem sie den Satz ausgesprochen hatten. Vermutlich suchten sie nach Beweisen für die Richtigkeit dieser Behauptung. Dabei kamen ihnen jedoch Gegenbeispiele in den Sinn, und sie fühlten sich umso schlechter.

In einem weiteren Experiment sollten die Versuchsteilnehmer darüber nachdenken, ob dieser Satz auf sie zutrifft oder nicht – auf diese Weise wurde suggeriert, dass beides in Ordnung ist. Tatsächlich fühlten sich diese Teilnehmer anschließend besser als diejenigen, die sich nur auf das Positive konzentriert hatten. Moderat positive Selbstaussagen, die noch nahe an der Realität sind, helfen uns also besser als übertrieben positives Denken.

Bin ich gut genug?

Zweifel und Unsicherheit gehören zum Leben. Nehmen wir diese Herausforderungen an, können sie uns zu immer besseren Lösungen inspirieren. Der verbreiteten Angst, nicht gut genug zu sein, müssen wir die Stirn bieten. Wir dürfen nicht zulassen, dass sie uns klein macht. »Ich bin nicht gut genug« ist nur ein Satz, sonst nichts. Nur wenn man daran glaubt, bekommt er Macht. Wenn wir keine übertriebenen Vergleiche anstellen und uns nicht unangemessene Ziele setzen, dann stimmt folgende Aussage: »Ich bin okay, und ich bin gut genug!« Immer wenn sich Zweifel aufdrängen, sollten wir daran denken, wie wir als kleines Kind der Welt begegnet sind: für alles offen und mit uns zufrieden. Wer immer wieder zweifelt, kann z.B. eine Collage der eigenen Stärken und Erfolge anfertigen – einen »Altar« der Wertschätzung für sich selbst.

Gedanken können uns in ihren Bann ziehen. Der Satz »Ich bin ein Versager« ist nichts anderes als ein Gedanke, aber wer ihn auf sich anwendet, tut so, als sei es die Wirklichkeit. Wie aber kann dieser Satz die Wirklichkeit sein, wenn ein Mensch im Allgemeinen zurechtkommt und in seinem Leben schon vieles richtig gemacht hat? Das ist die Grundsatzfrage beim sogenannten *Hochstaplerphänomen*. Hierbei handelt es sich um überdurchschnittlich erfolgreiche Menschen, die sich, auch wenn sie über eindeutige Hinweise auf ihren Erfolg verfügen, dennoch für unzulänglich halten. Sie erklären ihren Erfolg mit Glück, Zufall usw. und befürchten, als Betrüger entlarvt zu werden. Ein derartig negatives Selbstwertgefühl macht trotz Erfolg unglücklich und verhindert zudem, dass das eigene Potenzial voll entfaltet wird. Anders als allgemein angenommen bestimmt unser Selbstwertgefühl stärker, wie wir mit den äußeren Gegebenheiten umgehen, als dass es selbst durch äußere Ereignisse beeinflusst wird.

Eine 2015 veröffentlichte Längsschnittstudie der Psychologen Eva Luciano und Ulrich Orth von der Universität Bern mit 700 jungen Probanden kam zu dem Ergebnis, dass die Teilnehmer mit niedrigem Selbstwertgefühl im 18-monatigen Untersuchungszeitraum öfter von schweren Krankheiten, Unfällen, Scheidung, Studienabbruch oder Arbeitsplatzverlust betroffen waren als die Teilnehmer mit hohem Selbstwertgefühl.

Fehler sind menschlich

Auf unserem Lebensweg ist es unvermeidlich, Fehler zu begehen, und wir werden auch Fehler der anderen ertragen müssen. Daher gehört es zu den Lebenskompetenzen,

- eigene *Fehler korrigieren* zu können – damit man nicht unter Schuldgefühlen leidet.
- anderen ihre *Fehler vergeben* zu können – damit man nicht verbittert die möglichen Chancen des Lebens auslässt.

»Ich bin schuld« – ein kurzer Satz, den vielen Menschen nur schwer aussprechen können. Wie Adam und Eva einst im Paradies nicht die Verantwortung für das eigene Fehlverhalten übernahmen, so versuchen auch wir, uns herauszureden. Oft ist es unser Stolz, der die anderen oder die Umstände verantwortlich machen will. Wir sollten akzeptieren, dass Menschsein nicht ohne Schuld möglich ist. Sie steht in direktem Zusammenhang mit unserem freien Willen. Freiheit bedeutet, selbst zu entscheiden – und dabei auch zu irren. Erst wer Fehler eingestehen kann, wird als Mensch wirklich frei, nämlich souverän.

> *Mensch sein heißt, sich minderwertig fühlen.*
>
> (Alfred Adler, Individualpsychologe)

Ich und Identitätsfindung

Das Ich ist nach heutigem Verständnis eine Illusion, eine nützliche Konstruktion des Gehirns. So empfinden wir uns als unveränderbare autonome Persönlichkeit und zerbrechen nicht an Widersprüchen, die sich immer wieder auftun. Wir haben nämlich nicht nur eine Identität, sondern mehrere Identitäten. Und weil wir unsere Widersprüche selbst beobachten, sind wir leicht zu verunsichern und immer auf der Suche nach dem passenden Lebensweg. Dabei sind es häufig die Umstände, die bestimmen, welche Identität zum Vorschein kommt. Ob wir hilfsbereit sind, hängt z. B. wesentlich davon ab, ob wir unter Zeitdruck stehen oder ob andere Personen anwesend sind (s. Kap. 8).

Auch durch den Kauf von Markenprodukten versuchen wir, unser Ich zu festigen. Mit einem Markenartikel bezahlen wir nicht nur dessen reale Eigenschaften, sondern auch solche, die wir selbst dem Produkt zuschreiben. Marken sind in unserer Konsumgesellschaft zu einer eigenen Sprache geworden, mittels der man schneller und klarer kommuniziert, wer man ist und wem man sich zugehörig fühlt, als mittels jeder anderen Sprache. Starke Marken geben Orientierungshilfe in einer komplexen Welt und tragen zur Stabilisierung unserer Identität bei. Daher überrascht es nicht, dass die Markenabhängigkeit laut Befragungen bei den 16- bis 29-Jährigen mit 61 Prozent wesentlich höher ist als bei den über 60-Jährigen mit nur 18 Prozent. Da sie sich noch in der Entwicklung befinden, müssen die Jugendlichen noch stärker Bedürfnisse befriedigen, die über den reinen Gebrauch des Produkts, seien es Zigaretten, Turnschuhe oder Smartphones, hinausgehen.

Dass Kleider Leute machen, ist eine auch in Experimenten bestätigte Erfahrung. Unsere Kleidung wirkt jedoch nicht nur auf andere und deren Meinung über uns, sondern sie beeinflusst auch unser eigenes Denken, Erleben und Verhalten. Wer eher förmlich gekleidet ist, wirkt selbstsicherer und verhandelt erfolgreicher. Wer z. B. eine Polizeiuniform trägt, übernimmt damit auch etwas von dem Verhalten, das allgemein von Polizisten erwartet wird. Kleidung beeinflusst also tatsächlich das Ich. Somit ist es nur allzu verständlich, dass wir besonderen Wert auf unser Äußeres legen, wenn wir nach draußen gehen, uns der Welt stellen und vor allem, wenn es dabei um wichtige Termine geht.

Ebenso naheliegend ist die besondere Bedeutung von spezieller Kleidung für Jugendliche, da sie ihren Trägern Zugehörigkeit und Identität vermittelt.

Immer mehr Apps erfassen unsere Schritte, unseren Puls, unsere Stimmungen oder unsere Kalorienaufnahme. Wird uns das moderne Daten-Ich zukünftig bei der Identitätsfindung helfen? Lernen wir uns durch diese Daten wirklich besser kennen? Ob wir wollen oder nicht, wir können uns dieser Entwicklung nicht entziehen: Wir erhalten personifizierte Werbung, und immer mehr Menschen vertrauen sogar einem Algorithmus bei der Partnersuche. Allerdings werden Zufallsentdeckungen dadurch seltener, was Einfluss auf unser Glücksempfinden hat, denn dieses hängt wesentlich mit Unerwartetem zusammen. Durch Selfies können wir unsere Sucht nach Anerkennung bedienen. Indem sie gepostet werden, erzielen wir bei anderen eine Wirkung. Dies ist eine moderne und fragliche Methode, die an uns gestellte Lebensaufgabe zu lösen, über die der Maler Max Beckmann schrieb: »Ich habe mein Leben lang versucht, ein Ich zu werden.« Dass wir nie fertig sind, ermöglicht uns eine große Anpassungsfähigkeit. Allerdings führt es auch dazu, dass wir ständig auf der Suche sind.

Sich ins Rampenlicht stellen

Die Wertschätzung, die uns in kleineren Gemeinschaften auf natürliche Weise zukommt, in der modernen Stadtgesellschaft aber nicht, versuchen wir zu gewinnen, indem wir uns beispielsweise durch Leistung Respekt im Kollegenkreis verschaffen. Darüber hinaus können wir der Welt unseren Wert durch Statussymbole demonstrieren. Wenn uns dies nicht ausreicht, können wir versuchen, es zu einer gewissen Prominenz zu bringen, um im Rampenlicht Beachtung zu erfahren.

In unserer eigenen Wahrnehmung stehen wir selbst stets im Mittelpunkt und gehen davon aus, dass auch andere immerzu registrieren, wie wir uns verhalten – als wäre ein Scheinwerfer auf uns gerichtet. Diesen Spotlighteffekt haben die Psychologen der Northwestern University Thomas Gilovich, Kenneth Savitsky und Victoria H. Medvec im Jahr 2000 untersucht. Nach einer Umfrage unter Studenten zur Ermittlung eines maximalen Blamagewerts ließen die Psychologen T-Shirts mit einem Bild von Barry Manilow bedrucken. Damit bekleidet mussten die jungen Probanden sich kurz in ein Seminar zu ihren Kommilitonen setzen. Hinterher sollten sie einschätzen, wie viele der anderen wohl Notiz von diesem Shirt genommen hatten. Dabei lagen sie gehörig daneben. Gingen die Probanden von 50 Prozent aus, konnte von den Anwesenden nicht einmal jeder Vierte sagen, wer auf dem Shirt abgebildet war. Die meisten hatten die vermeintliche Peinlichkeit also gar nicht bemerkt.

Auch unsere Glanzmomente entgehen der Umwelt öfter, als wir denken. Ein Folgeexperiment ergab, dass Menschen in einer Diskussion ihre eigenen Beiträge für bedeutsamer halten als andere Leute.

Ob uns ein Missgeschick passiert oder wir uns positiv in Szene setzen, wir sind für andere einfach nicht so wichtig wie für uns selbst. Die anderen sind mit ihrer Wahrnehmung eben auch eher bei sich selbst. Das kann frustrierend sein, aber besonders für sozialängstliche Personen auch sehr befreiend. Sie brauchen sich gar nicht so sehr zu verstecken. Wir stehen eben nicht im Rampenlicht und fallen kaum auf.

Entwicklung des Selbstwertgefühls über die Lebensspanne

Auch die typische Entwicklung des Selbstwertgefühls über die gesamte Lebensspanne hat etwas Entlastendes. Es hat sich nämlich gezeigt, dass die große Verunsicherung in der Jugendzeit von einem stetigen Anstieg des Selbstwertgefühls abgelöst wird. Der Höhepunkt liegt im Allgemeinen zwischen dem 50. und 60. Lebensjahr. Danach wird es zwar wieder etwas geringer, bleibt jedoch auf hohem Niveau. Spätestens in diesem Alter weiß man dann aber auch, dass für den Selbstwert wie für fast alles andere gilt: Zu viel davon macht unsympathisch.

Eine starke Persönlichkeit hat ein positives Selbstbild und ist sich ihres Wertes bewusst!

So können Sie sich Ihres eigenen Wertes bewusst werden

- Nennen Sie drei Merkmale, die für Sie sprechen.
- Lassen Sie zu jedem Merkmal ein Erlebnis und ein Gefühl lebendig werden.
- Erinnern Sie sich jedes Mal daran, wenn Sie Ihre Wohnung verlassen.

Selbstmitgefühl statt Selbstsabotage

Selbstkritik treibt uns an, kostet uns allerdings auch viel Energie und untergräbt unser Wohlbefinden. Nimmt sie überhand, können Ängste und Depressionen ausgelöst werden. Innere Antreiber führen nicht selten zu psychosomatischen Störungen und Burnout. Wer versucht, diese und weitere »Meckerer« im Kopf zu ignorieren, trägt eher dazu bei, dass sie sich vermehrt melden. Besser ist es, sie zu kennen und wohlwollend anzunehmen:

- Unser *innerer Kritiker* bewertet uns ständig, führt Protokoll über jeden Fehler und reibt ihn uns unter die Nase. Er will uns vor Überheblichkeit bewahren und merkt gar nicht, wie wir leiden.
- Der *innere Antreiber* erwartet von uns, perfekt zu sein. Auch wenn wir uns gehetzt fühlen, tun wir alles, um anerkannt und geschätzt zu werden.
- Der *Katastrophisierer* ermahnt uns. Wir machen uns Sorgen um alles und jeden. Wir erwarten ein fürchterliches Ende und gehen kein Risiko ein.
- Der *innere Vermeider* sucht uns zu schützen, will uns verschonen, vor allem vor Konflikten. Er verhindert, dass wir Nein sagen und uns abgrenzen. Stattdessen lassen wir uns ausnutzen, ohne die ersehnte Anerkennung zu erhalten. Je mehr wir unangenehmen Gefühlen aus dem Weg gehen, desto mehr bedrängen uns Gedanken und Gefühle des eigenen Ungenügens.

Wenn der Erwachsene in uns diese Miesmacher im Kopf erkennt, kann er steuernd eingreifen. Mit Verboten erreicht man nichts. Man sollte gelassen auf seine inneren Kritiker und Antreiber zugehen. Es geht darum, sich konstruktiv mit ihnen auseinanderzusetzen. Lassen wir die negativen Gedanken und Gefühle zu, lernen wir, freundlich mit ihnen umzugehen, sie zu akzeptieren, denn auch sie sind ein Teil von uns. Auch der härteste innere Meckerer verfolgt aufs Ganze gesehen gute Absichten. Es gibt keine Feinde in unserem Kopf: Wenn wir versuchen, unsere Meckerer zu verstehen, ihre gute Absicht zu erkennen, dann gewinnt der innere Erwachsene die Kontrolle und kann die Führung übernehmen. Wir gewinnen die Freiheit, unser Leben selbst zu gestalten und gut für uns zu sorgen.

Wie kann das Selbstwertgefühl wieder aufgebaut werden?

Unsere Erinnerungen sind nicht stabil. Auch negative Erfahrungen müssen den eigenen Selbstwert nicht ein Leben lang untergraben. Wenn man Erniedrigungen in eine neue Geschichte verpackt, die das Geschehen verständlich erscheinen lässt und neue Handlungsmöglichkeiten aufzeigt, verliert die frühere Erfahrung ihren Schrecken. Diese neue Sichtweise sollte man sich in einem entspannten Rahmen öfter ins Gedächtnis rufen. In gewisser Weise lässt sich durch diese Methode die eigene Lebensgeschichte korrigieren, wodurch (wieder) ein besseres Selbstwertgefühl entstehen kann.

Als Jugendlicher wollte Arko seine kindliche Schüchternheit überwinden und sich anlässlich einer Party an ein Mädchen heranmachen. Eigentlich war er auf der Party seiner älteren Schwester nur geduldet, aber umso wichtiger war es ihm, mit Begleitung zu erscheinen. Tagelang malte er sich schon aus, wie er mit der neuen Freundin seine Familie überraschen und beeindrucken würde. Nur, er musste endlich einmal ein Mädchen auftun. Er hatte eine Schülerin mit toller Erscheinung, wie er meinte, im Auge, der er jeden Tag auf dem Schulweg begegnete. Aber nur vom Schauen kam der Kontakt nicht zustande. Die Tage verstrichen, Arko traute sich nicht, sie anzusprechen, wusste nicht, wie er es anfangen sollte. Und andere um Hilfe zu fragen – das kam überhaupt nicht infrage. Am Tag der Party blieb ihm nichts anderes übrig, er musste jetzt handeln. Also ging er unvermittelt auf sie zu und lud sie ein. Anders als Arko war sie bereits erfahren im Umgang mit dem anderen Geschlecht. Der ungeschickte und überfallartige Kontaktversuch hatte etwas Komisches. Die Auserkorene fing tatsächlich an zu lachen und wies ihn ab. Der Tag war damit noch nicht zu Ende. Am Abend auf der Party meinte Arko, seinen Augen nicht zu trauen: Sie stand plötzlich vor ihm, zusammen mit ihrem einige Jahre älteren Freund. Arko – als Einziger ohne Begleitung – wurde rot und wäre am liebsten im Erdboden versunken. Die Party war für ihn gelaufen, er verzog sich in sein Zimmer und verbot sich bis auf Weiteres jede Kontaktaufnahme zu hübschen Mädchen.

Es hat lange gedauert, bis Arko diese Schmach überwunden hatte. Seine Ungeschicklichkeit in der Kontaktanbahnung blieb unverändert bestehen. Als ein Tanzkurs anstand, überwand er sich und suchte eine psychologische Beratung auf. Dort fokussierte man zunächst aktuelle Gelegenheiten und ermutigte Arko, seine Niederlage, wie er es nannte, früherer Unerfahrenheit zuzuschreiben. Arko sollte sich nun allerdings nicht mehr mit Träumereien vor einem Date begnügen, sondern sich aufgrund seiner Vorerfahrung mental detailliert auf zu erwartende aufregende Situationen und neue Begegnungen vorbereiten. Und siehe da, andere Erfahrungen ergaben sich. Mit diesen neuen Erfahrungen erwarb Arko Kompetenzen und hatte schließlich auch Erfolge. Lange Zeit spürte er ein starkes Bedürfnis, sich durch seine »Eroberungen« selbst zu bestätigen. Aber allmählich war die alte Erniedrigung dann doch neutralisiert.

Übung

Berechtigte Forderungen durchsetzen

Stellen Sie sich ein Gespräch vor, in dem Sie eine berechtigte Forderung nicht durchsetzen konnten und sich klein gefühlt haben: Nehmen Sie sich Zeit, eine solche Situation auszuwählen. Sehen Sie sich nun in dieser Situation? Welches Körperempfinden haben Sie? Wie fühlen Sie sich? Welche Selbstaussage trifft hier für Sie zu?
Halten Sie diese Vorstellung für etwa 30 Sekunden aufrecht. Dann lassen Sie die Bilder verblassen und entspannen Sie sich, indem Sie tief atmen und die Muskeln lockern.
Machen Sie noch drei solche Durchgänge, indem Sie sich diese Situation vorstellen, diese kurz aufrechterhalten, die Gefühle und Gedanken dabei beachten und danach eine kleine Pause zur Entspannung einlegen.
Ergeben sich nach diesen Durchgängen Änderungen?
Wie es auch sei, lassen Sie diese Vorstellung nun als eine Erinnerung stehen und wenden Sie sich von ihr ab.
Jetzt stellen Sie sich einmal vor, Sie führen z. B. dieses Gespräch noch einmal. Doch dieses Mal verläuft es anders: Sie bleiben locker und standhaft. Sie lassen sich gar nicht auf die ablehnenden Aussagen ein. Unbeirrt bringen Sie immer wieder aufs Neue Ihr Anliegen vor. Einmal mit rationaler Begründung, dann aus emotionaler Perspektive, einmal argumentieren Sie vonseiten nicht betroffener

Dritter, einmal loben Sie Ihr Gegenüber, aber immer wieder bringen Sie unbeirrt und beharrlich Ihren Wunsch vor.
Stellen Sie sich so nun Ihre Situation vor, malen Sie sich konkret Ihre Souveränität, Ihre Coolness aus – und siehe da, plötzlich ändert sich alles zum Guten, z. B. sagt Ihr Gegenüber: »Meinetwegen.« Jetzt bedanken Sie sich und verabschieden sich freundlich ...
Wie fühlen Sie sich? Und welche Selbstaussage passt dazu? Beispielsweise: »Ich bin es mir wert, und ich bin reif, mich zu behaupten!«
Stellen Sie sich erneut Ihre Situation mit einem guten Ende und mit dieser Selbstaussage vor.
Ist sie für Sie stimmig? Wenn nicht, suchen Sie eine stimmige Selbstaussage und überprüfen Sie diese, indem Sie noch einmal auf diese Art die Situation durchdenken.
Dann beenden Sie diese Übung, indem Sie sich kräftig strecken und räkeln.

Man muss nicht immer Stärke zeigen

Zwischenmenschliche Kontakte gestalten sich intensiver, wenn sich die Beteiligten öffnen und auch Schwächen zeigen. Der Sozialpsychologe Arthur Aron von der State University of New York at Stony Brook wies 1997 in einem interessanten Experiment nach, wie emotionale Nähe entsteht. Mit seinem »Liebesexperiment« beschreibt er, wie Intimität zwischen zwei vollkommen fremden Menschen durch wahrheitsgemäßes Beantworten persönlicher Fragen hergestellt werden kann.

Aron brachte Paare, die sich vorher nicht kannten, zusammen und ließ sie sich gegenseitig 36 Fragen beantworten, die nach und nach immer intimer wurden. Die beiden lasen sich abwechselnd eine Frage vor, beantworteten sie zuerst selbst und ließen dann den anderen auf dieselbe Frage antworten. Damit konnte Aron zeigen: Das Eingestehen von Verletzlichkeit durch immer weitergehendes Preisgeben persönlicher Informationen fördert zwischenmenschliche Nähe und stellt eine enge Beziehung zwischen den beiden fremden Personen her. Es ist weniger wichtig, wie sehr die Menschen miteinander übereinstimmen. Das Öffnen des Herzens bringt zwei Menschen näher zusammen.

Die Paare der Kontrollgruppe sprachen ebenfalls 45 Minuten über persönliche Dinge, die allerdings keine Verletzlichkeiten offenbarten. Hier stellte sich eindeutig weniger Nähe zwischen den Personen ein, unabhängig ob die Paare gleich- oder gegengeschlechtlich waren und welche Beziehungserfahrungen sie gesammelt hatten.

Die Fragen für mehr persönliche Nähe im Kontakt lauteten:

1. Wenn du unter allen Menschen auf der Welt wählen könntest, wen würdest du gerne zum Essen einladen?
2. Würdest du gerne berühmt sein? In welchem Bereich?
3. Legst du dir jemals die Worte zurecht, bevor du jemanden anrufst? Warum?
4. Was macht für dich einen »perfekten« Tag aus?
5. Wann hast du zum letzten Mal für dich selbst gesungen? Und wann für jemand anderen?
6. Wenn du 90 Jahre alt werden könntest, was würdest du für die letzten 60 Jahre lieber haben: den Körper oder den Geist eines 30-Jährigen?
7. Hast du insgeheim eine Vermutung, wie du sterben wirst?
8. Nenne drei Dinge, von denen du glaubst, dass sie dein Gegenüber und du gemeinsam haben.
9. Wofür bist du in deinem Leben am meisten dankbar?
10. Wenn du irgendetwas daran ändern könntest, wie du erzogen wurdest, was wäre das?
11. Erzähle deinem Gegenüber deine Lebensgeschichte in 4 Minuten, aber mit möglichst vielen Details.
12. Wenn du morgen mit einer zusätzlichen Eigenschaft oder Fähigkeit aufwachen könntest, welche wäre das?

13. Wenn dir eine Zauberkugel die Wahrheit über dich, dein Leben, die Zukunft oder irgendetwas anderes offenbaren könnte, was würdest du wissen wollen?
14. Gibt es etwas, von dem du schon lange träumst, es zu tun? Warum hast du es noch nicht getan?
15. Was war bisher der größte Erfolg in deinem Leben?
16. Was ist dir bei einer Freundschaft am wichtigsten?
17. Was ist deine liebste Erinnerung?
18. Was ist deine schrecklichste Erinnerung?
19. Wenn du wüsstest, dass du in einem Jahr sterben wirst, würdest du irgendetwas an deinem jetzigen Leben ändern? Warum?
20. Was bedeutet Freundschaft für dich?
21. Welche Rolle spielen Liebe und Zuneigung in deinem Leben?
22. Nennt abwechselnd eine positive Charaktereigenschaft, von der ihr glaubt, dass sie euer Gegenüber besitzt. Macht dies fünf Mal.
23. Wie eng und herzlich sind die Beziehungen in deiner Familie? Denkst du, dass deine Kindheit glücklicher war als die anderer Menschen?
24. Wie beurteilst du die Beziehung zu deiner Mutter?
25. Denkt euch beide drei wahre Wir-Aussagen aus. Zum Beispiel: »Wir sind beide in diesem Raum und fühlen uns …«
26. Vervollständige diesen Satz: »Ich wünschte, ich hätte jemanden, dem ich erzählen könnte …«
27. Wenn du mit deinem Gegenüber eine enge Freundschaft schließen würdest, was müsste er oder sie dann unbedingt von dir wissen?
28. Sage deinem Gegenüber, was du an ihm oder ihr magst; sei dabei ehrlich und sage Dinge, die du normalerweise einer Person, die du gerade erst kennengelernt hast, nicht sagen würdest.

29. Offenbare deinem Gegenüber einen peinlichen Moment in deinem Leben.
30. Wann hast du zum letzten Mal in Gegenwart einer anderen Person geweint? Und wann für dich alleine?
31. Nenne eine Sache, die du bereits jetzt an deinem Gegenüber magst.
32. Worüber macht man keine Witze, sofern es so etwas gibt?
33. Wenn du heute Abend sterben würdest, ohne die Möglichkeit, mit jemandem zu sprechen, was würdest du bereuen, jemandem nicht gesagt zu haben? Warum hast du es noch nicht gesagt?
34. Dein Haus mit all deinem Besitz fängt an zu brennen. Nachdem du deine Liebsten und deine Haustiere gerettet hast, kannst du ein letztes Mal ins Feuer laufen und einen Gegenstand retten. Welcher wäre das? Warum?
35. Der Tod welches Familienmitglieds würde dich am meisten mitnehmen? Warum?
36. Berichte von einem persönlichen Problem und frage dein Gegenüber um Rat, wie er oder sie die Sache handhaben würde. Bitte dein Gegenüber außerdem, zu beurteilen, wie du selbst vermutlich über das ausgewählte Problem denkst.

4 Unsere Konstruktion der Welt – nur keine Widersprüche!

Leon Festinger, ein US-amerikanischer Sozialpsychologe, stellte bei seinen Forschungsarbeiten fest, dass Menschen stets versuchen, Ordnung in ihre Welt zu bringen. Widerspruchsfreiheit spielt eine bedeutsame Rolle. Um Konsistenz zu erreichen, entwickeln Menschen Gewohnheiten. So setzen sich viele im Bus immer wieder auf den gleichen Platz. Werden solche Routinen durchkreuzt, fühlen sie sich unwohl. Festinger stellte fest, dass dies auch für Denkmuster gilt. Wird eine Überzeugung widerlegt, entsteht ein unangenehmer innerer Widerspruch, den er *kognitive Dissonanz* nannte.

Kognitive Dissonanz

1954 ergab sich für Festinger die Gelegenheit, die Auswirkungen der kognitiven Dissonanz unter natürlichen Bedingungen zu erforschen: Eine Sekte behauptete, von Außerirdischen die Nachricht über eine bevorstehende Sintflut empfangen zu haben. Nur wahre Gläubige würden in fliegende Untertassen steigen und dem Weltuntergang entgehen. Festinger und Kollegen bekamen Zugang zu dieser Gruppe und führten vor und nach dem Stichtag, an dem das apokalyptische Ereignis stattfinden sollte, Interviews mit den Sektenmitgliedern. Die Ergebnisse der berühmten Oak-Park-Studie: Das vorhergesagte Ereignis trat nicht ein. Aber statt nun dem gesunden Menschenverstand zu folgen und den Irrtum zuzugeben, taten die Sektenmitglieder genau das Gegenteil. Sie behaupteten, in einer weiteren »Nachricht« aus dem All sei ihnen mitgeteilt worden, dass die Welt nur wegen der Gebete der Sekte verschont worden sei. Die Mitglieder hingen also weiterhin ihrem Glauben an, da sie bereits viel »investiert« hatten (Geld oder Glaubensaktivitäten).

1959 führte Festinger ein Experiment durch, das diesen Effekt der kognitiven Dissonanz bestätigte: Zwei Gruppen sollten eine monotone Tätigkeit, die sie selbst ausgeübt und hinter sich gebracht hatten, anderen Versuchsteilnehmern als lustig und interessant verkaufen. Für diese Lüge bekamen die Teilnehmer der ersten Gruppe einen Dollar, die der Kontrollgruppe 20 Dollar. Danach wurden sie von einem Wissenschaftler befragt. Die erste Gruppe bewertete die Aufgabe positiver als die zweite, deren Teilnehmer mehr Geld bekommen hatten. Da die Teilnehmer der ersten Gruppe sich die Aufgabe schöngeredet und sie zu positiv dargestellt hatten, mussten sie die Tätigkeit im Nachhinein aufwerten, um die kognitive Dissonanz zu reduzieren. Die Teilnehmer der zweiten Gruppe hatten nur für das Geld gelogen und deshalb kaum Dissonanz verspürt.

Kognitive Dissonanz entsteht auch, wenn unser Selbstwert infrage gestellt wird. Eines der vier Grundbedürfnisse des Menschen ist das Bedürfnis nach Selbstwerterhöhung (s. Kap. 3). Wir sehen uns in der Regel in einem rosigen Licht. Je wichtiger Menschen eine Eigenschaft, z.B. Ehrlichkeit oder Verantwortungsbewusstsein, zu sein scheint, umso überzeugter sind sie, diese in höherem Maß zu besitzen als die meisten Mitmenschen. Besonders deutlich tritt dieser Effekt zutage, wenn das Selbstwertgefühl bedroht ist. Der Psychologe Jonathon Brown von der University of Washington hat dazu 2012 einige Experimente veröffentlicht: Brown ließ Probanden einen Kreativitätstest durchführen und teilte ihnen anschließend mit, versagt zu haben. Die so frustrierten Versuchspersonen hatten danach stärker als die nichtfrustrierten Teilnehmer der Kontrollgruppe das Bedürfnis, sich selbst mehr andere wichtige Eigenschaften zuzuschreiben als ihren Mitmenschen. Auf diese Weise konnten sie ihr angeschlagenes Selbstbild wiederherstellen, also die Dissonanzspannung durch kognitive »Korrektur« reduzieren.

Schon Kinder sind bemüht, ihr Verhalten und ihr Selbstbild in Übereinstimmung zu bringen, wie ein Experiment, das Thomas S. Duval und Robert Wicklung Anfang der 1970er-Jahre in Kalifornien durchführten, nahelegt: Zu Halloween wurden den von Haus zu Haus ziehenden Kindern nicht einfach Süßigkeiten gereicht, sondern die Kinder wurden nach dem Klingeln auf einen mit Bonbons gefüllten Korb neben dem Hauseingang verwiesen. Es wurde ihnen gesagt, dass jedes Kind ein Bonbon nehmen dürfe. Würden sich die Kinder an diese Vorgabe halten oder sich großzügig bedienen? An einigen Häusern sahen sich die Kinder beim Griff in den Süßigkeitenkorb in einem Spiegel. Dies hatte häufig zur Folge, dass sie sich auf Ehrlichkeit besannen. Ohne Spiegel fiel das unmoralische Verhalten den Kindern deutlich leichter. Sich selbst zu beobachten macht uns das eigene Verhalten bewusst und konfrontiert uns mit unserem Selbstbild und eventuellen Diskrepanzen.

Ein wegweisendes Experiment, das uns dieses komplexe Zusammenwirken von inneren und äußeren Reizen vermittelt, haben Schachter und Singer 1962 durchgeführt. Sie entwickelten die Zwei-Faktoren-Theorie der Emotion, wonach Emotionen aus physischer Erregung und einer entsprechenden Kognition entstehen (s. Kap. 10). Stuart Valins führte diese Theorie noch weiter. Weil wir körperliche Erregung häufig gar nicht oder fehlerhaft wahrnehmen, sei nicht diese entscheidend für die Emotion, sondern die Meinung oder der »Glaube«, man sei erregt.

1966 zeigte sich der Valins-Effekt bei folgendem Experiment: Studenten betrachteten erotische Fotos, während sie über Kopfhörer ihren eigenen Herzschlag hören sollten. In Wirklichkeit war es ein Herzschlag vom Tonband, meist ruhig und regelmäßig. Manchmal beschleunigte er sich.

Am Ende des Experiments ordneten die Teilnehmer die Fotos nach Attraktivität. Hatte sich der Herzschlag beim Anblick einer Frau verändert, wurde die Frau als attraktiver bewertet. Die Probanden berichteten, sie hätten gezielt nach Merkmalen der Frau suchen müssen, die die Veränderung des Herzschlags erklären konnten – und seien dabei fündig geworden. Dieser Effekt erwies sich außerdem als zeitlich stabil (er zeigte sich auch noch vier Wochen später) und änderungsresistent (bei nachträglicher Aufklärung blieben die Teilnehmer bei ihrer Bewertung).

Wir mögen die, die auch uns mögen

In einer Studie von Curtis und Miller im Jahr 1986 wurde der Einfluss von *sich selbst erfüllenden Prophezeiungen* auf reziproke Zuneigung untersucht. Dazu wurden 60 Probanden in Paare eingeteilt, die jeweils aus einer Ziel- und einer Versuchsperson bestanden. Die Paare wurden zufällig den Versuchsbedingungen »gegenseitiges Mögen« oder »Nichtmögen« zugewiesen.

Zunächst bekamen die Paare 5 Minuten Zeit zum Kennenlernen. Danach erhielt jeder Proband einen Fragebogen mit Fragen zu seiner Persönlichkeit, z. B., ob er sich als schüchtern oder gesprächig einschätzt. Die Fragen dienten dazu, die Wirkung des Probanden auf andere, seine Liebenswürdigkeit oder seinen Sympathiefaktor zu erfassen. Anschließend wurden die Versuchspersonen über Verlauf und Ziel des Experiments aufgeklärt. Die Zielpersonen wurden dagegen getäuscht: Je nachdem, in welcher Versuchsbedingung sich die jeweilige Zielperson befand, wurde ihr glauben gemacht, dass die ihr zugeordnete Versuchsperson sie entweder mag oder nicht mag. Die Zielpersonen bekam zudem zwei gefälschte Fragebögen zu sehen: Der erste Fragebogen war angeblich der Versuchsperson gegeben worden mit der Behauptung, er sei von der Zielperson ausgefüllt worden (obwohl er vom Versuchsleiter erstellt worden war). Den zweiten Fragebogen hatte angeblich die Versuchsperson ausgefüllt und darin zum Ausdruck gebracht, wie sympathisch ihr die Zielperson nun nach dem Lesen des (gefälschten) Fragebogens sei (je nach Bedingung sehr oder überhaupt nicht sympathisch). Der Zielperson wurde zudem vorgetäuscht, dass es im weiteren Verlauf des Experiments um das Verhalten der Versuchsperson ginge und nicht um ihr eigenes. Das sollte sicherstellen, dass sie sich möglichst natürlich verhielt.

Versuchs- und Zielperson wurden dann wieder für 10 Minuten zusammengebracht und bekamen Themen vorgegeben, über die sie sich unterhalten sollten. Während ihrer Interaktion wurde beobachtet, wie oft wer von ihnen die Konversation begann, wie viele Fragen sie einander stellten, wie oft Kritik, Lob, Zustimmung, Ablehnung, Sarkasmus geäußert oder Ähnlichkeiten und Unähnlichkeiten bemerkt wurden. Es wurden außerdem der generelle Tonfall, die Laune der Probanden und ihre Offenheit berücksichtigt.

Ergebnisse: Tatsächlich verhielten sich die Zielpersonen je nach ihrer Erwartung, von der Versuchsperson gemocht oder nicht gemocht zu werden, anders. Wurden sie angeblich gemocht, benahmen sie sich z. B. offener, stellten mehr Fragen und trieben die Konversation voran. Ihr Verhalten beeinflusste wiederum das der Versuchsperson.

Ratings, wie sehr die andere Person im Anschluss an die zehnminütige Interaktion gemocht wurde, zeigten zudem, dass Ziel- und Versuchsperson einander tatsächlich mehr mochten, wenn sie sich in der Bedingung »gegenseitiges Mögen« befunden hatten.

Curtis und Miller gelang es mit dieser Studie zu zeigen, dass wir durch unsere eigene Erwartung, gemocht zu werden, begünstigen, dass andere Menschen uns mögen. Gehen wir davon aus, nicht gemocht zu werden, tragen wir möglicherweise zu unserer eigenen Unbeliebtheit bei.

Liebe auf den ersten Blick oder nur physiologische Erregung?

Das Experiment von Donald Dutton und Arthur Aron (1974) von der University of British Columbia legt die Schlussfolgerung nahe, dass physiologische Erregung als Liebe auf den ersten Blick fehlinterpretiert werden kann: Bei einem Canyon nahe Vancouver führen zwei Brücken in über 100 Metern Höhe über einen Fluss, eine schmale und schwankende Hängebrücke mit niedrigem Handlauf und eine massiv gebaute, sehr sicher anmutende Brücke. Die männlichen Versuchspersonen mussten eine der beiden Brücken überqueren und danach einen Test ausfüllen. Anschließend übergab ihnen ein Interviewer und eine Interviewerin, jeweils jung und attraktiv, seine bzw. ihre »private« Telefonnummer für Rückfragen – falls sie dies wollten. Von 18 Männern, die über die Hängebrücke gegangen waren, riefen 9 die junge Frau und 2 den männlichen Interviewer an. Dagegen riefen nur 2 von 18 Männern nach der Überquerung der sicher wirkenden Brücke bei der Interviewerin an und nur ein Mann beim Interviewer. Die Männer der Hängebrückegruppe hatten zudem signifikant häufiger sexuelle Themen im Test beschrieben als die zweite Gruppe. Die Erregung durch die ängstigende Brücke schrieben viele Männer der Attraktivität der Interviewerin zu. Solche *Fehlattributionen* des körperlichen Zustandes wurden in zahlreichen Studien bestätigt. Eine noch nicht abgeklungene Erregung beeinflusst die Bewertung einer darauf folgenden Situation (Erregungstransfer). Demnach ist Vorsicht geboten gegenüber Empfindungen an Orten oder bei Ereignissen, die den Puls in die Höhe schießen lassen, sei es der Rummelplatz, das Fußballendspiel oder die Diskothek.

Wie steht es mit der Wahrheit vor Gericht?

Grundlage für Phänomene wie kognitive Dissonanz und Fehlattribution ist ein Gehirn, das die Welt und die Erfahrungen nicht eins zu eins abbildet, sondern sparsam mit dem Speicherplatz umgeht und Erfahrungen nicht additiv ablegt, sondern assoziativ speichert und bei Bedarf neu konstruiert. Aufgrund der Konstruktion der Welt in unseren Gehirnen ist es auch mit der Richtigkeit von Zeugenaussagen leider nicht weit her. In einem 1974 durchgeführten Versuch zeigte die Psychologin Elizabeth F. Loftus der University of Washington ihren Versuchspersonen einen Film von einem Autounfall. Danach fragte sie, wie schnell die Wagen wohl gewesen seien, als sie »einander touchierten«, »kollidierten« oder »ineinander krachten«. Ihre Wortwahl, lediglich die Veränderung eines Verbs, beeinflusste den Schätzwert.

Mit diesem und vielen anderen Experimenten gelang es Loftus zu beweisen, dass es möglich ist, Erinnerungen zu verzerren. Sie wurde damit bald zur Gutachterin bei Gerichtsprozessen, in denen es immer wieder um Schuldvorwürfe ging, die erst Jahrzehnte nach der angeblichen Tat ans Licht kamen. Im damaligen gesellschaftlichen Klima entwickelte sich eine angeblich aufdeckende Psychotherapie, die Patientinnen dazu brachte, sich an bisher scheinbar vollkommen verdrängte Traumata, z.B. einen sexuellen Missbrauch durch den eigenen Vater, plötzlich wieder detailliert zu erinnern. Loftus bezweifelte eine derartige vollständige Verdrängung und wurde zur Hassfigur für die Vorkämpfer gegen sexuellen Missbrauch. Sexueller Missbrauch war lange ein Tabuthema gewesen, aber nun wurden – wie sich später herausstellte – Menschen auch zu Unrecht beschuldigt und verurteilt. Der Nachweis verzerrter Erinnerungen genügte vor Gericht nicht, Loftus musste beweisen, dass es möglich war, vollkommen falsche Erinnerungen ins Bewusstsein einer Person zu implementieren.

Nach langen Auseinandersetzungen mit Ethikkommissionen entwickelte sie das Experiment »verloren im Einkaufszentrum«. Für 24 Versuchspersonen wurde mithilfe der Angehörigen jeweils ein kleines Heft über Kindheitserinnerungen erstellt. Neben der Beschreibung tatsächlicher Begebenheiten war darin auch ein Absatz über ein unwahres Ereignis enthalten. Die Teilnehmer wurden nach dem Lesen des Heftes gebeten, die Erinnerungen zu vervollständigen oder bei Nichterinnern einfach zu schreiben: »Ich erinnere mich nicht daran.« Immerhin 25 Prozent der Probanden erinnerten sich, im Einkaufszentrum verloren gegangen zu sein. Nach der Aufklärung über die Täuschung waren sie sehr überrascht und konnten es kaum glauben. Mehr noch als die Anzahl der in die Irre geführten Personen überraschte das Ausmaß der provozierten Erinnerungen. Mit großer Detailgenauigkeit und starken Gefühlen schilderten etliche Teilnehmer ihre »Erinnerungen«. Diese wurden bis zur Nachuntersuchung drei Wochen später sogar noch wesentlich angereichert. Teilnehmer schilderten z. B., was sie im Moment dachten, als sie die Trennung von ihrer Familie feststellten, und was die Mutter sagte, nachdem man wieder zueinander gefunden hatte.

Weitere Experimente zur Gedächtnisfälschung folgten und erbrachten sogar bei mehr als jedem zweiten Teilnehmer falsche Erinnerungen. Seitdem wissen wir, dass wir unseren Erinnerungen nicht trauen können. Was taten wir, als wir von der Zerstörung des World Trade Center am 11. September 2001 hörten? Wo waren wir beim Fall der Berliner Mauer? Und was hätten wir jeweils am Tag nach diesen Ereignissen geantwortet?

Die vielen Experimente blieben nicht ohne Wirkung. Zunehmend wurde die Bedeutung von Zeugenaussagen in Zweifel gezogen. Selbst Geständnisse mit detaillierten Angaben sind keineswegs die objektive Darstellung einer Handlung, wie es von Gerichten üblicherweise gesehen wird.

Die Psychologin Julia Shaw hat 2015 an der University of British Columbia in einem Experiment mit jungen Leuten (Durchschnittsalter 20 Jahre) erreicht, dass 21 von 30 Teilnehmern sich in drei 40-minütigen Gesprächen im Abstand von jeweils einer Woche zu Diebstählen und Angriffen mit Waffengewalt bekannten, obwohl sie nachweislich nie mit der Polizei zu tun gehabt hatten. Es war sogar erstaunlich einfach, falsche Erinnerungen hervorzurufen. Zunächst leugneten alle »Beschuldigten«. Die Forscherin belehrte sie sehr freundlich, dass sie über zuverlässige Quellen verfüge, u.a. einen Fragebogen der Eltern. Darin sei ein Vorfall im Alter zwischen 11 und 14 Jahren genannt, bei dem die Polizei eingreifen musste. Mehr könne sie nicht sagen. Es sei auch normal, derartige Ereignisse zu verdrängen. Man werde sicherlich herausfinden, was damals geschehen sei. Zunehmend zogen es bald die meisten Versuchspersonen in Betracht, tatsächlich etwas ausgefressen zu haben. War der Widerstand gebrochen, lieferten sie selbst immer mehr Details ihrer vermeintlichen Tat.

Erinnerungen unterliegen einem steten Wandel. Mit jedem Gespräch über die Vergangenheit kann sich der Gedächtnisinhalt bei den Beteiligten durch Verdrängen, Beschönigen, Hinzufügen usw. ändern. Das Gedächtnis ist offen für Einflüsse von außen. Durch das Mitempfinden im Gespräch verschwimmt das wirklich Erlebte mit dem im Gespräch Nachempfundenen.

Wie uns Vorurteile schützen

Ein starrer Blick auf die Welt macht unglücklich – es ist, als ob man bei einem bekannten Lernspiel für Kleinkinder die runden Steine in eine eckige Öffnung pressen wollte. Das funktioniert nicht! Man muss Abstand nehmen von diesem Versuch und sich für eine andere Herangehensweise öffnen.

Neue Situationen werden immer vor dem Hintergrund unseres Weltbildes bewertet. Beim Betrachten und Bewerten eines Objekts macht die Wahrnehmung mit den Augen nur einen kleinen Teil aus, der überwiegende Teil kommt durch innere Assoziationen des Gehirns zustande. Dies führt dazu, dass wir besonders das wahrnehmen, was wir schon kennen. Der Vorteil dessen ist, dass wir schnell urteilen können und dass unser Weltbild relativ stabil bleibt. Der Nachteil: Neue Erkenntnisse lassen wir nur zögerlich an uns heran, wir haben eine Tendenz, Vorurteilen und Täuschungen aufzusitzen.

Wie leicht sich selbst erfahrene Polizisten aufgrund von Vorurteilen täuschen, belegte ein Experiment, das Sozialpsychologen der Universität Granada 2012 mit 160 spanischen überwiegend männlichen Polizeioffizieren durchführten: Zwei unterschiedliche Protokolle einer erfundenen Straftat wurden den Polizisten zur Beurteilung vorgelegt. Eine Frau hatte ihren Mann nach jahrelangen körperlichen Misshandlungen angeblich in Notwehr getötet. Der einen Hälfte der Ermittler wurde die Täterin als mitgenommen, fragil und wirtschaftlich von ihrem Mann abhängig geschildert, der anderen Hälfte als gut aussehende und eigenes Geld verdienende Finanzberaterin. Der attraktiven Frau gaben die Polizisten mehr Schuld am Geschehen als der Frau, die dem Klischee des zerbrechlichen Opfers entsprach. Die Polizisten ließen sich trotz Berufserfahrung wie unbedarfte Mitmenschen von stereotypen Ansichten über Menschen und häusliche Gewalt leiten.

Bei unserer Wahrnehmung und deren Verarbeitung besteht ein Spannungsfeld zwischen Sicherheit und Offenheit. Ein dominierendes Sicherheitsbedürfnis geht mit Erstarrung einher, während Offenheit zwar eine Entwicklungschance bietet, die jedoch häufig mit Angst verbunden ist. Jeder Mensch muss für sich eine Balance zwischen diesen beiden Polen Sicherheit und Offenheit finden. Wir sind ständig gefordert, unsere Sicht der Dinge zu prüfen.

Statistische Daten motivieren Menschen allerdings nur selten dazu, von einem bereits gefällten Urteil abzuweichen. Dan Kahan, Professor für Rechtswissenschaft und Psychologie an der Yale University, hat im Jahr 2012 1540 repräsentativ ausgewählte US-Bürger zum Klimawandel befragt und kommt danach zu der ernüchternden Aussage: Die persönliche Weltanschauung ist für den Umgang mit wissenschaftlichen Daten entscheidend. Politische, kulturelle bzw. religiöse Werte agieren als Filter. Widerspricht die empirische Forschung der eigenen Haltung, werden die Studie oder die Motivation der Forscher angezweifelt. So wird Vernunft zum Anwalt emotionaler Überzeugungen. Passen neue Tatsachen nicht in das eigene Bild von der Welt, ändert man nicht seine Einstellung, sondern denkt sich eine passend machende Erklärung aus. Welches Bedürfnis veranlasst uns zu derartiger Ignoranz? Dahinter steht ein Verlangen nach Beständigkeit. Dieses Bedürfnis nach Kontrolle sollte also bei der Diskussion um neue wissenschaftliche Erkenntnisse berücksichtigt werden. Möchte man Aufgeschlossenheit erreichen, darf man nicht das Gefühl von Bedrohung vermitteln, sondern sollte um ein Klima der Nachdenklichkeit bemüht sein. Denn in neuropsychologischen Untersuchungen zeigte sich, dass unsere *Amygdala* – der Gefahrensensor im Gehirn (s. Kap. 13) – auch auf argumentative »Bedrohungen« reagiert und eine Abwehrhaltung einleitet.

Parteimitglieder und Politiker, die sich besonders stark auf bestimmte politische Themen festlegen, erwecken zuweilen den Eindruck von Sektenmitgliedern. Sie lassen nur die Meinungen der eigenen Gruppe gelten. Damit dies ohne Irritation gelingt, umgibt man sich möglichst nur mit Gleichgesinnten. Die störende Realität kann so besser ignoriert werden.

Im Hinduismus sind Kühe heilig, sie dürfen nicht angetastet, geschweige denn gegessen werden. Wer hungrig und kein Hindu ist, hat dafür kein Verständnis, wie die armen Menschen in Bangladesch. Auch wir Europäer sind schnell dabei, einen rationalen Umgang mit diesem Tier einzufordern. Religiös oder durch die Herkunft bedingte Besonderheiten anderer Völker, sei es das Gesundheitsverhalten, die Familienhierarchie oder der Kinderreichtum, lassen westliche Menschen verwundert und verständnislos den Kopf schütteln. Dabei übersehen wir völlig, dass auch wir »heilige Kühe« pflegen. Dem Wirtschaftswachstum z. B. opfern wir selbstverständlich die gewachsene Urbanität unserer Städte, unsere Gesundheit, die Lebensgrundlagen der indigenen Völker und sogar den Fortbestand der Erde.

Ein Mensch mit Überzeugungen lässt sich nur schwer ändern.

(Leon Festinger, Sozialpsychologe)

Wie man eine Meinungsänderung ermöglicht

- Es werden Informationen gesammelt bzw. zur Verfügung gestellt.
- Es werden Pro- und Contra-Argumente dargestellt.
- Es wird Wahlfreiheit für eine eigene Entscheidung eingeräumt.
- Es wird kein Druck ausgeübt.
- Es werden Anreize geboten, sich erneut mit der Thematik zu befassen.

Stalking – Fehlwahrnehmung einer Beziehung

Beim *Stalking* handelt es sich um ein beharrliches Verfolgen und Belästigen eines Menschen, sodass dieser in seiner Lebensgestaltung schwerwiegend beeinträchtigt wird. Dies stellt eine Straftat dar. Psychotherapeuten, Pfarrer und Ärzte werden besonders vom Typ des beziehungssuchenden Stalkers heimgesucht. Das beruflich bedingte Verständnis und die im Beratungsprozess gezeigte Freundlichkeit werden als Beziehungsbereitschaft fehlinterpretiert, was bis zum Liebeswahn ausarten kann. Oft werden zunächst Geschenke überbracht, dann folgen Telefonanrufe, E-Mails und schließlich Liebesbriefe, bis die Person unangekündigt am Arbeitsplatz oder andernorts auftaucht. Die Grundregel beim Stalking, dass reden immer falsch ist, kann in diesen Berufen nur schwer umgesetzt werden. Doch egal, was man sagt, es wird nicht das Ergebnis bringen, das man sich wünscht. Denn der Stalker interpretiert alles auf seine eigene Weise. Man sollte dem Täter deswegen nur *einmal* unmissverständlich klarmachen, dass man mit ihm keinerlei Kontakt mehr wünscht. Am besten macht man dies schriftlich und mit Zeugen. Danach darf man auf gar nichts mehr reagieren! Auch eine letzte Aussprache wäre falsch.

Die Person, die das Stalking betreibt, ist auf die andere Person fixiert. In der Psychologie versteht man unter *Fixierung* das Festhalten an bestimmten Denk- und Verhaltensweisen. Dies führt zum Verlust der Flexibilität des Denkens, Fühlens und Handelns. Fixierungen stellen eine Art Flucht dar, die es ermöglicht, die eigene *Unsicherheit* hinter der Festlegung zu verbergen.

Rolf war ein sehr vom Verstand dominierter Mensch. Seine Fähigkeiten zum zwischenmenschlichen Kontakt waren im Vergleich dazu deutlich eingeschränkt. Als junger Mann mit 19 Jahren wurde sein Verlangen nach einer persönlichen Beziehung immer drängender. Eine gleichaltrige Frau aus seiner Nachbarschaft begegnete ihm in dieser

Phase seines Lebens zufällig einige Male kurz hintereinander. Rolf fantasierte sich einen Kontaktwunsch ihrerseits zurecht und steigerte sich zunächst in intensive Tagträume und schließlich auch in bedrängendes Verhalten hinein. Alle Abwehrversuche der jungen Frau ignorierte er und fand dafür jeweils »passende« Erklärungen. Gerade weil weder mit ihr noch mit anderen ein wirklicher Kontakt zustande kam, spielte sich sehr viel in seinem Kopf ab. Ablehnung und Desinteresse der jungen Frau deutete er in eine heimliche Sehnsucht um. Entsprechend wurde sein Verhalten immer offensiver, was zur Kollision mit den Eltern der Angebeteten führte. Doch auch sie konnten ihn nicht von seiner Fixierung abbringen. Erst als die Polizei einbezogen wurde, schaffte es Rolf, sich psychologische Unterstützung zu suchen, um von den ständigen Gedanken an die junge Frau wegzukommen.

5 Persönlichkeit – was uns als Mensch ausmacht

Die *Persönlichkeitspsychologie* versucht, Persönlichkeit als einzigartige Struktur von Wesenszügen aufzufassen, die eine Vorhersage über das Verhalten einer Person erlaubt. Unter Persönlichkeit wird etwas Überdauerndes verstanden, das unabhängig von der Situation besteht. Die Sozialpsychologen dagegen untersuchen den Einfluss der Situation auf das Empfinden und Verhalten der Menschen.

Die Big Five

Die Forschung hat fünf Faktoren identifiziert, die am besten geeignet sind, die Struktur der Persönlichkeit zu beschreiben. Dieses Fünf-Faktoren-Modell bzw. die Big Five zeichnen sich durch bipolare Dimensionen aus, durch Gegensätze also, die eine hohe oder niedrige Ausprägung aufweisen können und so eine Einordnung eines jeden Menschen erlauben.

Die Erforschung und Entwicklung der Big Five begann schon in den 1930er-Jahren mit einem lexikalischen Ansatz. Man ging davon aus, dass sich Persönlichkeitsmerkmale in der Sprache niederschlagen. Auf der Basis von 18.000 Begriffen wurden durch Faktorenanalysen – ein statistisches Forschungsverfahren – fünf unabhängige und weitgehend kulturstabile Faktoren, die Big Five, gefunden:

- **Extraversion:** gesprächig, gesellig, optimistisch, empfänglich für Anregungen und Aufregungen vs. Introversion: zurückhaltend, schüchtern, gern allein, unabhängig
- **Neurotizismus:** launisch, nervös, angespannt, unsicher (diese Empfindungen werden leichter ausgelöst und blei-

ben länger bestehen, solche Personen tendieren dazu, sich zu sorgen) vs. stabil, ruhig, zufrieden, sicher

- **Offenheit für Erfahrungen:** kreativ, interessiert, unkonventionell, bevorzugen Abwechslung vs. einfach, konservativ, am Bewährten festhaltend, eher gedämpfte emotionale Wahrnehmung
- **Verträglichkeit:** mitfühlend, verständnisvoll, hilfsbereit, vertrauensvoll vs. unbarmherzig, misstrauisch, wenig kooperativ, egozentrisch
- **Gewissenhaftigkeit:** organisiert, sorgfältig, verantwortlich, zuverlässig vs. spontan, unsorgfältig, ungenau, sorglos

Messen der Persönlichkeit

Auf der Grundlage definierter Persönlichkeitsfaktoren wurden Fragebogen zur Selbst- und Fremdbeurteilung entwickelt.

Das *Freiburger Persönlichkeitsinventar* FPI ist ein im deutschsprachigen Raum verbreiteter Fragebogen zur Persönlichkeitsbeurteilung. 1970 erschien die erste Version. 2001, nach einer erneuten Normierung für Gesamtdeutschland, wurden die aktuell gültigen Fassungen veröffentlicht. Die Normen sind nach Geschlechtszugehörigkeit und sieben Altersgruppen gegliedert. Die 138 Fragen sind mit »stimmt« bzw. »stimmt nicht« zu beantworten. Die Antworten werden hinsichtlich folgender 12 Skalen ausgewertet: Lebenszufriedenheit, soziale Orientierung, Leistungsorientierung, Gehemmtheit, Erregbarkeit, Aggressivität, Beanspruchung, körperliche Beschwerden, Gesundheitssorgen, Offenheit, Extraversion, Emotionalität.

Die Auswertung ergibt ein Persönlichkeitsprofil mit Werten zwischen 1 und 9 für jede Skala, wobei die Werte zwischen 4 und 6 jeweils den Durchschnitt der Bezugsgruppe darstellen.

Eine gänzlich anders gestaltete Persönlichkeitstestung stellt der von der Psychoanalyse inspirierte *Thematische Apperzeptions- oder Auffassungstest* (TAT) dar. Bei einer Testung werden dem Probanden nacheinander 20 schwarz-weiße Bildtafeln vorgelegt, die überwiegend Menschen in alltäglichen Situationen zeigen. Zu jedem Bild soll eine kurze Geschichte erzählt werden. Die Geschichten werden im Anschluss daran vom Versuchsleiter hinsichtlich des Erlebens, der Wahrnehmung und der Motive des Erzählers interpretiert. Solche Verfahren sind sehr zeitaufwendig und wenig zuverlässig, da das Ergebnis durch den Testleiter stark beeinflusst werden kann.

In Psychotherapien zeigen sich therapeutische Veränderungen häufig auch in der Postmessung der Persönlichkeit. Die bekannten Persönlichkeitsfragebogen werden in einer A- und B-Version konstruiert, damit eine Wiederholungsmessung ohne Verfälschung durch Erinnerungseffekte möglich ist.

Intelligenz als ein Aspekt von Persönlichkeit

Intelligenz ist das, was man einsetzt, wenn man nicht weiß, was man tun soll.

(Jean Piaget, Entwicklungspsychologe)

Ein Intelligenztest ist ein Instrument der psychologischen Diagnostik zur Messung der Intelligenz einer Person, um z. B. eine optimale Entscheidung bei Fragen der Schullaufbahn oder der Berufswahl treffen zu können. Das Ergebnis wird häufig in einem Intelligenzquotienten (IQ) ausgedrückt, dessen Durchschnitt bei 100 liegt (der größte Teil der Bevölkerung hat einen Intelligenzquotienten im Bereich von 85 bis 115). Dabei besteht die Gefahr, den IQ der getesteten Person unabhängig von einer konkreten Fragestellung zu verabsolutieren.

Da Intelligenz unterschiedlich definiert wird, gibt es auch verschiedenartige Intelligenztests. Sehr bekannt sind der Wechsler Intelligenztest mit der Unterscheidung von verbaler und praktischer Intelligenz oder der sprachfreie Matrizentest von Raven zur Erfassung einer »kulturunabhängigen« Intelligenz.

Intelligenztests werden nach Altersgruppen innerhalb bestimmter Länder normiert. Da sich die durchschnittliche gemessene Intelligenz mit der Zeit verändert, müssen sie immer wieder nachgeeicht werden.

Im Internet z. B. auf sueddeutsche.de kann man gratis einen IQ-Test mit verbalen, numerischen und bildhaften Aufgaben absolvieren und einigermaßen verlässlich den eigenen Quotienten bestimmen, indem man in 60 Minuten 86 Fragen beantwortet.

Einfluss der Umwelt auf die Intelligenz

Auch Intelligenz als ein allgemein wichtiger Aspekt der Persönlichkeit ist keineswegs so stabil und nur über die Erbanlage zu begreifen, wie es häufig dargestellt wird.

Der deutsch-amerikanische Psychologe Robert Rosenthal wies in einem Feldexperiment 1965 zusammen mit Leonore F. Jacobson die Erwartungseffekte von Lehrern in der Interaktion mit ihren Schülern nach. An der untersuchten Grundschule gab es drei Leistungskurse, einen schnellen, einen mittleren und einen langsamen Zug. Im Rahmen des Experiments wurde den Lehrern vorgetäuscht, dass auf der Basis eines wissenschaftlichen Tests die Leistungspotenziale der Kinder eingeschätzt werden könnten. Der Test sollte jene 20 Prozent Schüler eines Zuges identifizieren, die kurz vor einem Entwicklungsschub stünden. Von diesen seien im bevorstehenden Schuljahr besondere Leistungssteigerungen zu erwarten. In Wirklichkeit wurden diese Schüler jedoch per Los ausgewählt. Der Test erfasste nicht das Leistungspotenzial, sondern den IQ der Schüler. Acht Monate später wurde der Intelligenztest wiederholt. Dabei zeigte sich eine Steigerung des IQ bei den 20 Prozent der Schüler der Experimentalgruppe, deren Leistungspotenzialsteigerung als besonders hoch benannt worden war, im Vergleich zur Kontrollgruppe, den Schülern angeblich ohne besonderes Leistungssteigerungspotenzial. Außer der Information der Lehrer über das vermeintliche Potenzial waren alle anderen Bedingungen gleich, sodass die tatsächliche Leistungssteigerung mit den Erwartungen der Lehrer gegenüber diesen Schülern erklärt wird. Der Effekt war bei den Kindern der ersten und zweiten Klasse besonders stark. Die größten IQ-Gewinne wiesen die Schüler des mittleren Zuges auf. Insgesamt konnten 45 Prozent der ausgewählten Schüler ihren IQ um 20 oder mehr Punkte steigern.

Stimulierende Gesellschaft für Heimkinder

Der Psychologe Harold Skeels untersuchte 1940 in Iowa, wie sich das Aufwachsen in Heimen auf die kindliche Entwicklung auswirkt. Skeels beschrieb die Umgebung im Waisenhaus als sauber, aber sachlich. Die Kinder wurden versorgt, gewaschen und gefüttert, aber niemand schenkte ihnen emotionale Zuwendung.

Skeels stellte fest, dass die Kinder im Waisenhaus im Durchschnitt einen sehr niedrigen Intelligenzquotienten hatten, viele waren geistig behindert. Aufgrund einer Zufallsbeobachtung schickte er 13 »geistig zurückgebliebene« Kleinkinder eines Waisenhauses in ein Heim für geistig behinderte Menschen. Die 13 Kinder waren alle jünger als drei Jahre und hatten einen sehr niedrigen Durchschnitts-IQ von 64.

Die Kinder wurden auf verschiedene Abteilungen verteilt, wo geistig behinderte Frauen sich liebevoll um sie kümmerten, ihnen Geschenke kauften und mit ihnen spielten.

Diese Experimentalgruppe wurde mit einer Kontrollgruppe verglichen. Die Kinder der Kontrollgruppe blieben im Heim. Anfangs hatten sie einen höheren IQ als die Kinder der Experimentalgruppe. Zwei Jahre später war der durchschnittliche IQ in der Experimentalgruppe auf 92 angestiegen und in der Kontrollgruppe von 87 auf 61 gefallen. Jene Kinder, für die eine der behinderten Frauen die Rolle einer mütterlichen Bezugsperson einnahm, machten die größten Fortschritte.

Im Erwachsenenalter waren die Personen der Experimentalgruppe gut in das gesellschaftliche Leben integriert. Sie zeigten kein delinquentes Verhalten und waren psychiatrisch unauffällig. Sie gingen fast alle einer beruflichen Tätigkeit nach und waren verheiratet. Ganz anders sah es in der Kontrollgruppe aus. Vier der 12 Personen aus der Kontrollgruppe lebten in Heimen (drei in Heimen für psychisch Kranke, einer in einem Heim für geistig Behinderte), die anderen waren Gelegenheitsarbeiter und bezogen immer wieder Unterstützung vom Staat.

Intelligenz ist keinesfalls von vornherein festgelegt. Sie wird, vor allem in der Kindheit, durch die Umwelt, besonders durch Zuwendung, wesentlich beeinflusst.

Grundlage für eine gesunde Entwicklung: Bindung

Wer ist die bessere Mutter, diejenige, die das Baby füttert, oder diejenige, die dem Baby einen sozialen Kontakt ermöglicht? Seit Harry Harlow 1957 mit Rhesusaffenbabys die Grundlagen der Mutter-Kind-Bindung zu erforschen begann, wissen wir um die Bedeutung der *Beziehung* und *Bindung*.

In Experimenten trennte Harlow die jungen Rhesusäffchen von ihren Müttern und bot ihnen in ihrem Käfig zwei Attrappen an: eine aus Draht nachgebildete, milchspendende »Ersatzmutter« und eine gleich große, mit Stoff bespannte »Ersatzmutter«, die aber keine Milch spendete. Die Äffchen hielten sich bei der Milchspenderin stets nur zur Nahrungsaufnahme auf, kuschelten sich aber ansonsten an die stoffbespannte Attrappe.

https://www.youtube.com/watch?v=_O60TYAIgC4

Harlows Experimente zu emotionalen Bedürfnissen

Dieses Ergebnis war damals durchaus eine Neuigkeit, auch für die Psychologie. Nicht nur in den USA war die Gewohnheit weit verbreitet, besonders gegenüber männlichem Nachwuchs intensiven Körperkontakt wie Umarmungen zu vermeiden.

Ein weiteres bedeutsames Experiment zum Bindungsverhalten wurde direkt mit Kindern durchgeführt. Die frühkindlichen Bindungserfahrungen prägen weitgehend auch das Bindungsverhalten, Kontakte und die Partnerschaft – und damit die Persönlichkeit des Erwachsenen. Der britische Kinderpsychiater John Bowlby untersuchte in den 1950er-Jahren den Zusammenhang von Bindung und seelischer Gesundheit und konnte als einer der Ersten nachweisen, dass eine unsichere Bindung in den ersten Lebensjahren kriminelles Verhalten in der Pubertät begünstigt. Mit ihm zusammen erforschte die amerikanische Psychologin Mary Ainsworth an der Londoner Tavistock Clinic die Auswirkungen von frühen Mutter-Kind-Trennungen auf die Persönlichkeitsentwicklung.

Mit dem *Fremde-Situations-Test (FST)* (englisch: »Strange Situation Test«) wurde ein standardisiertes Experiment geschaffen, das die Beziehung zwischen Kind und Bezugsperson hinsichtlich der Qualität der Bindung erfasst. In einer für 12 bis 18 Monate alte Kinder typischen Situation wurden sowohl Bindungs- als auch Explorationsverhalten aktiviert. Die Beobachter konnten die Versuchspersonen sehen und hören, umgekehrt jedoch nicht. Es ging um die kindliche Reaktion in den Trennungs- und Wiedervereinigungsmomenten und die individuellen Unterschiede in der Bewältigung von Trennungsstress.

Versuchsablauf:

1. Die Mutter setzt ihr Kleinkind bei dem Spielzeug ab (bis 30 Sekunden).
2. Die Mutter setzt sich auf einen Stuhl und liest eine Zeitschrift (30 Sekunden).
3. Nach spätestens 2 Minuten erfolgt ein Klopfsignal, woraufhin die Mutter ihr Kind zum Spielen animieren soll, wenn es noch nicht spielt.
4. Die fremde Frau betritt den Raum, setzt sich auf einen Stuhl und schweigt eine Minute.
5. Danach erfolgt ein Gespräch zwischen ihr und der Mutter (1 Minute).
6. Die fremde Frau beschäftigt sich mit dem Kind (3 Minuten).
7. Die Mutter verlässt den Raum und lässt ihre Handtasche zurück (an dieser Stelle wird beobachtet, wie das Kind auf die Fremde reagiert und ob Trennungsprotest eintritt).
8. Sollte das Kind weinen, beschäftigt sich die fremde Frau mit ihm, ansonsten bleibt sie auf dem Stuhl sitzen.
9. Die Mutter spricht vor der Tür.
10. Dann kommt sie herein, nimmt ihr Kind hoch und begrüßt es.

11. Die Mutter setzt ihr Kind zum Spielzeug und versucht, es zum Spielen zu animieren.
12. Die fremde Frau verlässt den Raum.
13. Nach 3 Minuten verlässt die Mutter den Raum, lässt jedoch die Handtasche zurück.
14. Das Kind ist für 3 Minuten allein.
15. Die fremde Frau spricht vor der Tür.
16. Die fremde Frau betritt den Raum und passt ihr Verhalten dem des Kleinkindes an (z. B. trösten oder mitspielen).
17. Die Mutter öffnet die Tür, bleibt kurz stehen und hebt ihr Kind hoch.
18. Die fremde Frau verlässt den Raum.

In verschiedenen Untersuchungen zeigten sich vier grundlegende Bindungsqualitäten der Kinder:
1. sicher gebundene Kinder,
2. unsicher-vermeidend gebundene Kinder (»avoidant«),
3. unsicher-ambivalent gebundene Kinder (»ambivalent«),
4. Kinder mit desorganisiertem Verhaltensmuster (Kinder, die nicht zuverlässig zuzuordnen waren).

Das Interaktionsverhalten zwischen Kind und Bezugsperson ist bedeutsam für die Entwicklung einer sicheren Bindung. Die Bindungsperson soll feinfühlig die Signale des Kindes bemerken, diese zutreffend interpretieren und angemessen und prompt darauf reagieren. Kann die Bezugsperson diese feinfühlige Interaktion nicht realisieren, erhöht sich die Wahrscheinlichkeit für die Ausbildung von unsicheren Bindungsmustern beim Kind.

Nachfolgeuntersuchungen erbrachten weitere Differenzierungen:
- Kinder können Bindung zu zwei Personen aufbauen.
- Die Mutter wird nicht grundsätzlich dem Vater vorgezogen.

- Die mit dem Kind verbrachte Zeit ist nicht wesentlich für die Bindungsqualität.

Bei 5- bis 6-jährigen Kindergartenkindern, die bereits im Alter von 12 und 18 Monaten getestet worden waren, ergab sich:

- Sicher gebundene Kinder zeigten ein sicheres Spielverhalten und suchten nur bei Misslingen die Hilfe der Erzieherin. Dagegen spielten unsicher gebundene Kinder nur wenig und hatten ein angespanntes Verhältnis zu anderen Kindern.
- Sicher gebundene Kinder sprechen offen über die Situation und die Personen, unsicher gebundene Kinder neigen zu Ignorierverhalten.
- In einem Gespräch über eine fiktive Trennung (Eltern verreisen) äußerten Kinder mit einer sicheren Bindung Trauer, brachten jedoch auch konstruktive Vorschläge zur Überbrückung der Trennung ein. Unsicher gebundene Kinder zeigten entweder kein Interesse oder äußerten großen Trennungsschmerz, da sie den Verlust der Eltern als unabänderlich verstanden.

Das Bindungsverhalten verändert sich im Laufe des Lebens. Durch die Eltern-Kind-Interaktion in den ersten Lebensjahren werden nach Bowlby jedoch innere Schemata (*inner working models*) gebildet. Sie beinhalten die individuellen frühen Bindungserfahrungen sowie die daraus abgeleiteten Erwartungen, die ein Kind gegenüber menschlichen Beziehungen hegt. Aufgrund dieser Schemata lässt sich das Verhalten anderer Bindungspersonen interpretieren und vorhersagen. Sie formen damit auch die späteren Beziehungen.

Wir sollten deshalb viel Wert auf eine gute Betreuung der Kleinkinder legen. Sie schnell abzuschieben und schon als Säuglinge Aufsichtspersonen ohne oder mit nur geringer Qualifikation zu überlassen, erscheint vor diesem Forschungshintergrund problematisch.

Sind Persönlichkeitszüge von Dauer?

Glauben Sie auch, dass Sie später noch der Mensch sein werden, der Sie heute sind? Einer Studie aus dem Jahr 2013 von Jordi Quoidbach und Forscherkollegen aus Belgien und den USA zufolge sind die meisten Menschen überzeugt davon, sich in der Vergangenheit in ihrer Persönlichkeit weiterentwickelt zu haben, sich in Zukunft jedoch kaum noch nennenswert zu verändern. Doch diese Tendenz, das Hier und Jetzt als Wendepunkt anzusehen, kann zu falschen Annahmen über zukünftige Vorlieben und Verhaltensweisen führen. Unter anderem fragten die Wissenschaftler einen Teil ihrer Probanden: »Wie viel Geld wären Sie wohl in zehn Jahren bereit zu zahlen, um ein Konzert Ihrer heutigen Lieblingsband zu sehen?« Die genannten Summen waren mit 130 Dollar durchgängig höher als die 80 Dollar, welche die Probanden heute für ein Konzert ihrer Lieblingsband von vor zehn Jahren zu zahlen bereit wären. Obwohl die Teilnehmer wussten, dass sich ihre Präferenzen in der Vergangenheit geändert haben, gehen sie davon aus, dass sich ihre aktuellen Präferenzen nicht ändern werden. Diese vermutete Stabilität hängt damit zusammen, dass wir Menschen im Allgemeinen der Annahme sind, unsere aktuelle Persönlichkeit sei attraktiv, unsere Werte seien bewundernswert und unsere Vorlieben klug – hier zeigt sich das Grundbedürfnis nach Selbstwerterhöhung (s. Kap. 2).

Jede Theorie, welche die Persönlichkeit als fest und unveränderlich betrachtet, ist falsch.

(Gordon Allport, Persönlichkeitspsychologe)

Persönlichkeitsstörungen

So wie es verschiedene Persönlichkeiten gibt, lassen sich auch verschiedene Störungen der Persönlichkeit unterscheiden. Persönlichkeitsstörungen sind schwere Beeinträchtigungen der Persönlichkeit seit Beginn der Kindheit. Bestimmte Merkmale der Persönlichkeitsstruktur sind extrem ausgeprägt, das Verhalten ist unflexibel oder wenig sozial angepasst. Aufgrund ungünstiger Überzeugungen entwickeln solche Menschen negative Strategien der Beziehungsgestaltung. Sie zeigen Verhaltensweisen, die andere Menschen dazu veranlassen sollen, sich ihnen zuzuwenden. Ihr Verhalten ist jedoch meist nicht offen, sondern verdeckt und manipulativ, es soll die Zuwendung der anderen »erzwingen«. Auf diese Weise wird das angestrebte Ziel jedoch gerade nicht erreicht, sondern es kommt im Gegenteil sogar zu unerwünschte Reaktionen.

An den typischen Beziehungsproblemen setzen die psychotherapeutischen Behandlungsmethoden an. Für jede Störung gibt es heute eigene Therapiekonzepte, die die jeweiligen Gegebenheiten berücksichtigen. Für die Therapie ist entscheidend, in welcher Situation sich eine betroffene Person zum Behandlungszeitpunkt befindet. Emotionale Krisen oder Suizidtendenzen haben Vorrang. Ist ein Patient stabil, kann die therapeutische Beziehung zur Reflexion und Veränderung der Interaktionsmuster genutzt werden.

- **Paranoide Persönlichkeitsstörung:** Menschen mit paranoider Persönlichkeitsstörung sind misstrauisch und immer darauf gefasst, von anderen angegriffen oder verletzt zu werden. Auf Kritik reagieren sie überempfindlich und gehen schnell zum Gegenangriff über.
- **Schizoide Persönlichkeitsstörung:** Schizoide Persönlichkeiten wirken distanziert, gleichgültig, gefühlsarm und zeigen kein Interesse an anderen. Es sind typische Einzel-

gänger, die nicht unter ihrer Kontaktarmut leiden. Eine Beziehung zu einem Partner leidet unter der Distanziertheit und der geringen Emotionalität.

- **Histrionische Persönlichkeitsstörung:** Menschen mit histrionischer Persönlichkeitsstörung sind stark auf Zuwendung angewiesen und daher ständig auf der Suche nach Anerkennung. Sie sind oft extravertiert, lebenslustig und können andere mitreißen. Trotz ihres meist großen Freundeskreises leiden sie an Einsamkeit, Selbstzweifeln und innerer Leere.
- **Narzisstische Persönlichkeitsstörung:** Narzisstische Persönlichkeiten wirken oft anspruchsvoll und überheblich. Sie geben sich sehr selbstbewusst, sind aber gleichzeitig sehr verletzlich. Ihr brüchiges Selbstwertgefühl soll durch die Inszenierung einer großartigen Fassade versteckt werden.
- **Emotional instabile Persönlichkeitsstörung:** Es werden zwei Erscheinungsformen der emotional instabilen Persönlichkeitsstörung unterschieden: ein impulsiver Typus, der durch emotionale Instabilität und mangelnde Impulskontrolle gekennzeichnet ist, und ein Borderlinetypus, der die Kriterien des impulsiven Typus und zusätzlich weitere Merkmale umfasst, wie vor allem Depressionen, selbstverletzendes Verhalten und dissoziative Symptome. Die davon Betroffenen wirken sehr launisch und reagieren sensibel auf Zurückweisung. Sie erleben sich als Opfer ihrer heftigen Stimmungen und neigen zu selbstschädigendem, manchmal auch fremdaggressivem Verhalten. Von einer Sekunde auf die andere können sie z. B. scheinbar grundlos wütend sein. Chronisch herrscht ein Gefühl der Leere vor. Die Beziehungen zu anderen Menschen sind intensiv, aber instabil. Dabei empfinden die Personen große Angst, verlassen zu werden.

- **Dissoziale Persönlichkeitsstörung:** Dissoziale Persönlichkeiten sind impulsiv, schnell reizbar und haben eine geringe Frustrationstoleranz. Sie haben eine Neigung zu aggressivem Verhalten. Alltägliche Routine bewirkt schnell Langeweile und Unbehagen, sie suchen Abwechslung und Aufregung. Auch neigen sie dazu, andere Menschen zu missbrauchen, ihr eigener Vorteil bestimmt ihr Handeln. Es ist zwischen dem impulsiven Typ und dem Psychopathen zu unterscheiden. Der erste ist durchaus einfühlsam, hat seine Gefühle aber nicht unter Kontrolle. Der Psychopath hingegen kann Gefühle anderer nur kognitiv wahrnehmen. Er weiß z. B., dass er anderen Schmerzen zufügt, kann sie jedoch nicht nachempfinden.
- **Selbstunsichere Persönlichkeitsstörung:** Menschen mit selbstunsicherer oder ängstlich-vermeidender Persönlichkeitsstörung sind schüchtern, fühlen sich unsicher in zwischenmenschlichen Situationen und isolieren sich aus Angst vor Kritik oder Zurückweisung. Sie erleben sich selbst als minderwertig und meiden daher den Kontakt zu anderen Menschen.
- **Dependente Persönlichkeitsstörung:** Menschen mit dependenter oder abhängiger Persönlichkeitsstörung fällt es schwer, ihr Leben eigenständig zu führen. Sie brauchen immer eine Person, die sie unterstützt und ihnen wichtige Entscheidungen abnimmt. Aus Angst, diese Bezugsperson zu verlieren, ordnen sie sich dem Partner unter und äußern eigene Bedürfnisse nicht. Ihr »Klammern« ist jedoch häufig Auslöser für Beziehungsprobleme.
- **Anankastische (zwanghafte) Persönlichkeitsstörung:** Zwanghafte Persönlichkeiten wirken ordentlich und korrekt. Sie sind bemüht, keine Fehler zu machen. Dagegen mangelt es ihnen an Spontaneität, und sie sind meist unfähig zur Arbeitsteilung, woraus zwischenmenschliche Konflikte resultieren.

Susanna war wegen ihrer Unsicherheit mehr als sieben Jahre in psychoanalytischer Behandlung. Jahrelang ging sie dreimal pro Woche zu ihrem Therapeuten. Machte dieser Urlaub, nahm auch sie sich frei. Als sie einmal verreiste, rief sie ihn von ihrem Urlaubsort aus an. Sie dachte hier sogar besonders viel an ihn, hatte Angst, ihn zu verlieren. Was, wenn er sie nach dem Urlaub nicht mehr therapieren würde? Doch die Behandlung schien kein Ende zu nehmen. Eine lebenslange therapeutische Begleitung entspricht aber nicht den Richtlinien moderner, wissenschaftlich fundierter Psychotherapie. Somit lag bei Susanna ganz klar ein Behandlungsfehler vor. Der Therapeut hat ihre dependente Persönlichkeitsstruktur nicht erkannt oder ignoriert. Er hätte ansonsten klare Ziele für einen überschaubaren Zeitraum vereinbart und danach die Behandlung eindeutig beendet. Susanna hätte ihn bedrängt, aber er hätte stärker sein und die feste Überzeugung vermitteln müssen, dass sie die nächsten Schritte sehr erfolgreich allein bewältigen würde. Selbstständigkeit erlernt man nur durch eigenes Handeln. Eltern und Therapeuten müssen sich deshalb zurückziehen, ihre Zöglinge ermutigen und sie ggf. in die Freiheit schubsen. Susanna hat es nach mehr als sieben Jahren – nachdem sie sich lange als unheilbaren Fall angesehen hatte – doch noch geschafft. Ein anderer Therapeut hat ihr Dilemma erkannt. Sie wollte auch hier unbedingt weitermachen, aber nach einiger Zeit ohne Therapietermine war sie dann zum ersten Mal richtig stolz auf sich selbst. Endlich hatte sie ihr Leben in die eigene Hand genommen.

Narzissten – wer ist der Tollste im ganzen Land?

Dass auch das Grundbedürfnis nach Selbstwerterhöhung entgleiten kann, verwundert nicht. Eigentlich kann man nie genug Bestätigung bekommen. Sind wir also alle Narzissten? Der Psychologe Brad Bushman von der Ohio State University hat 2014 nach einer Reihe von elf unabhängigen Studien mit insgesamt 2250 Probanden einen ganz einfachen Weg herausgefunden, um den Narzissten zu entlarven: Man muss ihn nur fragen! Psychologen nutzen in der Regel ein umfangreiches Inventar von mindestens 40 Fragen, um eine Persönlichkeit einzuschätzen. Laut Bushman genügt schon die folgende: Wie sehr stimmen Sie auf einer Skala von 1 bis 7 der Aussage zu »Ich bin ein Narzisst«?

Man mag es kaum glauben, so platt und offensichtlich diese Frage ist, sie funktioniert aufgrund der Natur des Narzissten. Je narzisstischer eine Person ist, desto mehr wird sie dieser Aussage zustimmen. Dem normalen Menschen mit einem gesunden Bedürfnis nach Selbstwerterhöhung wäre eine solche Antwort peinlich. Der Narzisst ist dagegen stolz darauf, ein Narzisst zu sein, er sieht darin nichts, was er verleugnen müsste – im Gegenteil.

Der Begriff Narzissmus geht auf die griechische Sage über den Jüngling Narziss zurück. Dieser verliebt sich in sein eigenes Spiegelbild, das er im Wasser einer Quelle sieht. Was oft wie Egoismus daherkommt, ist weit mehr als selbstzentrierte Eigennützigkeit. Im Narzissmus vereinen sich die Überzeugung eigener Großartigkeit mit verkümmertem Einfühlungsvermögen und einem erstaunlicherweise fragilen Selbstwertgefühl. Die Betroffenen haben ein unstillbares Verlangen nach Anerkennung und Bewunderung.

Wie mit dem griechischen Jüngling Narziss nimmt es kein gutes Ende. So wie dort ein heruntergefallenes Blatt das schöne Spiegelbild zerstört, zerbricht auch jede noch so grandiose Überlegenheitsfantasie irgendwann an der Realität. Dann isoliert sich der krankhafte Narzisst und reagiert auf jegliche Kritik völlig übertrieben mit Wut, Liebesentzug, Abbruch der Beziehung und Depression.

Die Psychologen Jean Twenge von der San Diego State University und Keith Campbell von der University of Georgia gehen aufgrund ihrer Studien bis zum Jahr 2012 mit 37.000 Studenten von einer alarmierenden Zunahme an narzisstischen Persönlichkeitsmerkmalen aus. Erreichte um 1985 jeder siebte Student in den USA erhöhte Narzissmuswerte (allerdings nicht im Sinne einer Persönlichkeitsstörung), war 2012 bereits jeder vierte betroffen. Die Ursache wird in der gesellschaftlichen Entwicklung gesehen, die

Selbstbewusstsein und Selbstdarstellung propagiert und jeden Einzelnen antreibt, groß herauszukommen.

Das Persönlichkeitsmerkmal Narzissmus kennzeichnet häufig Stars der Unterhaltungsbranche und politische Führer, Anzeichen von krankhafter Ausprägung finden sich oft bei Diktatoren.

Psychopathen – coole Rechtsanwälte oder Serienmörder?

Aus klinisch-psychologisch verhaltenstherapeutischer Perspektive wurde das Konzept der Persönlichkeitsstörungen kritisiert. Die Festschreibung einer gesamten Persönlichkeit als »gestört« sei ethisch zweifelhaft. Man betrachtet Persönlichkeitsstörungen primär als *Interaktionsstörungen*, weshalb das Augenmerk auf mögliche Störungen des sozialen Systems gerichtet sein sollte.

Diese These können *Psychopathen* bestätigen. Wurden sie wegen ihrer Gefühlskälte in früheren Jahrhunderten an den Rand der Gemeinschaft gedrängt und ausgegrenzt, passt ihre Rastlosigkeit heute hingegen hervorragend zum modernen Leben. Ihre wohl angeborene Fähigkeit, sich nicht aus der Ruhe bringen zu lassen, ermöglicht ein erfolgreiches Handeln unter Stressbedingungen. In Untersuchungen zur emotionalen Reaktivität zeigten Psychopathen bei physiologischen Messungen, Blutdruck, Herzfrequenz, Blinzelrate usw., eine geringere Erregung – also eine deutlich abgeschwächte emotionale Schreckreaktion. So etwas schaffen ansonsten nur tibetanische Meditationsmeister nach jahrelangem Training. Inzwischen gilt als belegt, dass sich Psychopathen anders als die Normalbevölkerung unter Stressbedingungen nicht von der Emotionalität anderer anstecken lassen, sondern die Fassung wahren. Dabei sind sie keineswegs blind für das Erkennen von Stress und Bedrohung. Als Straftäter schaffen sie es sogar überzeugender als nichtpsychopathische Täter, Reue zu zeigen, wie die Psychologin Helinä Häkkänen-Nyholm von der Universität Helsinki 2009 feststellte. Stephen Porter und Kollegen konnten diese Beobachtung in raffinierten Experimenten bestätigen: Ihre Versuchspersonen sollten Bilder betrachten und darauf emotional reagieren, was auf Video festgehalten wurde. Mittels Einzelbildanalyse konnten auf diesen Videos Mikrogefühlsregungen als flüchtige Manifestation unverfälschter Gefühle erkannt werden. Die Ergebnisse waren eindeutig: Die Psychopathen täuschten Gefühle viel überzeugender vor als nichtpsychopathische Personen der Kontrollgruppe und erkannten außerdem derartige Täuschungsversuche anderer viel besser.

Anderen etwas vormachen, unter Druck absolut cool bleiben und ohne moralische Bedenken rasch entscheiden zu können, ist sicherlich ein großer Vorteil als CEO, Rechtsanwalt oder in anderen Berufen. Allerdings müssen es diese Menschen schaffen, ihre Abneigung gegen die Eintönigkeit des Lebens unter Kontrolle zu bringen. Ansonsten ist aufgrund ihrer Furchtlosigkeit der Weg zum Serienmörder nicht allzu weit.

Kontrollüberzeugung und Glück

Wie zufrieden jemand mit seinem Leben ist, hängt entscheidend davon ab, wie stark seine *Kontrollüberzeugung* ist, also wie sehr er davon überzeugt ist, das Geschehen in seinem Leben beeinflussen zu können. Wer glaubt, die Ereignisse in seinem Leben steuern zu können, der fühlt sich der Umwelt weniger ausgeliefert, fällt seltener einem Herzinfarkt oder einer Depression anheim. Das Gefühl der Kontrolle über unser Leben macht uns glücklicher und lässt uns länger leben.

Für eine Studie im Jahr 1976 ließ Ellen Langer von der Harvard University Bewohnern verschiedener Pflegeheime die Wahl, sich für oder gegen eine Zimmerpflanze zu entscheiden. Entschieden sie sich dafür, waren sie auch verantwortlich für die Pflege der Pflanzen. Einer Vergleichsgruppe verordnete man die Pflanzen ganz einfach. Allerdings brauchten die Bewohner sich um nichts zu kümmern, die Pflege wurde vom Heimpersonal übernommen.

Als die Teilnehmer später nach ihrer Lebenszufriedenheit befragt wurden, zeigte sich ein erstaunliches Ergebnis: Diejenige Gruppe, die über das kleine Detail einer Zimmerpflanze entscheiden konnte, war glücklicher als die Vergleichsgruppe. Darüber hinaus lag die Sterberate der Gruppe mit Entscheidungsspielraum eineinhalb Jahre später nur bei 15 Prozent, in der Vergleichsgruppe dagegen deutlich höher bei 30 Prozent.

Wer das Geschehen beeinflussen kann, statt es ertragen zu müssen, kann auch besser mit Stress umgehen.

Walter war ein erfolgreicher Manager in der Finanzbranche. Er ist sehr direktiv und zupackend. Gerade noch rechtzeitig vor der Finanzkrise 2008 zog er sich aus seinem Beruf zurück. Also alles bestens? Von wegen, Walter hält sich nun anders als früher überwiegend zu Hause auf und geht seiner Frau und den drei Kindern auf die Nerven. Denn er hat ein übermäßiges Bedürfnis nach Kontrolle. Er hält es nicht aus, wenn er nicht die Fäden in der Hand halten, das Geschehen nicht bestimmen oder nur das Gespräch nicht dominieren kann. Freunde hat er damit schon lange vergrault. Verwandte und Bekannte kommen, weil seine Frau die Kontakte pflegt. Aber nun leiden die Kinder. Sie versuchen, sich abzunabeln, was altersgemäß, aber für Walter nicht hinnehmbar ist. Inzwischen eskaliert jeder kleine Konflikt. Seine Frau versucht zu vermitteln, aber Walter lässt nur seine Position gelten. Es ist offensichtlich, dass er so auch die Kinder vergrault, aber er kann nicht zurückstecken. Er will, nein er muss bestimmen und erwartet Gefolgschaft. Zunehmend distanziert sich die Ehefrau, von Trennung ist immer öfter die Rede. Das möchte er auf keinen Fall, aber er geht nicht auf die anderen zu, sondern versucht, sie durch Drohungen und Geldentzug zu zwingen. Damit bewirkt er das Gegenteil, Frau und Kinder wollen nur noch weg. In vielem hat Walter durchaus recht, aber seine Dominanz ist unerträglich. Um sein Bedürfnis nach Kontrolle zu befriedigen, riskiert er, geliebte Menschen zu verlieren, worunter nun auch sein Bedürfnis nach Selbstbestätigung leidet.

Die verdeckte Seite der Persönlichkeit

Neben der nach außen gezeigten Persönlichkeit, einem verklärten und strahlenden Selbstbild, schlummert in jedem Menschen eine dunkle Seite, die der Schweizer Psychiater C.G. Jung als »Schatten« bezeichnet hat.

Diese negative Seite ist uns eher peinlich. Daraus ergibt sich die Neigung, eigene Schattenaspekte auf andere zu projizieren. Jemand, der sich z.B. Freiheiten nimmt, die wir uns selbst nicht gestatten, wird darum gern von uns herabgesetzt. Besonders interessant scheint es, den Schatten der Erfolgreichen zu entlarven, sich über ihre Schwächen zu empören. Es ist immer verdächtig, wenn wir bestimmte Eigenschaften an anderen Menschen unversöhnlich hassen. Meist handelt es sich dann um Eigenschaften, die wir selbst in uns tragen, aber nicht akzeptieren können. Die eigenen Fehler bei anderen zu bekämpfen, ist jedoch keine Lösung, dies verhindert sogar eine uns durch Selbstreflexion mögliche Veränderung zum Besseren.

Wer den Mut aufbringt, die eigenen Projektionen aufzudecken, gewinnt an Persönlichkeit. Diese Fragen können dabei helfen:

- Was hat das eigentlich mit mir zu tun?
- Werfe ich der anderen Person etwas vor, was ich eventuell selbst in mir trage?
- Werfe ich der anderen Person etwas vor, was ich mir selbst nicht erlaube?
- Werfe ich der anderen Person vor, dass sie etwas hat, kann oder darf, was ich nicht habe, kann oder darf?

Sich selbst annehmen lernen

- Vergeben Sie sich selbst, dass Sie als Mensch unvollkommen sind.
- Nur, wer sich selbst liebevoll annimmt, kann auch andere, so wie sie sind, annehmen.
- Achten Sie auf Projektionen. Wenn uns andere aufregen, ist das vermutlich ein Hinweis auf unsere eigenen ungeliebten Eigenschaften.
- Es geht darum, sich mit allen Persönlichkeitsteilen auszusöhnen und für jeden Aspekt unserer Persönlichkeit Akzeptanz und Mitgefühl zu entwickeln. Nehmen Sie Ihren Schatten liebevoll an!

Hohe und niedrige Selbstüberwachung

Menschen unterscheiden sich darin, wie stark sie ihr Verhalten an äußere Umstände anpassen. Diejenigen mit hoher *Selbstüberwachung* lassen sich von der Situation, diejenigen mit niedriger Selbstüberwachung eher von ihren Persönlichkeitsmerkmalen leiten. Erstere werden ein Steak vor dem Salzen kosten, Letztere es mit großer Wahrscheinlichkeit entweder vor dem Probieren oder überhaupt nicht salzen. Für die einen spielen bei der Partnerwahl die äußere Erscheinung und der soziale Status eine wichtige Rolle, für die anderen sind eher die Persönlichkeit und die inneren Werte ausschlaggebend.

Es gibt empirische Belege, dass Personen mit hoher Selbstüberwachung beruflich erfolgreicher sind, sie werden eher Wortführer in Arbeitsgruppen und erhalten bessere Leistungsbewertungen. Bei Konflikten neigen Personen mit niedriger Selbstüberwachung zu energischem, auch einseitigem Verhalten, die anderen lösen Probleme eher durch Kompromisse. Dennoch ist keineswegs klar, ob der Pragmatismus von Menschen mit hoher Selbstüberwachung besser ist als Prinzipientreue bei niedriger Selbstüberwachung. Im Extremfall kann beides sogar pathologisch sein.

Der Wesenszugansatz der Persönlichkeitspsychologie wird heute kritisiert und eine stärkere Berücksichtigung der situativen Gegebenheiten gefordert. Oft ist Verhalten mehr durch Situationsfaktoren beeinflusst als durch Persönlichkeitseigenschaften, und die Persönlichkeit lässt sich zuverlässiger aus dem Verhalten in mehrdeutigen Situationen erschließen als durch die gängigen Persönlichkeitstests. Belegt hat diese These der österreichisch-US-amerikanische Persönlichkeitsforscher Walter Mischel durch seine Marshmallowexperimente (s. Kap. 18). Aufgrund seiner Forschungsergebnisse werden heute bei der Personalauswahl nicht nur Persönlichkeitstests eingesetzt, sondern auch Situationen geschaffen, in denen sich die Bewerber für eine Anstellung darstellen und bewähren sollen.

6 Gut oder Böse? – Die Macht der Situation

Wie ist es möglich, dass friedliebende Studenten in einem simulierten Gefängnis innerhalb weniger Tage zu drakonischen, sogar sadistischen Wärtern werden, wie es das Stanford-Prison-Experiment des Psychologen Philip Zimbardo 1971 gezeigt hat?

Eine unbekannte Situation führt zu unbekanntem Verhalten

Zimbardo baute den Keller des Psychologie-Instituts von Stanford in ein Gefängnis um und suchte die Versuchspersonen für das Experiment über eine Zeitungsannonce. Die Kandidaten wurden auf gute Gesundheit und hohe mentale Stabilität getestet. Die Ausgewählten waren allesamt männliche Collegestudenten mit guten Testergebnissen. Diese wurden zufällig in zwei Gruppen eingeteilt – zwölf Wärter und zwölf Gefangene. Zimbardo entschied sich, selbst als Gefängnisoberaufseher mitzuspielen.

Die Simulation eines Gefängnisses gelang perfekt, doch bereits nach wenigen Tagen eskalierte die Situation: Einige Wärter zwangen Häftlinge dazu, nackt auf dem Betonboden zu schlafen und machten den Gang zur Toilette zu einem Sonderrecht (welches oft verweigert wurde). Sie verdonnerten sie zu demütigenden Übungen und ließen sie die Toiletten mit ihren bloßen Händen säubern. Die Gefangenen kamen aber nicht auf die Idee, einen Ausstieg aus diesem Experiment zu verlangen. Sie zeigten zunehmend psychische Stressreaktionen.

Was war in diesem Experiment passiert? Sowohl für die Gefangenen als auch für die Wärter verwischten sich allmählich die Grenzen zwischen Experiment und Realität. Das Experiment zeigt drastisch, welche Bedeutung die Situation für das Erleben und Verhalten des Individuums hat.

Die Macht, die das Experiment den Wärtern gab, machte aus pazifistisch eingestellten Studenten gewalttätige Gefängniswärter. Selbst Zimbardo verhielt sich zunehmend wie ein Gefängnisdirektor und nicht mehr wie der Versuchsleiter, z.B. als er aufgrund des Gerüchts, die Gefangenen planten einen Aufstand, den Kontakt zur örtlichen Polizei suchte.

Nach weniger als 36 Stunden musste Zimbardo einen Gefangenen wegen Depressionen und unkontrollierten Wutausbrüchen aus dem Experiment entlassen. Er zögerte, weil es für ihn unvorstellbar war, dass eine Versuchsperson in einem simulierten Gefängnis nach so kurzer Zeit derart extreme Reaktionen zeigte und psychisch am Ende zu sein schien. Am sechsten Tag schaffte er es dennoch, das Experiment vorzeitig abzubrechen, nachdem ihm seine wissenschaftliche Mitarbeiterin vorgeworfen hatte, es sei entsetzlich, was er diesen jungen Leuten antue. Über 50 Außenstehende hatten sich das Gefängnis angesehen, die Moral des Experimentes wurde jedoch zu keinem Zeitpunkt infrage gestellt. Als Zimbardo dem Experiment ein Ende setzte, brachten einige der Wärter ihre Enttäuschung darüber zum Ausdruck.

Dieser sozialpsychologische Versuch wurde 2001 in dem deutschen Spielfilm »Das Experiment« (Regie: Oliver Hirschbiegel) aufgegriffen.

Wie man in schwierigen Situationen sicherer wird

- Zur Bewältigung fremder Situationen hilft neben dem Sammeln von Informationen über deren Anforderungen besonders ein mentales Training. Dabei visualisieren Sie das Geschehen in der bevorstehenden Situation so anschaulich wie möglich. Wichtig ist, dass Sie sich die dort möglicherweise auftauchenden Hindernisse genauestens vorstellen und auch, wie Sie diese schließlich überwinden. Wenn Sie diese Übung mehrfach wiederholen, präparieren Sie sich für bevorstehende Herausforderungen.

- Folgen Sie bei Unsicherheit nicht der einfachen Lösung, sondern nehmen Sie sich Zeit zum Nachdenken.
- Versuchen Sie, die vorgesehene Rolle zu verlassen, und klären Sie die ethische Grundlage Ihres Handelns.

Zimbardo hatte schon vor dem Stanford-Prison-Experiment Laborexperimente zur *Deindividuation* mit beängstigendem Effekt durchgeführt. Die Versuchspersonen wurden mit Gesichtsmaske und übergroßer Schürze ausgestattet und waren so nicht mehr identifizierbar. Daraufhin verabreichten sie anderen Personen deutlich längere Elektroschocks als in der vorhergehenden Untersuchungsbedingung, in der sie nicht maskiert waren und Namensschilder trugen.

Menschen zeigen also in bestimmten Situationen, in denen sie sich unerkannt in einer Gruppe befinden, ein Verhalten, zu dem sie ansonsten nicht fähig wären. Dieses Phänomen der Deindividuation untersuchte ein Mitarbeiter Zimbardos, der Psychologe Scott Fraser, 1976 außerhalb des Labors. Er lud Kinder zu einer Halloweenparty ein, auf der sie beim Spielen Gutscheine für Süßigkeiten erwerben konnten. Zunächst spielten die Kinder eine Stunde lang ohne Verkleidung und wurden dabei beobachtet, welche Spiele sie wie lange bevorzugten und wie die Interaktionen untereinander aussahen. Nachdem die Kinder einheitliche Halloweenkostüme bekommen hatten, veränderte sich die Stimmung schlagartig. Sie wählten nur noch kämpferische Spiele aus, meist spielten sie jedoch gar nicht, sondern schrien und schubsten sich gegenseitig herum. Die Kontrolle entglitt den Forschern, und sie mussten diese Versuchsphase unter einem Vorwand vorzeitig beenden. Ohne Kostüme sollten die Kinder nun eine weitere Stunde spielen und wie zuvor Gutscheine sammeln. Es stellte sich sofort wieder ein friedliches Miteinander ein. Die Zählung der Gutscheine am Ende der Party zeigte folgende Verteilung:

Anfangsphase durchschnittlich 58, Kostümphase 31, Abschlussphase 79. Die Anonymität in der Gruppe hatte die Aggressivität gefördert, obwohl diese sich nachteilig für die Kinder auswirkte. Das Ausagieren von Aggression wird offensichtlich als Belohnung erlebt.

Außerhalb von Laborbedingungen ist die Vorhersage von Verhalten schwierig und nur begrenzt möglich. Dies ist jedoch die Aufgabe der Persönlichkeitsdiagnostik. Die Experimente zeigen, dass auch wir nicht sicher sein können, wie wir uns in einer unbekannten Situation verhalten werden.

An welche Vorfälle der jüngeren Zeit erinnert das Stanford-Prison-Experiment? Es zeigen sich Parallelen zu den Folterungen im Abu-Ghreib-Gefängnis durch US-Soldaten und den Misshandlungen durch britische Soldaten im Zweiten Irakkrieg. Obwohl es kein langer Krieg war, er siegreich verlief und es keine existenziellen Entbehrungen gab, war die Situation dennoch komplett anders, als sich die Soldaten ihren Einsatz zu Hause vorgestellt hatten. Sie verhielten sich dann dort auch völlig anders, als sie sich selbst in der Heimat erlebten. Hier spielten auch Effekte des Gruppenverhaltens eine wichtige Rolle (s. Kap. 7).

www.youtube.com/watch?v=oAX9b7agT9o

Das Stanford-Prison-Experiment

Hängt auch die Moral von der Situation ab?

Von Karl Marx stammt die Aussage: »Das Sein bestimmt das Bewusstsein.« Dazu passt eine Untersuchung aus dem Jahr 2014 des britischen Wissenschaftlers Andrew Oswald, Professor für Wirtschaftswissenschaften an der University of Warwick: Er wollte wissen, ob es stimmt, dass man eher rechts wählt, wenn man reich wird. Dafür überprüfte er die politischen Neigungen von Lottogewinnern. Das Ergebnis: Plötzlicher Reichtum treibt sie den Konservativen in die Arme. Dazu bedurfte es gar keiner Millionengewinne, einige tausend Pfund genügten bereits, um die Vertreter des Neoliberalismus wie Maggie Thatcher und Ronald Reagan sympathischer zu finden. Oswalds Resümee: Geld verdirbt den Charakter und macht unsolidarisch. Die Macht der Situation zeigt sich nicht nur unter Extrembedingungen.

> *Ein System versteht man erst dann, wenn man versucht, es zu verändern.*
>
> (Kurt Lewin, Sozialpsychologe)

Vielen ist sicherlich das biblische Gleichnis vom barmherzigen Samariter bekannt:

Ein Mann auf dem Weg von Jerusalem nach Jericho wird überfallen und liegt verwundet am Straßenrand. Zwei Männer, darunter ein Priester, kommen nacheinander vorbei, gehen aber weiter. Dann erscheint ein dritter Mann, ein Samariter. Er hat Erbarmen mit dem Überfallenen, verbindet seine Wunden, bringt ihn in eine Herberge, pflegt ihn einen Tag lang und gibt dem Herbergsvater noch Geld, bevor er abreist, damit dieser das Opfer weiter pflegt.

So ziemlich jeder beurteilt die beiden ersten Passanten als herzlos und sogar scheinheilig. Stimmt dieses Urteil auch?

Nein, sagen die beiden Psychologen John Darley und Daniel Batson, die dieses Gleichnis in einem Experiment mit 47 Theologiestudenten der Princeton University 1970 nachgestellt haben: Wer nicht hilft, könnte auch in großer Eile sein.

Die Probanden des Experiments wurden zu einer Befragung eingeladen, um etwas über die Qualität der theologischen Ausbildung zu erfahren. In einem Raum unterhielten sich die Wissenschaftler ein wenig mit den Studenten – die eine Hälfte wurde über ihre Berufspläne befragt, mit der anderen Hälfte sprachen die Wissenschaftler »zufällig« über das Gleichnis vom barmherzigen Samariter. Danach sollten sie einen kurzen Fragebogen ausfüllen und ihn in ein anderes Büro auf dem Campus bringen.

Nun folgte der eigentliche Test. Dafür wurden die Probanden in drei Gruppen eingeteilt:

1. Den Teilnehmern der ersten Gruppe wurde bedeutet, sie seien schon spät dran. Sie hätten den Fragebogen schon vor 5 Minuten abgeben sollen und sollten sich nun beeilen.
2. Der zweiten Gruppe wurde gesagt, dass der Assistent schon warte. Sie sollten am besten sofort in das Büro gehen.
3. Die dritte Gruppe bekam die folgende Information: »Wir sind schneller fertig als erwartet. Dennoch können Sie sich ja schon einmal auf den Weg zum Büro machen.«

Auf dem Flur kamen die Studenten an einem lädierten Mann vorbei, der hustete, schnaubte und die Augen geschlossen hielt. Offensichtlich benötigte er Hilfe. Wie viele Priesterschüler würden anhalten, um zu helfen? Wie würden sich die Probanden unter Zeitdruck verhalten, und wie würde sich die Beschäftigung mit dem Thema Helfen auswirken?

- Von den bereits Verspäteten halfen nur 10 Prozent.
- Bei der zweiten Gruppe waren es immerhin schon 45 Prozent.
- Ohne Zeitdruck halfen 63 Prozent.

Der zuvor aufgebaute Zeitdruck hatte also großen Einfluss auf die Hilfsbereitschaft der Studenten.

Von den Probanden, die nicht in Zeitdruck waren und sich zuvor über ihre Karriere unterhalten hatten, bot knapp jeder Dritte (29 Prozent) seine Hilfe an. Von denjenigen, die noch das Samaritergleichnis im Kopf hatten und nicht in Zeitdruck waren, halfen immerhin 80 Prozent. Wer sich mit dem Thema Helfen beschäftigte, war also meist hilfsbereiter.

Ob jemand hilft oder nicht, hängt weniger von seiner religiösen Einstellung ab als von seiner Achtsamkeit und seiner generellen Offenheit anderen gegenüber – was dadurch beeinflusst wird, ob er Zeit hat oder nicht, ob er also gelassen ist oder gestresst. Was uns das über uns selbst verrät? Stress wirkt sich negativ auf unsere Moral aus.

Inzwischen weiß man aus weiteren Experimenten, dass Menschen häufiger helfen, wenn man sie eine Münze hat finden lassen oder wenn sie vor einer Bäckerei stehen, aus der es nach frischen Croissants duftet. Der Einfluss der Umstände lässt sich also nicht leugnen. Wir sollten deshalb bei der Beurteilung von Menschen bezüglich ihres womöglich verwerflichen Verhaltens immer auch die Umstände berücksichtigen.

Nicht nur Stress, auch außergewöhnlicher Erfolg tut den wenigsten Menschen gut:

Mirko war als Kind schon ein guter Fußballspieler, als Jugendlicher wurde er von einem Verein der ersten Bundesliga verpflichtet. Von nun an genoss er das Leben in der Öffentlichkeit und voller materieller Annehmlichkeiten. Seine Eltern waren einfache Leute, die glücklich waren, in Deutschland in sicheren Verhältnissen zu arbeiten. Wie stolz waren diese Eltern nun auf ihren Sohn, der schon als Jugendlicher über mehr Mittel verfügte und mehr erreicht hatte als sie nach vielen Jahren Arbeit. Mirko wurde überall vorgezeigt. Er wurde geschont und von allen familiären Pflichten befreit. Alles wurde seinem Ruhm untergeordnet.
Da verletzte sich Mirko und musste operiert werden. Die Heilung verlief nicht optimal. Schlimmer für Mirko war jedoch der damit einhergehende Bedeutungsverlust. Und der entfaltete sich mit brutaler Kon-

sequenz. So schlecht wie Mirko die verletzungsbedingte Auszeit ertrug, so ungeschickt verhielt er sich bei der Wiedereingliederung. Was war los? Mirko wollte wieder der unangefochtene Star sein, aber es klappte einfach nicht mehr. Am Ende der Saison wurde sein Vertrag nicht verlängert. Ohne eigene Schuld, wie er meinte, stand er vor einem Trümmerhaufen. Selbst seine Freundin war ihm nicht mehr gut genug. Dabei hatte sie ihn immer unterstützt, selbst gegenüber den Eltern, die irgendwann doch an ihm zweifelten und mehr Einsatz forderten. Am schlimmsten für Mirko war, dass er nur noch so viel Geld zur Verfügung hatte wie die meisten anderen. Er war es gewohnt, alle einladen zu können und sich dafür bejubeln zu lassen. Es war schnell klar, dass er keine Ausbildung machen wollte, weil ihm dies zu schlecht bezahlt war. Da war es schon besser, nachts als DJ tätig zu sein. Das brachte ihm mehr Geld und vor allem mehr Aufmerksamkeit – ein bisschen wie vor seiner Verletzung. Nur gab ihm dieser Job keine dauerhafte Perspektive. Die Eltern machten sich Sorgen und bedrängten ihn. Doch Mirko blieb hin- und hergerissen. Einerseits war da dieses verführerische Prestige als DJ. Andererseits wünschte er sich eine eigene Familie und wollte auch wieder der Stolz seiner Eltern sein. Der Ruhm war verwelkt, dennoch wirkte er als Unruhefaktor in seinem Inneren fort. Mirko traf keine Entscheidung, machte einfach weiter und merkte nicht, wie er sich von seinem Wunschbild für die Zukunft immer mehr entfernte.

Persönlichkeit und Situation prägen das Verhalten

Damit es nicht zu einer Deformation der Persönlichkeit kommt, müssen die Grundbedürfnisse in der Kindheit befriedigt werden, insbesondere braucht es eine sichere Bindung an mindestens eine Bezugsperson. Die äußeren Verhältnisse tragen im Laufe des Lebens jedoch wesentlich dazu bei, wie sich Menschen fühlen und entwickeln. Auch frühe Fehlprägungen lassen sich durch spätere Einflüsse zumindest teilweise korrigieren. Die Wissenschaft geht heute davon aus, dass für jede Verhaltensäußerung die Interaktion von Persönlichkeit und Situation bedeutsam ist.

Zusammenfassend lässt sich sagen: Wir könnten durchaus anders handeln, aber oft merken wir gar nicht, wie wir uns von den Umständen leiten lassen. Deshalb ist es wichtig, dass wir uns darüber bewusst werden, wie die Umstände uns beeinflussen, um nicht zur Marionette zu werden.

7 Konformität – möchten Sie einmal aus der Reihe tanzen?

In Gemeinschaft sind wir oftmals hin- und hergerissen zwischen Anpassung und Abgrenzung, zwischen den Anforderungen, die Mitmenschen an uns stellen, und eigenen Ansprüchen. Werden wir uns dem Erwartungsdruck in der Familie, in der Schule, im Beruf oder in der Freizeit beugen? Verhalten wir uns eher konform oder unabhängig?

> *Es scheint, dass für den Durchschnittsmenschen nichts schwerer zu ertragen ist als das Gefühl, keiner größeren Gruppe zuzugehören.*
>
> (Erich Fromm, Sozialpsychologe, Psychoanalytiker)

Sich der Gruppe anpassen

Woran liegt es, dass Mädchen bei Mathematikaufgaben in der Klasse besser abschneiden als Jungen, dass sie ihnen aber bei vergleichbaren Mathematikaufgaben unterlegen sind, wenn das Rechnen in Bikini bzw. Badehose vor einem öffentlichen Publikum stattfindet? In Badebekleidung wird die Geschlechtlichkeit betont, und vor der Öffentlichkeit verhält man sich mehr den gängigen Regeln entsprechend. Das heißt, dass Mädchen und Jungen sich mehr gemäß der eigenen Geschlechtsrolle zeigen, und Mathematik gilt allgemein als eher männliche Domäne. Die Geschlechtsrollen spiegeln sich bereits in den verschiedenartigen Spielzimmern von Jungen und Mädchen wider. Auch laufen Jungen in aller Regel nicht im Rock herum, obwohl ihnen dadurch viel Aufmerksamkeit zuteil würde. Junge Mädchen verinnerlichen Bilder von superschlanken Models und versuchen, ihren Körper diesem Ideal anzupassen.

Die meisten Menschen neigen dazu, sich verbreiteten Meinungen und Überzeugungen anzuschließen. Aber wie weit geht unser Bestreben nach Anpassung? Menschen lassen sich, auch wenn sie sich dabei vielleicht unwohl fühlen, von einer »Autorität« (einem Versuchsleiter in weißem Kittel) für einen »guten Zweck« (für die Universität im Dienste der Wissenschaft) zu unethischem Verhalten verführen. Die Beeinflussbarkeit des Verhaltens durch die Macht der Situation hat besonders das Stanford-Prison-Experiment gezeigt (s. Kap. 6). Bei dem unethischen Vorgehen der »Wärter« handelte es sich durchaus um *konformes* Verhalten.

Viele Situationen des Lebens erfordern von uns Entscheidungen über angemessenes Verhalten. Wenn wir z. B. anlässlich einer Feier mit einer großen Gruppe in einem eleganten Restaurant speisen, verwirrt uns vielleicht die Vielzahl an Besteck, Gläsern und Porzellan. Mit welchem Besteck wird begonnen, wenn der erste Gang aufgetragen wird? Um sich angemessen zu verhalten, werden wir die anderen Personen beobachten. Dieser *Informationseinfluss* wird uns nun leiten.

Gruppennormen

In einem Experiment des Sozialpsychologen Muzafer Sherif (1935) sollten Versuchspersonen, die sich in einem vollkommen abgedunkelten Raum befanden, einschätzen, wie stark sich ein auf eine Wand projizierter Lichtpunkt bewege. Bei diesem *autokinetischen Effekt* handelt es sich um eine Wahrnehmungstäuschung, in Wirklichkeit bewegt sich der Lichtpunkt nicht. Zunächst unterschieden sich die Schätzungen der Probanden deutlich. Sobald jedoch eine Gruppe gebildet und die Schätzungen laut vorgetragen wurden, wurde ein einheitlicher Wert genannt. Und sogar als die Teilnehmer wieder allein im verdunkelten Raum ihre Schätzungen abgaben, folgten sie nun dieser *Gruppennorm*, die sich während ihrer Zeit in der Gruppe herausgebildet hatte.

Andere Experimente zeigten, dass derartige Gruppennormen, selbst wenn die Teilnehmer ein Jahr später getestet werden und ohne dass ehemalige Gruppenmitglieder bei der Schätzung anwesend sind, noch Bestand haben. Normen werden außerdem von einer Generation von Gruppenteilnehmern an die nächste weitergegeben und bestehen auch noch, wenn die ursprüngliche Gruppe nicht mehr existiert. So wurden in Studien zum autokinetischen Effekt die Gruppenmitglieder nach und nach durch neue ersetzt, bis die Gruppen komplett aus neuen Mitgliedern bestanden. Die ursprüngliche Norm blieb dennoch über mehrere Gruppengenerationen erhalten.

1965 waren wir Schüler noch folgsam, aber mit unseren 16 Jahren immer zu einer Blödelei bereit. Wir von der Klasse 12 b des Wilhelms-Gymnasiums in Stuttgart – damals noch reines Jungengymnasium – hatten kein eigenes Klassenzimmer und mussten von Stunde zu Stunde in andere Klassenräume ausweichen. Einmal hatten wir beim Tafelputzen vor Verlassen eines Klassenzimmers das bedeutungslose Wort »Hutz« mit Kreide an die Innenseite der Tafel geschrieben. Die Schüler und der Lehrer fragten sich in der nächsten Schulstunde beim Öffnen der Tafel, was es wohl damit auf sich haben könnte. So wurde »Hutz« wichtig. Die Kreativität der »Erfinder« wurde angestachelt, und bald fand sich nicht nur auf jeder Tafel, vor der wir gesessen hatten, ein »Hutz«, sondern auch auf dem Schulweg, dem Pausenhof und schließlich bei Klassenfahrten sogar andernorts. Anfangs war alles nur mit Kreide geschrieben worden. Doch als es auf die Zeugnisse zuging, forderte Hutz »Milde vom Notenkonvent« und schließlich hing während der Jahresabschlussrede des Schulrektors ein Banner von der Decke »Hutz hört mit«. Es dauerte nicht lange, und diese Aktion verselbstständigte sich: Schüler aus unteren Klassen und anderen Schulen pinselten »Hutz« auf alle möglichen Stellen überall in der Stadt – auch noch, nachdem die Erfinder diese Aktion aus Mitleid mit einem älteren Herrn gleichen Namens längst offiziell für beendet erklärt hatten. Ohne zu wissen weshalb, einfach um irgendwie dazuzugehören, schrieben Schüler das Wörtchen »Hutz« überall hin. Zum Leidwesen der Stuttgarter Zeitung – Graffiti war damals noch gänzlich unbekannt – sogar auf eine Säule des Stuttgarter Königsbaus!

The third wave

Der Geschichtslehrer Ronald Jones hat 1967 in einer High School von Palo Alto ausgehend von einer Schülerfrage, wie es den Deutschen möglich war, an der Nazidiktatur mitzuwirken, ohne sich dessen bewusst zu sein, eine Art Experiment gestartet. Er hielt zunächst kurze Vorträge, die auf die Implementierung einer Reihe von Lehrsätzen abzielten: Stärke durch Disziplin, Stärke durch Gemeinschaft, Stärke durch Handeln, Stärke durch Stolz. Ein Gruppengruß und ein Mitgliedsausweis für die Bewegung »The third wave« wurden eingeführt. Die Gruppe wuchs, Schüler versäumten ihren Unterricht, um an den Sitzungen der Gruppe teilnehmen zu können. Mitglieder mit einem X im Ausweis bekamen die Aufgabe, auf die Einhaltung der Lehrsätze zu achten. Bald meldeten auch Mitglieder ohne X im Ausweis Versäumnisse von anderen. Als Ziel wurde nun die politische Veränderung Amerikas ausgegeben. Als nach der Einberufung einer Versammlung eine große Menge an Mitgliedern in einem Saal zusammengekommen war, um der Ansprache des »Führers« zu lauschen, brach Jones dieses Projekt ab: »Ihr dachtet, ihr seid auserwählt. Wie weit wärt ihr gegangen?« Es folgten Bilder vom Nürnberger Reichsparteitag, und die Schüler verstanden, dass in Nazideutschland Ähnliches wie bei ihnen geschehen war.

2008 wurde dieses Experiment zur Grundlage des deutschen Spielfilms »Die Welle« (Regie: Dennis Gansel).

Nur nicht unangenehm auffallen!

Männer eines Reserve-Polizeibataillons rückten eines frühen Morgens im Juli 1942 aus, um in einer kleinen polnischen Ortschaft eine Strafaktion an jüdischen Einwohnern durchzuführen. Die Männer erfuhren erst vor Ort, dass sie alle Juden zusammentreiben, arbeitsfähige Männer aussortieren und alle anderen, auch Frauen und Kinder, erschießen sollten. Der Kommandant gab eine kurze Erklärung für diese Aktion ab und bot an, dass diejenigen Polizisten, die sich von dieser Aufgabe überfordert fühlten, aus dem Glied austreten könnten. Es weigerten sich nur 12 von 500. Viele, die sich nicht geweigert hatten, schossen vorbei oder versuchten, sich beim Durchkämmen der Häuser zu verstecken. Aber weshalb hatten diese Männer nicht die einmalige Möglichkeit genutzt, sich zu entziehen? Sie mussten sich schnell entscheiden, waren unsicher und schafften es einfach nicht, offen *nonkonformes* Verhalten zu zeigen und aktiv aus der Gruppe hervorzutreten.

Schon Kinder lernen, dass sie Schwierigkeiten bekommen, wenn sie aus der Reihe tanzen, dass sie aber Erfolg haben, wenn sie sich an den Spielregeln der Bezugsgruppe orientieren. So kauft man sich nur die jeweils angesagten Schuhe, Hosen usw. Als *normativen Einfluss* von Gruppen bezeichnet man es, wenn sich Individuen so verhalten, dass sie nicht durch Abweichen von Gruppennormen unangenehm auffallen. Insofern kann man sich fragen, ob Tattoos heute eigentlich Ausdruck von Individualität oder doch eher von Konformität sind.

Wie schnell werfen wir Normen über Bord?

»Papier oder Müll wirft man nicht einfach auf die Straße!« – es sei denn, wir haben das Gefühl, andere machen es genauso. Die niederländischen Sozialpsychologen Kees

Keizer, Siegwart Lindenberg und Linda Steg von der Universität Groningen führten 2008 dazu eine Reihe von Feldstudien mit Passanten durch, zunächst vor einer Hauswand, die mit Graffiti besprüht war, später dann vor der gleichen, aber gesäuberten Wand. Die Passanten stellten ihre Fahrräder dort ab. Kamen sie zu ihrem Rad zurück, hing ein Reklameflyer am Lenker. Wohin damit? Im Fall der sauberen Wand entschieden sich nur 33 Prozent dafür, den Flyer einfach auf die Straße zu werfen. Vor der Graffitiwand waren es mehr als doppelt so viele.

In einem weiteren Experiment konnten die Wissenschaftler nachweisen, dass Graffiti und Müll in der Umgebung die Passanten auch eher zum Stehlen verleiten. Konformes Verhalten tritt also auch dort auf, wo soziale Normen missachtet werden. Es erhöht die Wahrscheinlichkeit weiterer Normverletzungen.

Immer der Mehrheit beipflichten

Sind Sie sicher, dass Sie einen langen Stab von einem deutlich kürzeren unterscheiden können? Man mag es nicht für moglich halten, dass wir uns sogar bei einfachen Sachverhalten unserer selbst nicht sicher sein können. Wir lassen uns eben stark von den Erwartungen anderer lenken, wie das folgende Experiment zeigt.

Der Sozialpsychologe Solomon Asch untersuchte 1951 das Verhalten Einzelner, die sich mit einer abweichenden Gruppenmeinung konfrontiert sahen. Die Versuchsteilnehmer glaubten, an einem Experiment zur visuellen Wahrnehmung teilzunehmen.

Ihnen wurden Karten mit drei Linien unterschiedlicher Länge gezeigt, und sie sollten angeben, welche der drei Linien genauso lang war wie eine vorgegebene Standardlinie (Abb. 7-1). Die Linien unterschieden sich ausreichend von-

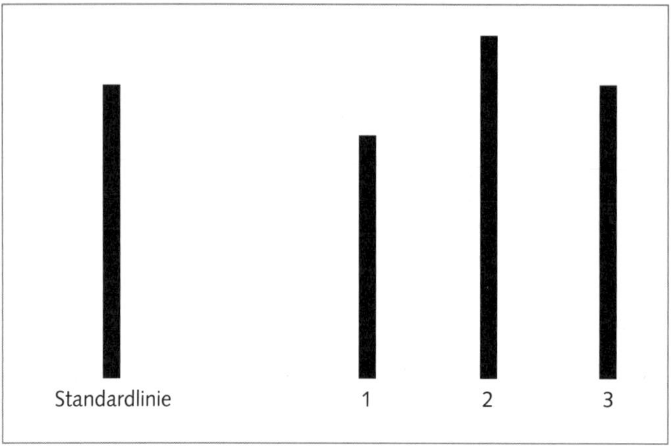

Abb. 7-1 Welcher von drei Strichen entspricht der Standardlinie?

einander, und in jedem Versuchsdurchgang wurde eine neue Karte mit Linien anderer Länge gezeigt. Die Versuchspersonen wussten nicht, dass die anderen fünf bzw. sieben Gruppenmitglieder Vertraute des Versuchsleiters waren. In den ersten drei Durchgängen gab jedes Gruppenmitglied die zutreffende Antwort. Ab dem vierten Durchgang behauptete eine eingeweihte Person, zwei offensichtlich unterschiedlich lange Linien seien gleich lang. Die nächsten Gruppenmitglieder stimmten dieser Ansicht zu. Nun musste sich die Versuchsperson entscheiden, ob sie sich der Meinung der anderen anschließen wollte, mit ihnen also konform ging, oder ob sie unabhängig zu dem stehen wollte, was sie deutlich sehen konnte. Dieses Szenario wurde in 12 von 18 Durchgängen wiederholt. Die Teilnehmer zeigten nun Zeichen von Irritation und Unbehagen, aber nur etwa ein Viertel von ihnen blieb bei der eigenen Meinung und ging nie mit der Mehrheit konform. Es ist kaum zu glauben, aber ebenfalls ein Viertel ging immer oder fast immer mit der Gruppe konform (selbst in dieser harmlosen und unzweideutigen Situation).

Mit nur einem Partner an der Seite, der von der Mehrheitsmeinung abwich, verringerte sich das konforme Verhalten merklich.

www.youtube.com/watch?v=qA-gbpt7Ts8

Das Linienexperiment zur Konformität

In einer Reihe von Studien im Jahr 2003 an der Universität von Toronto wurde die Neigung zur Konformität im Sinne von Mehrheits- bzw. Minderheitsmeinungen mittels der Reaktionszeit der Antworten untersucht. Auf eine telefonische Anfrage sollten Studenten ihre Meinung abgeben zu der Aussage: »Wir sollten tolerant gegenüber Gruppen sein, die die grundlegenden kanadischen Werte nicht teilen.« 88 Prozent der Befragten reagierten zustimmend mit einer durchschnittlichen Reaktionszeit von 2,71 Sekunden. 11 Prozent widersprachen dieser Aussage mit einer Reaktionszeit von 4,59 Sekunden. Die Teilnehmer brauchten also deutlich länger für die Antwort, die sie für eine Minderheitsmeinung hielten. Entsprechende Effekte zeigten auch andere Untersuchungen, selbst wenn es dabei um banale Inhalte wie die Beliebtheit von Zahnärzten oder die Haltung zu Freizeitaktivitäten wie Nähen ging. Die Befragten äußerten sich nicht öffentlich, und es gab auch kein Feedback auf ihre Aussage vom Anrufer. Dieser Effekt der längeren Reaktionszeit bei Nichtübereinstimmung zeigte sich sogar in einer Studie, in der die Teilnehmer nur die Tasten »Mögen« oder »Nicht mögen« am Computer betätigten.

Eine abweichende Meinung zu vertreten, verursacht einen Konflikt. Einen Konflikt auszuhalten oder auszutragen, ist anstrengender als sich einer Mehrheitsmeinung anzuschließen oder einer Anordnung zu folgen. Bei den meisten Menschen gewinnt, wenn sie ohne Unterstützung sind, die Konfliktscheu, und sie verhalten sich konform zur Anordnung bzw. zur Gruppe. Die Challenger-Katastrophe am 28. Januar 1986 ist dafür ein bedauerliches Beispiel: Der Tod der sieben Besatzungsmitglieder hätte verhindert werden können, wenn die zuständigen Techniker und Manager sich nicht dem allgemeinen Erwartungsdruck gebeugt und auf der Verschiebung des Starts wegen der bereits bekannten Schwachstelle eines bei Frost undicht werdenden Dichtrings bestanden hätten. Die Aufklärung dieser wenig spektakulären Ursache verdanken wir dem Physiker Richard Feynman und seiner eigenwilligen Untersuchung als Mitglied der vom US-Präsidenten beauftragten Untersuchungskommission.

Der Herdentrieb hat evolutionäre Gründe

Der Masse zu folgen hat vermutlich *evolutionäre Gründe*. So dumm es z. B. für ein Gnu bei einem Löwenangriff wäre, allein in eine Richtung zu rennen, wenn die Herde in die entgegengesetzte Richtung losstürmt, so riskant können auch einsame Entscheidungen für Menschen sein. In der Herde ist das Gnu wenigstens von einer Seite vor den Löwen geschützt, und es fällt den Löwen wesentlich schwerer, ihren Angriff auf ein bestimmtes Tier hin auszurichten. Risikominimierung ist also sicherlich eine Erklärung für den sogenannten Herdentrieb. Wenn wir uns in einer Situation befinden, in der wir keine Erfahrung haben und schnell reagieren müssen wie bei einem Brand, orientieren wir uns an dem, was andere tun. Wenn andere weglaufen, rennen wir wahrscheinlich hinterher. Das zeigt sich auch beim alltäglichen Verhalten an der Börse. Wenn Aktien günstig zu haben sind, könnte man zwar große Profite machen. Da sie aber von anderen nicht gekauft werden, lässt man sie ebenfalls links liegen. Je erfolgreicher eine Aktie ist, umso mehr Leute kaufen sie, obwohl sie dann teuer und wenig gewinnversprechend ist. Aber bei einem Verlust ist man dann wenigstens nicht allein. In diesem Fall stünde man bei nonkonformem Anlegerverhalten auch noch als alleiniger Depp da.

Ein Experiment des Max-Planck-Instituts für evolutionäre Anthropologie in Leipzig im Jahre 2014 zeigte, dass sich schon Zweijährige am Vorbild anderer orientieren, selbst wenn es Nachteile bringt. Den Kindern winkte eine Belohnung in Form von Schokolade, wenn sie einen Ball in ein bestimmtes Unterabteil einer Kiste warfen. Das lernten die Kleinen genauso schnell wie die mit Erdnüssen belohnten Schimpansen. Anschließend schauten beide Untersuchungsgruppen Artgenossen zu, wie sie Bälle ins falsche Abteil warfen und entsprechend leer ausgingen. Danach sollten beide Gruppen wieder selbst Bälle werfen: Die Schimpansen scherten sich nicht um das, was sie gerade gesehen hatten; die Kinder warfen nun jedoch häufiger ins falsche Abteil, besonders wenn die Kinder, denen sie zugeschaut hatten, sie dabei beobachteten. Die kleinen Konformisten nahmen somit einen Nachteil in Kauf, nur um nicht aus der Reihe zu tanzen.

Aus Feinden Freunde machen

1954 führte Muzafer Sherif, Professor an der University of Oklahoma, ein Experiment unter natürlichen Bedingungen durch. Auf einem weiten Naturgelände in Robbers Cave State Park in den USA durften 11-jährige Jungen einen Urlaub im Ferienlager verbringen. Sie wussten nicht, dass sie Teil eines Experiments waren. Sie kannten sich untereinander nicht und stammten aus ähnlichen Verhältnissen. Es wurden vorab zwei Gruppen gebildet, und zunächst dachte jede Gruppe, sie sei die einzige im Park. Als die Gruppen voneinander erfuhren, waren sie der jeweils anderen gegenüber sofort negativ eingestellt.

In der nächsten Phase sollten die Jungen in Wettkampfspielen gegeneinander antreten. Die siegreiche Gruppe erhielt jeweils wertvolle Preise. So wuchsen der Zusammenhalt innerhalb der eigenen Gruppe und die Feindseligkeit gegenüber den Mitgliedern der anderen Gruppe. Am Abend des zweiten Tages verbrannte die Gruppe, die sich »Adler« nannte, die auf dem Spielfeld zurückgelassene Fahne der »Klapperschlangen«. Der Gegenschlag ließ nicht lange auf sich warten.

Aber wie sollten die Rivalen nun wieder zueinanderkommen? Mit diesem Vorhaben begann das eigentliche Experiment. Dies gelang Sharif erst, als die beiden Gruppen gezwungen waren zu kooperieren, um gemeinsam ein Ziel erreichen zu können. Sharif ließ dazu ein Rohr blockieren, das das Lager mit Wasser versorgte. Um die Funktion wiederherzustellen, mussten die Jungen gemeinsam den Fehler suchen und diesen auch gemeinsam beheben.

Mit weiteren derartigen Aktionen gelang es, die Rivalen zu versöhnen. Zum Abbau von Stereotypen reicht es also nicht, einfach nur Kontakt zwischen verschiedenen Gruppen herzustellen. Es sind vielmehr gemeinsame Ziele und aktive Zusammenarbeit notwendig.

Kategorienbildung als Voraussetzung für Konformität beginnt bereits beim Säugling, der sehr schnell zwischen Mutter, bekannten Personen und Fremden zu unterscheiden lernt. Kategorienbildung und Konformität sind die Basis für Vorurteile zwischen Geschlechtern, Ethnien, Nationen usw.

Auch viele Szenarien der »Versteckten Kamera« basieren auf Konformität. Normalerweise stellt sich eine Person in einem Aufzug so auf, dass sie zur Tür blickt. Betritt jedoch eine Person einen Aufzug, in dem sich alle eingeweihten Mitfahrer zur Rückwand drehen, dann wendet sich diese Person meist ebenfalls der Rückwand zu. Wenn man solche Szenen sieht, lacht man über dieses Verhalten und geht davon aus, man würde selbst nicht so handeln. Die psychologischen Untersuchungen zeigen jedoch, dass es nur geringer situativer Veränderungen bedarf, damit wir uns zu ungewöhnlichem Verhalten verleiten lassen. So überqueren wir auch eine Straße mit größerer Wahrscheinlichkeit trotz roter Ampel, wenn eine andere Person losstürmt.

Beim *Mobbing* wird eine Person meist ohne richtigen Grund von der Gruppe fertiggemacht, weil jeder Einzelne sich konform zur Gruppe verhält. Da alle anderen in der Gruppe sich dieser Person gegenüber ablehnend verhalten, tut es auch der Einzelne. Es braucht Mut, sich als Einziger neutral oder gar unterstützend zu zeigen.

Karla kam als etwas ältere Sekretariatsmitarbeiterin in ein seit mehreren Jahren eingespieltes Team einer Abteilung. Alle bisherigen Teammitglieder duzten sich, und es herrschte ein lockerer Umgangston. Nur gegenüber der neuen Kraft waren alle sehr reserviert. Karla spürte den Unterschied, führte das Verhalten der anderen zunächst jedoch darauf zurück, dass sie noch nicht mit den dortigen Abläufen vertraut war. Bald zeigte sich, dass es jedoch nichts half, wenn sie sich mehr anstrengte. Im Gegenteil, sie stieß immer mehr auf Ablehnung. Ohne Grund wurde sie lächerlich gemacht. Da sie schon sehr erfahren war, hielt sie zunächst stand, sie erklärte sich die Abneigung der anderen mehr mit dem Altersunterschied als mit ihrer Leistung. Dennoch verlor sie die gewohnte Sicherheit und machte häufiger Fehler. Sie war verzweifelt und erkundigte sich dann doch nach einem Wechsel der Abteilung. Doch ganz plötzlich veränderten sich die Kollegen ihr gegenüber. Sie war erst misstrauisch, aber es war offensichtlich: Sie wurde nun in Überlegungen miteinbezogen, die Kollegen hielten sich länger in ihrer Umgebung auf, und Fehler wurden unterstützend korrigiert, nicht wie bisher demonstrativ herumgereicht. Was war geschehen? Sie freute sich über die Veränderung, konnte sie sich allerdings genauso wenig erklären wie die Ablehnung in den Wochen zuvor. Irgendetwas musste passiert sein.

Erst Jahre später wurde das Geheimnis gelüftet: Sie erfuhr, dass ein Kollege, der die Abteilung mittlerweile verlassen hatte, dem Spuk ein Ende gesetzt hatte. Als in einer Besprechung in ihrer Abwesenheit einmal wieder über sie hergezogen worden war, hatte er sich mit einer knappen, aber deutlichen Bemerkung vom Geschehen distanziert. Er war zwar nicht der Wortführer des Teams, aber als Fachmann sehr geschätzt, und seine Worte hatten deshalb eine große Wirkung. Den anderen Beteiligten war der »Spaß« damit vergangen. Es hatte dann zwar noch eine ganze Weile gedauert, bis Karla den Kollegen wieder trauen konnte, aber ihre frühere Sicherheit war doch allmählich zurückgekehrt.

Das rechte Maß finden

- Akzeptieren Sie, dass es jedem schwerfällt, mit den eigenen Ansichten allein dazustehen.
- Spüren Sie in sich hinein, ob eine Übernahme der fremden Norm für Sie stimmig ist.
- Wenn eine Gruppenhaltung für Sie nicht infrage kommt, sagen Sie deutlich »Nein!« Suchen Sie gleichzeitig nach Verbündeten, indem Sie einzelne Gruppenmitglieder ansprechen.
- Begründen Sie Ihre Entscheidung, erhöhen Sie Ihren Einfluss, indem Sie die anderen informieren.
- Suche Sie außerhalb der trennenden Gruppennorm aber auch nach Gemeinsamkeiten, um es den anderen leichter zu machen, Ihr »Nein« zu akzeptieren.

8 Verantwortungsdiffusion und Gewalt – die dunkle Seite des Menschen

Mehrere Experimente haben uns vor Augen geführt, dass es keinen lang andauernden und alle ethischen Grundsätze zerstörenden Krieg braucht, um die dunkle Seite in uns Menschen zum Vorschein zu bringen. Menschen sind keine Engel. In uns ist das ursprüngliche Reptiliengehirn immer noch vorhanden und muss durch die neueren Gehirnstrukturen im Zaum gehalten werden. Diese dunkle Seite können wir durch Diskussionen über Werte und Fehlverhalten, durch Sanktionen gegenüber Tätern und durch glaubwürdige Vorbilder in Familie, Politik, Sport und Wirtschaft zurückdrängen. Im Krieg befreien Befehlsstrukturen den Todesschützen vor der Verantwortungsübernahme. Die erste Tötung ist mit Stress verbunden, weil sie einen Tabubruch darstellt. Aber mit der Zeit tritt eine Gewöhnung ein, und das Töten kann dann in der kriegsbedingten Verrohung sogar Spaß machen – wenn der Mensch an dieser Verrohung nicht vorher zerbricht.

Wie weit geht blinder Gehorsam?

Es ist wohl eines der berühmtesten und zugleich umstrittensten Experimente in der Geschichte der Psychologie: das Milgram-Experiment, benannt nach seinem Begründer, dem Amerikaner Stanley Milgram. Er testete 1961 an der Yale University, wie weit Menschen sich von einer Autoritätsperson zu gewissenlosem Handeln verleiten lassen.

Milgram ging ursprünglich davon aus, dass so etwas wie der Holocaust in Amerika unmöglich sei. Seine Experimente erbrachten jedoch sehr beunruhigende Ergebnisse. Den Probanden wurde glauben gemacht, dass sie an einem

Lernexperiment teilnehmen, das den Zusammenhang zwischen Lernerfolg und Bestrafung untersucht; in Wirklichkeit handelte es sich um ein Experiment zum Gehorsam. Ein »Lehrer«, eigentlich die Person, deren Verhalten beobachtet und erforscht wurde, sollte einem »Schüler« Aufgaben stellen. Der »Schüler« saß hinter einem Vorhang und war zu hören, aber nicht zu sehen. Jede falsche Antwort sollte der »Lehrer« mit Elektroschocks bestrafen. Deren Intensität sollte zudem nach jedem Fehler erhöht werden. Hinter dem »Lehrer« saß oder stand ein »Versuchsleiter«, der entsprechende Anweisungen erteilte.

Sowohl der »Schüler« als auch der »Versuchsleiter« waren Schauspieler, die genaue Instruktionen erhalten hatten. In Wirklichkeit gab es keine Elektroschocks, aber ein überzeugendes Drehbuchszenario: Wenn der elektrische Schlag z. B. angeblich 150 Volt Spannung hatte, schrie der »Schüler« und verlangte, losgebunden zu werden, da er es nicht mehr aushalte. Bei 200 Volt gab er röchelnde Töne von sich, bei 300 Volt gab es nur noch ein leises, schmerzverzerrtes Flehen. Bei 330 Volt herrschte dann Stille: vermeintlich Ohnmacht oder sogar Exitus. Doch das Experiment ging weiter, bis zu einer Spannung von angeblich tödlichen 450 Volt – angezeigt auf dem vom »Lehrer« zu bedienenden Schalter.

Äußerte der »Lehrer« Zweifel oder wollte er das Experiment gar abbrechen, widersprach ihm der »Versuchsleiter« mit vier standardisierten Sätzen. Sie wurden ganz nüchtern gesprochen, ohne aggressiven Unterton. Der erste hieß: »Bitte fahren Sie fort!« Der zweite appellierte an die »Verantwortung« des »Lehrers«: »Das Experiment erfordert, dass Sie weitermachen!« Die dritte Stufe war: »Sie müssen unbedingt weitermachen!« Auch der vierte und letzte Satz wurde ganz sachlich vorgetragen: »Sie haben keine Wahl, Sie müssen weitermachen!« Erst wenn dieser Satz viermal ausgesprochen worden war, durfte der »Lehrer« gehen – sofern er nicht vorher selbst abbrach.

Im ursprünglichen Experiment gingen von 40 zufällig ausgewählten, gesunden Versuchspersonen immerhin 26 fast zum Äußersten; nur 14 beendeten das Experiment vorzeitig. Wiederholungen erwiesen, dass der Wert von rund zwei Drittel stabil war.

Wie ist es möglich, dass Menschen durch einen Versuchsleiter in einem Lernexperiment dazu gebracht werden, die Lernenden mit tödlichen Stromschlägen zu bestrafen? Dieses unvorstellbare Verhalten wurde also sogar gezeigt, ohne dass es explizite Befehle in einer extrem hierarchischen Struktur wie beim Militär gegeben hätte. Zwei von drei Menschen waren in friedlichen Zeiten bereit, der vom »Versuchsleiter« symbolisierten Autorität – einem Mann in weißem Kittel – zu folgen, selbst wenn sie fürchten mussten, durch ihr Verhalten einen anderen Menschen schwer zu verletzen oder gar zu töten. Etlichen Versuchsteilnehmern fiel es schwer, Folge zu leisten, sie zögerten, schwitzten und zitterten, verweigerten jedoch nicht den Gehorsam.

Das Ich ist nicht Herr im eigenen Haus.

(Sigmund Freud, Psychoanalyse)

Milgrams Experimente wurden bis in die neuere Vergangenheit oft wiederholt und bestätigt. Sie belegen die Bereitschaft vieler Menschen zum Töten, wenn dies auf Anweisung einer Autorität geschieht. Wenn dann noch ideologische Indoktrinationen und Gruppendruck wirken, ist es nur ein kleiner Schritt zum Massenmord. Dies haben u. a. auch die Jugoslawienkriege in den 1990er-Jahren gezeigt. Menschen, die über Jahrzehnte friedlich in Dörfern als Nachbarn und Freunde zusammengelebt haben, waren in relativ kurzer Zeit bereit, einer Propaganda zu folgen, die bisherige Nachbarn zu Feinden erklärte. Am Ende standen grausame Massaker. Dank der Milgram-Experimente können wir auch besser verstehen, wie ein quasi industrieller Massenmord an Juden in Nazideutschland organisierbar war: Es muss für die lange Vollzugskette von der Verwaltungsverfügung über die Aussortierung, den Transport, dessen Bewachung bis zur Tötung nicht durchgehend fanatisierte Mittäter geben, sondern es genügt, wenn erst am Ende die Tötungsverantwortung vollzogen wird und zuvor jeder die von ihm verlangte Aufgabe erledigt. Damit handeln diese Menschen in der Tötungskette bis auf den Vollstrecker eigentlich nicht anders als heutige Mitarbeiter in Firmen, die mit ihrer Produktion Menschen in Entwicklungsländern ausbeuten, die Natur in entlegenen Regionen zerstören und ihre Gewinne durch Geschäftsverlagerung der Besteuerung entziehen.

In Familie, Schule und Betrieb sorgt Gehorsam dafür, dass Abläufe reibungslos funktionieren. Doch schnell kann die Autorität missbraucht werden. Auch bei sexuellem Missbrauch spielen Macht und Gehorsam eine bedeutsame Rolle. Die Opfer unterwerfen sich häufig dem emotionalen Druck von Autoritätspersonen aus ihrem persönlichen Umfeld, wie Vater oder Onkel. Vertrauen spielte auch beim Milgram-Experiment eine Rolle. Die Teilnehmer zeigten an der Universität mehr Gehorsam als z. B. in einem einfachen Büro, weil das wissenschaftliche Umfeld vertrauenswürdiger schien.

https://www.youtube.com/watch?v=xOYLCy5PVgM

Das Gehorsamsexperiment von Milgram

So können Sie blinden Gehorsam vermeiden

- Lernen Sie, Nein zu sagen, ohne sich zu rechtfertigen. – Jeder hat das Recht, sich abzugrenzen.
- Formulieren Sie kurze, sachliche Ich-Aussagen, wie: »Nein, ich möchte das nicht!«, »Nein, ich habe nichts gegen XY!«
- Lehnen Sie ein konkretes Verhalten ab, nicht die Person, die es zeigt.
- Bleiben Sie eindeutig. – Lassen Sie nicht zu, dass Sie einfach mitmachen, nur um einen Konflikt oder schlechte Stimmung zu vermeiden.

Warum wir nicht eingreifen, obwohl wir es eigentlich müssten

Wer blinden Gehorsam leistet, hat meist auch wenig Zivilcourage und ist nicht bereit, selbst Verantwortung zu übernehmen. »Warum hilft denn bloß niemand?« Ob in der S-Bahn, auf dem Bahnsteig oder auf offener Straße – je mehr Leute eingreifen könnten, desto geringer ist die Aussicht, wirklich Hilfe zu erfahren.

Am 27. März 1964 berichtete die New York Times von einem nächtlichen Überfall auf eine 28-jährige Frau: »Mehr als eine halbe Stunde lang schauten 38 achtbare, gesetzestreue Bürger in Queens zu, wie ein Mörder eine Frau in Kew Gardens belästigte und auf sie einstach.« Dem Zeitungsbericht zufolge hatte die Frau wiederholt um Hilfe gerufen, doch hatte keiner der Bewohner, die aus den Fenstern blickten, während des Angriffs die Polizei alarmiert. Nach den Gründen für die Passivität befragt, gab einer später an: »Ich wollte da nicht hineingezogen werden.« In der Folgezeit kam es wegen dieser unterlassenen Hilfeleistung zu hitzigen Diskussionen über die Verrohung der amerikanischen Gesellschaft. Die beiden Sozialpsychologen John Darley und Bibb Latané bezweifelten, dass alle 38 untätigen Mitmenschen wirklich gewissenlos waren. Sie wollten wissen, ob die Situation Einfluss darauf hat, ob jemand eingreift und Verantwortung übernimmt oder nicht. 1968 führten sie deshalb folgendes Experiment durch: Die Versuchspersonen sollten zwar wissen, dass andere Leute zugegen waren, aber deren Reaktionen nicht beobachten können. Die Zeugen des Mordes konnten ja ebenso wenig wissen, ob einer der anderen Zeugen, die am Fenster standen, bereits die Polizei alarmiert hatte. Deshalb wurden die Probanden jeweils in eine separate Sprecherkabine gesetzt, um von dort über eine Sprechanlage eine Unterhaltung mit einem bzw. mehreren anderen Teilnehmern zu führen. Es sollten Probleme des Studentenlebens möglichst persönlich diskutiert werden.

Den Probanden wurde vermittelt, dass sie separat in den Kabinen saßen, damit die Anonymität gewahrt wurde. In Wirklichkeit verhinderte die Isolation, dass die Versuchsteilnehmer sehen konnten, ob und wie die anderen auf die nachfolgende Situation reagierten. Alle Diskussionsteilnehmer konnten der Reihe nach zuerst 2 Minuten eigene Probleme ansprechen. Danach sollten sie noch einmal je 2 Minuten Zeit bekommen, um das Gehörte zu kommentieren. Während einer sprach, waren die Mikrofone aller anderen ausgeschaltet.

Was die Versuchspersonen nicht wussten: Alle Stimmen kamen vom Band. Die erste gehörte einem jungen Mann, der von den Schwierigkeiten erzählte, sich an das Leben in New York zu gewöhnen. Er erwähnte auch, dass er epileptische Anfälle hatte, wenn er unter Stress geriet. Es folgten weitere Gesprächspartner vom Band und am Schluss erst die Versuchsperson.

In der zweiten Runde begann die erste Stimme zu stammeln. Nach etwa 70 Sekunden war klar, dass der Student einen epileptischen Anfall hatte: »K… könnte jemand … äh … äh … mir … eh … helfen [hustet]?… Ich … sterbe.«

Der Versuchsleiter stoppte die Zeit, die die Versuchsperson vom Beginn des Gestammels an brauchte, bis sie ihre Kabine verließ, um zu helfen.

Wenn die Versuchspersonen davon ausgingen, dass sie die einzige weitere Person im Gespräch waren, fühlten sich 85 Prozent verantwortlich und verließen nach durchschnittlich 52 Sekunden den Raum, um Hilfe zu holen. Wenn man die Versuchspersonen glauben ließ, es gebe einen weiteren Gesprächspartner, reagierten bloß noch 62 Prozent – nach durchschnittlich 93 Sekunden. Dachten die Probanden, es handele sich um sechs Gesprächsteilnehmer, kamen gerade einmal 31 Prozent aus ihren Kabinen – nach über 2 Minuten. Der Rest ging davon aus, dass sich schon ein anderer um den Notfall kümmern würde.

Ist man bei einem Notfall die einzige Person, die helfen kann, fühlt man sich voll verantwortlich, und der Druck, helfen zu müssen, ist hoch. Wenn man jedoch nur einer von vielen ist, fühlen sich die meisten wesentlich weniger verantwortlich. Da es allen Beteiligten so geht, kann es vorkommen, dass sich niemand zur Hilfeleistung verpflichtet fühlt. Trotz mehrerer die Notsituation beobachtenden Mitmenschen hilft immer wieder niemand.

Bestätigt wurden diese Ergebnisse auch in einem anderen Experiment, das die beiden Forscher in den 1970er-Jahren durchführten: Eine Versuchsperson saß in einem Wartezimmer und sollte Fragebögen ausfüllen, als sich langsam Qualm im Zimmer ausbreitete. War die Person allein, verließ sie den Raum und meldete den Vorfall sofort. Das Problem war von dem Versuchsteilnehmer also eindeutig erkannt worden. Befanden sich jedoch noch zwei andere Personen im Wartezimmer, die (als eingeweihte Teilnehmer) nur Achsel zuckend reagierten und weiterhin ungestört ihre Fragebögen ausfüllten, dann warteten die allermeisten Versuchspersonen ab. Vielen merkte man an, dass sie sich dabei unwohl fühlten, dennoch orientierten sie ihr eigenes Verhalten am Verhalten der ihnen unbekannten anderen. Verantwortung zu übernehmen kann bedeuten, dass man sich eventuell lächerlich macht – falls man sich in der Einschätzung der Situation geirrt hat. Die Neigung zu konformem Verhalten verhindert eine solche Bloßstellung. Menschen, die helfende Berufe ausüben, wie Rettungsschwimmer, müssen daher lernen, sich keinesfalls an anderen zu orientieren – besser ein Einsatz zu viel als dass die lebensrettende Hilfe unterbleibt.

www.youtube.com/watch?v=BdpdUbW8vbw

Entstehung und Durchführung eines Experiments zur Verantwortungsdiffusion

Wie Ihnen eher geholfen wird

Sprechen Sie von den umstehenden Zuschauern eine einzelne Person direkt an und sagen Sie ihr ganz konkret, was sie tun soll. Die direkte Übertragung von Verantwortung erhöht die Wahrscheinlichkeit, dass diese Person entsprechend tätig wird und Sie unterstützt.

Gewalt und Brutalität – zwischen Abscheu und Lust

Ob wir sie ablehnen oder nicht – Gewalt fasziniert letztlich jeden von uns. Wir fiebern mit, wenn der Gute den Bösen besiegt, ob Rambo, Rocky oder Old Shatterhand. Aber Gewalt kann auch verabscheuungswürdig sein, wie z. B. eine tödliche Attacke brutaler U-Bahn-Schläger.

Häufig wird der Begriff der *Aggression* synonym für Gewalt verwendet. Dabei beschreiben die beiden Wörter nicht genau dasselbe. Bei Gewalt wird mehr der Aspekt des Erreichens eines Ziels betont, bei Aggression geht es mehr um ein emotionales Vorgehen. Ein Bankräuber z. B. erschießt den Bankangestellten, um an das Geld zu kommen – rational geplante Gewalt. Dagegen spricht man eher von Aggression, wenn z. B. ein jugendlicher Hitzkopf bloßgestellt wird und dann zuschlägt. Dagegen handelt ein Scharfschütze der Polizei ohne Aggression, er übt bei seiner Tätigkeit auch keine Gewalt aus. Sein Handeln findet nämlich innerhalb von (gesetzlichen) Regeln statt, was im Zweifelsfall genau untersucht wird. Wie eng Gewalt mit Werten zusammenhängt, zeigt sich in der Erziehung. Schläge waren in Familie und Schule früher üblich, heute sind sie nicht nur geächtet, sondern verboten. Den in kirchlichen Kinderheimen noch bis in die 1970er-Jahre verbreiteten Missbrauch der Erziehungsmacht nicht als Gewalt zu bezeichnen, fällt heute schwer. Rechtfertigende Konstruktionen ermöglichten damals den christlichen Erziehern schlimme Strafen, um die ihnen anvertrauten Kinder »zu guten Menschen zu formen«. Auch die »Ehrenmorde« zeigen den Zusammenhang zwischen fehlgeleitetem Denken und gewalttätigem Handeln.

Wenn man sich mit dem Thema Gewalt beschäftigt, stellt man sich irgendwann die Frage, warum Menschen überhaupt zu Gewalt greifen. Gewalt ist grundsätzlich eine von vielen menschlichen Verhaltensoptionen. Anziehend ist sie, weil sie kurzfristig positive Konsequenzen verschafft, z. B. reagiert man sich dabei ab. Oft bietet Gewalt eine scheinbar einfache und schnelle »Problemlösung«. Langfristig hat sie jedoch negative Konsequenzen, z. B. weil eine Strafe verbüßt werden muss. Ist Gewalt impulsiv, nicht geplant, benötigt sie einen Auslöser. Die Frustrations-Aggressions-Theorie besagt, dass mit dem Erleben von Frustration aggressives Verhalten wahrscheinlicher wird. Demnach kann die Versagung eines Wunsches eine Verstimmung bewirken. Es kommt zu einer Regression, einem Rückfall auf eine frühere »unreife« Entwicklungsstufe mit infantileren Mustern des Denkens, Fühlens und Verhaltens. Frustration kann somit zum Auslöser für einen verbalen oder tätlichen Angriff werden. Das Ausmaß der Aggression ist dabei in der Regel proportional zum Ausmaß der Frustration.

1941 fanden Roger Barker, Tamara Dembo und Kurt Lewin von der University of Iowa eine Bestätigung für diesen Zusammenhang: Kinder wurden in einen Raum mit vielen attraktiven Spielsachen geführt. Während die Kinder der Kontrollgruppe sofort damit spielen durften, wurden die Kinder der Experimentalgruppe von einem Drahtgitter zunächst davon abgehalten. Sie konnten das Spielzeug zwar sehen, aber erst nach langem Warten damit spielen. Viele dieser Kinder zerstörten dann das Spielzeug, warfen es gegen die Wand oder trampelten darauf herum.

Unter Alkoholeinfluss werden die Frustrationstoleranz und die emotionale Steuerungsfähigkeit vermindert. Dann genügen unter Umständen eigentlich unbedeutende »frustrierende« Kleinigkeiten als Auslöser für gewalttätiges Verhalten, das nicht selten im Nachhinein bedauert wird.

Was macht dennoch die Faszination von Gewalt aus? Gewalt ist mit Spannung verbunden, was die Beliebtheit von Krimis in Literatur und Film erklärt. Wir fiebern mit den »Guten« mit, bis am Ende Recht und Ordnung wieder hergestellt sind. Ein Regelverstoß, besonders als Gruppenerlebnis, übt einen besonderen Reiz aus. Bei der Überwindung der eigenen Anspannung und Angst beim Regelverstoß wird Adrenalin ausgestoßen, was vergleichbar ist mit der Angstüberwindung beim Bungee-Jumping. Zudem wird Gewalt häufig mithilfe von Waffen ausgeführt. Waffen, besonders Schusswaffen, können aufgrund ihrer Technik und Präzision sehr beeindrucken.

Die Wirkung aggressiver Vorbilder

Kinder lernen durch Beobachten und Nachahmen. Das trifft leider auch auf aggressives Verhalten zu. Gezeigt hat dies u.a. die Bobo-Doll-Studie des kanadischen Psychologen Albert Bandura aus dem Jahr 1961 an der Stanford

University. Drei Gruppen von drei- bis sechsjährigen Kindern, je 36 Jungen und Mädchen, wurde dazu ein Film gezeigt, in dem ein Erwachsener (Rocky) eine Plastikpuppe (Bobo) wüst beschimpfte, diese schlug und auf sie eintrat. Jeder der drei Gruppen wurde ein anderes Filmende vorgeführt. Rocky wurde für sein Verhalten entweder gelobt, getadelt, oder das Geschehen blieb einfach unkommentiert. Danach durften die Kinder mit Bobo spielen. Am aggressivsten verhielten sich dabei die Kinder, deren Vorbild gelobt und belohnt worden war. Bandura schloss daraus, dass alle Kinder das Vorbildverhalten gleichermaßen erlernt haben, aber dass die beobachteten Konsequenzen für die unterschiedliche Nachahmung verantwortlich sind. Viele der Jugendlichen, die gewalttätig werden, haben zu Hause Gewalt erlebt und sind selbst auch häufig Opfer.

www.youtube.com/watch?v=eqNaLerMNOE

Bobo-Doll-Experiment zur Aggression

Banduras Ergebnisse haben viele Forschungen und Diskussionen über Gewalt in den Medien nach sich gezogen. Die Befürworter bringen vor, dass sich Menschen durch den häufigen Konsum von Filmgewalt an Gewaltszenen gewöhnen, eine Desensibilisierung tritt ein. Das ist tatsächlich der Fall, jedoch auch in unerwünschter Form, wie Untersuchungen der Psychologen Brad Bushman, University of Michigan, und Craig Anderson, Iowa State University, 2009 eindrücklich zeigen. Im Laborexperiment und in einer Alltagssituation kamen Personen, die zuvor Gewaltszenen in einem Computerspiel bzw. im Kino gesehen hatten, einer hilfsbedürftigen Person deutlich langsamer zu Hilfe als Personen, die gewaltfreie Spiele oder Filme konsumiert hatten. Der Konsum von Gewalt hat zu einer Abstumpfung geführt und verminderte die Bereitschaft, Hilfe zu leisten.

Die Pubertät – eine gewaltsensible Phase

In den letzten Jahren wurde in Deutschland jedes vierte schwere Gewaltdelikt und fast jedes fünfte Tötungsdelikt von einem Jugendlichen verübt. Auch gewaltbedingte Verletzungen sind bei männlichen 15- bis 24-Jährigen am häufigsten.

Mit Beginn der Pubertät stehen dem Menschen einschneidende Veränderungen bevor – sowohl im Hinblick auf die Körper- als auch auf die Persönlichkeitsentwicklung. Neben den hormonellen Umstellungen, die zur Reifung der Geschlechtsorgane führen, ergeben sich bedeutsame Veränderungen im Gehirn: Im präfrontalen Cortex, also direkt hinter unserer Stirn, findet ein großer synaptischer Auf- und Abbau statt. Wie im ersten Lebensjahr werden sehr viele neue neuronale Verbindungen in diesem Teil des Gehirns gebildet und anschließend diejenigen wieder abgebaut, die zu selten benutzt wurden. Fertig mit seinem Aufbau ist der präfrontale Cortex erst zwischen dem 20. und 25. Lebensjahr. Da dieser Teil des Gehirns zuständig ist für Selbstdisziplin, Aufmerksamkeit, Leistungsmotivation, Informationsverarbeitung, Handlungsplanung, Emotionsregulation und Impulskontrolle sind diese Funktionen in dieser Umbauphase nur eingeschränkt vorhanden, z. T. sogar reduzierter als vor dieser Phase. Diese Veränderungen zusammen mit den hormonellen Umstellungen erklären auch das risikofreudige Verhalten von Jugendlichen.

Während viele Verbindungen auf- aber auch wieder abgebaut werden, ist das Gehirn flexibel und beeinflussbar, es passt sich an neue Erfahrungen an. Nach der prägenden Phase in der frühen Kindheit durchläuft der Mensch in der

Pubertät eine zweite, seine Persönlichkeit und sein Verhalten strukturierende Phase. Erfahrungen, die wir in dieser Phase machen, legen die Grundstruktur für die weitere Gehirnentwicklung fest.

Parallel dazu beginnen die Ablösung von der Ursprungsfamilie und die Entwicklung einer eigenen *Identität*. Der Einfluss der Eltern nimmt deutlich ab, ihre Meinung zählt für den Jugendlichen nicht mehr oder zumindest nicht mehr so viel. Gleichzeitig nimmt der Einfluss der Gleichaltrigen, der sogenannten Peers, zu. Herausfordernde Fragen dieser Entwicklungsphase sind: Werde ich von den Gleichaltrigen anerkannt? Komme ich bei ihnen an? Finde ich mich auch in meiner Geschlechtsrolle zurecht?

Jugendliche mit dissozialem Verhalten suchen sich entsprechende Freunde (sie werden von sozial angepassten Jugendlichen auch eher gemieden). In ihrer neuen Gruppe lernen sie, dass Gewalt toleriert wird, ja sogar gut ist. Für gewalttätiges Verhalten gibt es Anerkennung. Gewalt dient einer Spannungsreduktion durch Abreaktion. Gewalt lenkt ab, von sich selbst und den eigenen Gefühlen. Wer gewalttätig ist, muss sich nicht mit eigenen Unsicherheiten auseinandersetzen. So verhindert Gewalttätigkeit eine positive Persönlichkeitsentwicklung. Aggression und Gewalt werden immer selbstverständlicher, andere Verhaltensoptionen werden nicht ausprobiert und bleiben unterentwickelt. Schließlich wird Gewalt um ihrer selbst willen ausgeübt, sie scheint der Unterhaltung zu dienen. Auslöser können Nichtigkeiten sein. Es geht um »Spaß«, einen »Kick« und in Einzelfällen schließlich sogar um Lust am Töten.

Welche Peers zur Verfügung stehen und somit auch die Erfahrungen, die Jugendliche in dieser Phase machen, hängt ganz wesentlich von der Umwelt ab und ist somit auch Glückssache.

Selbst *Terror* steht nicht selten in Zusammenhang mit der Problematik der Jugendphase. Ob RAF oder IS, die

Attraktivität von Terrororganisationen auf junge Menschen versteht man am ehesten, wenn man sie als Jugendbewegung begreift. Durch eine andere Kleidung, Musik und Sprache als Zeichen der Zusammengehörigkeit möchte man sich von den Eltern ablösen. Fokussiert sich die Ablösung auf ein Ziel, das unvereinbar mit den etablierten Regeln zu sein scheint, kommt es bald zu Verboten vonseiten des Establishments. Gewalt erscheint den unter Druck Geratenen dann sehr schnell als berechtigt, weil sie als einziges Mittel zur Zielerreichung und Selbstbehauptung gesehen wird.

Der positiven Persönlichkeitsentwicklung auf die Sprünge helfen

Hier geht es darum, dass Sie sich mit sich selbst auseinandersetzen. Wer möchten Sie sein, wie möchten Sie sich verhalten und mit anderen umgehen? Allgemeiner: Wie möchten Sie Ihr Leben gestalten?

- Mit wem verbringen Sie Ihre Zeit?
- Wie leicht fällt es Ihnen zu sagen, dass Sie etwas nicht mitmachen?
- Handeln Sie in einer bestimmten Situation immer wieder gleich und ärgern Sie sich anschließend darüber? Dann sollten Sie vorher eine Alternative einüben. Stellen Sie sie sich konkret vor und sprechen Sie sie laut aus.
- Wichtig ist es, dass Sie positive Verstärkung für sich als Person und für erwünschtes Verhalten suchen, z. B. Hobbys und neue Freunde.

Gewaltspiele, Gewaltvideos und Amokläufe

Sinnlose Gewalt entsteht, wo Menschen ohne emotionale Bindungen leben und keinen Sinn in ihrem Dasein sehen. Wenn wir uns beständig ausgegrenzt und gekränkt fühlen, dann breiten sich Ohnmacht und Wut aus. Videos und Computerspiele, die Töten mit Siegen gleichsetzen, vermitteln ein trügerisches Gefühl von Allmacht und erhöhen das Risiko, dass wir gewaltbejahende Motive wie Rache und

Tod verinnerlichen. Was wir brauchen, sind verlässliche Bindungen, Nähe, Vertrautheit und sicherlich auch mediale Vorbilder, von denen wir lernen können, wie wir ohne Fäuste, Messer und Kanonen durchs Leben kommen.

Der Amoktäter kommt in der Regel aus äußerlich unauffälligen Familien, keineswegs aus kaputten Lebensverhältnissen. Aber neben einem leichten Zugang zu Waffen kennzeichnet ihn eine gekränkte Seele. Es ist meistens ein Mann. Er muss kein extremer Außenseiter sein, aber er schafft es nicht, in der Gruppe seinen Ansprüchen gemäß integriert und anerkannt zu sein. Die Gekränktheit (s. Kap. 19) befördert die Wut auf die scheinbar heile Welt der anderen. Er ist nicht das Monster, wie es die schlimme Tat vermuten lässt. Irgendwann hat er jedoch den Kontakt zu den anderen verloren. Die meisten Täter galten als stille und unzugängliche Person, störten nicht und neigten zu Depression. Regelmäßig zeigen sich früh schulische Defizite. Sie beschäftigen sich intensiv mit Videofilmen und Computerspielen mit gewaltrelevanten Inhalten. Charakteristisch ist eine gedankliche Einengung auf Selbst- und Fremdaggression; zunehmend werden überschießende Rachebedürfnisse und Hass entwickelt. Als Hauptgrund des eigenen Elends wird meist die Schule allein für Erfolg und Misserfolg verantwortlich gemacht. Über Jahre hinweg zeigt sich eine ausgeprägte Affinität zu Waffen und Militär, häufig bei gleichzeitiger körperlicher Untrainiertheit und Angst vor körperlicher Auseinandersetzung. Es dominiert schwarze Kleidung, die auf Rächerfiguren hinweist und der Nachahmung von fiktiven Helden oder anderen Amokläufen dient; unter der Maskierung steigert sich die Aggression, Tötung und Mehrfachtötungen werden möglich.

Es handelt sich nicht um einen plötzlichen Gewaltausbruch, sondern der Täter beschäftigt sich über Monate oder Jahre mit der Tat. Nicht Unbeherrschtheit ist die Ursache, sondern eine gestörte Persönlichkeitsentwicklung.

Dabei werden Alltagsgeschehnisse als demütigend empfunden. Weil eine solche Person nicht (mehr) erkennt, dass auch andere Menschen Probleme haben, verfestigt sich das Gefühl, von allen schlecht behandelt zu werden. Die Wut wird zunächst nicht abreagiert. Außenstehende merken deshalb meist gar nicht, dass dieser Mensch innerlich kocht und schon längst Rache plant.

Vieles davon trifft auch auf Terroristen zu, die jedoch für ein angeblich gutes Ziel, eine »bessere« Welt, und in Verbindung mit anderen, im Rahmen einer sektenähnlichen Gruppierung, aktiv werden.

Meist sind es eher die besonderen Umstände, die zu unbegreiflichen Gewaltexzessen führen. Diese rechtzeitig zu erkennen und zu entschärfen, ist eine wichtige Aufgabe für uns alle.

Auch Psychopathen müssen nicht zwangsläufig Schaden anrichten, sie sind in gewisser Weise sogar besonders geeignet für Chefpositionen. Wie sie sich entwickeln, entscheidet sich häufig in den Jugendjahren. Wer ein Ziel hat und positive soziale Kontakte aufbauen kann, findet auf einen guten Weg.

Krieg als Konfliktaustragung

Alle Staaten investieren einen erheblichen Teil des Volksvermögens in Rüstung und Militär. Dies belegt, dass kriegerische Gewalt zur selbstverständlichen Option der Konfliktaustragung gehört. Immer wieder aufs Neue müssen daher Strukturen entwickelt werden, die es erleichtern, Konflikte gewaltfrei zu lösen.

Kriegsfördernde Fehlentscheidungen gehen meist mit »Gruppendenken« einher (s. Kap. 7). Es entwickelt sich nach und nach eine erhebliche Einengung und Uniformität in der Sicht eines Problems und seiner Bearbeitungsmöglichkeiten. Den Massenmedien kommt bei der Entstehung von Feindbildern große Bedeutung zu, z.B. durch eine bestimmte Wortwahl, Unterschlagen von »unerwünschten« Informationen, Wiederholung und Aufwertung »erwünschter« Informationen. Die Gesellschaft wird durch angepasste oder gleichgeschaltete Medien psychologisch vorbereitet, indem der Krieg scheinbar als notwendig und begründet dargestellt wird – »es wird nur zurückgeschossen!«

Patriotischer Gehorsam wird mit Gruppenzugehörigkeit belohnt, abweichendes Denken durch Ausgrenzung bestraft. Furcht ist die wichtigste kriegsfördernde Emotion, mehr als Aggression. Daher ist die Dämonisierung des Gegners sehr wichtig – löst er Furcht aus, steigt die Bereitschaft zum Kampf. Menschen neigen zum Kampf aus Sorge um ihren materiellen Status, besonders bei unsicherem Selbstbild und geringem Selbstwertgefühl.

Ein Leben ohne Gewalt?

Ein gewaltfreies Leben wird wohl eine Illusion bleiben. Zwar zeigen Untersuchungen, dass in primitiven Gesellschaften kriegerische Auseinandersetzungen viel häufiger waren, als sie es in modernen Gesellschaften sind. Heute verhindern Abkommen zwischen den Völkern sowie innerstaatliche Regelungen zum Umgang mit Konflikten und eine Sanktionierung von Gewalt durch die Staatsmacht viele kriegerische und gewalttätige Auseinandersetzungen. Dennoch kommt es immer wieder zu schlimmen Gewalttaten und verheerenden Kriegen. Man wird damit rechnen und immer wieder daran arbeiten müssen, diese zu verhindern. Materieller Wohlstand wird nicht genügen. Es wird darauf ankommen, Situationen, in denen Gewalt als sinnvoll und durchführbar proklamiert wird, möglichst nicht zuzulassen.

Gewaltfreie Lösungen können geschaffen werden durch Abbau von Feindbildern, Akzeptieren der Konfliktgegner als Menschen und rational handelnde Wesen, Aufrechterhalten der Kommunikation, Vermeiden von Zeitdruck, Begrenzen des Konflikts, Fördern der Kompromissbereitschaft in kompromissfähigen Bereichen und nicht zuletzt die Gesichtswahrung aller Beteiligten.

Es darf allerdings nicht übersehen werden, dass Aggression sogar eine Ressource sein kann. Sie hilft uns, nötige Abgrenzungen vorzunehmen. Ein Mensch mit wenig Aggressionspotenzial kann leicht Gefahr laufen, von anderen Menschen ausgenutzt und gedemütigt zu werden.

Auch befriedigen Gewalt und Krieg unser Bedürfnis nach Eindeutigkeit. Es scheint klar zu sein, was gut und richtig ist. Anders als im Frieden existieren Gewissheiten, selbst wenn sie mit dem Tod enden. Auch Frieden ist in gewisser Weise ein Kampf, zwar nicht um Leben und Tod, aber um ein lebenswertes Dasein mit gutem und sicherem Auskommen. Ist dies gewährleistet, wird es eventuell schnell langweilig – Krieg und Gewalt versprechen dann deutlich mehr Spannung.

Verantwortung übernehmen in Notfallsituationen

Zivilcourage ist helfendes Verhalten aus demokratischer oder ethischer Überzeugung, das mit einem Risiko für den Handelnden verbunden ist. Wer nicht Mittäter werden will, sollte bewusst Verantwortung übernehmen!

Dafür lassen sich einfache Verhaltensregeln für Notfallsituationen formulieren:

- Beobachten Sie den Täter und prägen Sie sich auffällige Merkmale ein.
- Treten Sie beschwichtigend auf.
- Beruhigen Sie das Opfer und leisten Sie Erste Hilfe.
- Benachrichtigen Sie per Notruf 110 die Polizei.
- Bitten Sie die Anwesenden um Mithilfe.
- Stellen Sie sich als Zeuge zur Verfügung.

9 Kreativität – zwischen Genie und Wahnsinn

Kreativität ist ein Synonym für Einfallsreichtum. Außergewöhnliche Einfälle werden allerdings schnell für verrückt erklärt. Seit der Antike existiert der Mythos, dass zwischen Genie und Wahnsinn – Kreativität und psychischen Störungen – ein Zusammenhang besteht. Kreative Aktivitäten können der Bewältigung und Transformation psychischer Störungen dienen, wie wir von berühmten Künstlern wissen. Johann Wolfgang von Goethe verarbeitete als 22-Jähriger seinen Liebesschmerz und Selbstmordgedanken in seinem Briefroman »Die Leiden des jungen Werthers«. Dieses Beispiel zeigt, wie psychische Labilität und seelische Probleme sowohl Motivation als auch Stoff für schöpferische Leistungen liefern können. Es besteht jedoch kein genereller Zusammenhang zwischen Kreativität und psychischen Störungen, wie eine große schwedische Studie von Simon Kyaga und Mitarbeitern vom Karolinsky Institut in Stockholm 2014 nachwies. Alle Kreativen haben lediglich ein höheres Risiko, an einer bipolaren Störung zu erkranken. Nur für Schriftsteller zeigte sich zusätzlich noch eine erhöhte Anfälligkeit für mehrere andere Erkrankungen, darunter Schizophrenie und Depression. Eine ausgeprägte psychische Störung zerstört jedoch das schöpferische Potenzial. Alkohol- und Drogenmissbrauch beeinträchtigen Konzentrationsvermögen, Gedächtnis und Motivation. Ein produktiver Prozess, in dem Außergewöhnliches erschaffen werden kann, erfordert ein Gleichgewicht von Fantasie und Konzentration.

Kreative Lösungen von Problemen zeichnen sich dadurch aus, dass gedanklich normalerweise weit entfernt liegende Elemente so verknüpft werden, dass das Ergebnis als neu empfunden wird. Daher sind kreative Problemlösungen meist auch als Umstrukturierungen von Bekanntem zu erkennen.

Kreative Ideen entstehen vor allem in Momenten geistiger Ruhe, also wenn man sich nicht im Hamsterrad der Geschäftigkeit dreht. Der Psychologe Daniel Weissman erforscht an der University of Michigan die Gehirne von gelangweilten Menschen. Seine Versuchspersonen liegen im Kernspintomografen und müssen z.B. je nach gezeigtem oder gesprochenem Buchstaben einen bestimmten Knopf drücken. Mit der Zeit schweifen bei dieser stupiden Aufgabe unweigerlich die Gedanken ab. Man erkennt dies an der nachlassenden Reaktionszeit der Probanden, aber auch an veränderten Aktivitätsmustern im Gehirn. Konzentriert sich ein Mensch auf eine Aufgabe, so ist ein Netzwerk bestimmter Hirnareale aktiv – lässt die Konzentration nach, dann schwindet in diesen Bereichen die Aktivität.

Doch auch wenn die Gedanken wandern, das Bewusstsein abdriftet und sich entspannt, wird das Gehirn keineswegs abgeschaltet. Nun übernimmt das *Default-Netzwerk* die Regie, das nur unwesentlich weniger Energie verbraucht als ein konzentriert arbeitendes Gehirn.

An der Schwelle zum Tagtraum sind beide Netzwerke aktiv, die träumerischen und die bewussten Hirnareale scheinen sogar miteinander zu kommunizieren. Im Hinblick auf die augenblickliche Aufgabe ist dadurch die Leistung eingeschränkt. Jedoch ergeben sich danach überraschende Effekte.

Wie Kreativität möglich wird

Es mag sein, dass man mit der Zeit verblödet, wenn man immer nur Routinearbeiten erledigen muss und sich dabei langweilt. Kurzfristig jedoch hat Langeweile genau den entgegengesetzten Effekt: Sie beflügelt unsere Fantasie. Dass

Langeweile Kreativität fördert, konnten die britischen Arbeitspsychologinnen Sandi Mann und Rebekah Cadman von der University of Central Lancashire 2014 nachweisen. Sie traktierten eine Untersuchungsgruppe 15 Minuten lang damit, Nummern aus einem Telefonbuch abzuschreiben. Anschließend folgte ein Kreativitätstest, und zwar sollten möglichst viele Verwendungsmöglichkeiten für Styroporbecher gefunden werden. Dabei schnitt diese Untersuchungsgruppe eindeutig besser ab als die Vergleichsgruppe, die zuvor keiner langweiligen Aufgabe nachkommen musste. Die Leistung wurde sogar noch übertroffen von einer Untersuchungsgruppe, die die Telefonnummern nicht abschreiben, sondern nur lesen sollte. Der Kreativität kommt es also zugute, wenn eine Tätigkeit viel Raum lässt, um den eigenen Gedanken und Träumereien nachzuhängen. Vielleicht liegt darin sogar der echte Mehrwert langweiliger Besprechungen in vielen Firmen?

Beim Problemlösen zerlegt das Gehirn das Problem in Einzelteile, vergleicht es mit schon bekannten Lösungsmustern, um daraus dann eine neue Lösung zu erzeugen. Neue Ideen, die gänzlich aus dem Nichts kommen, gibt es nicht. Neues entsteht im Gehirn dadurch, dass bestehendes Wissen neu zusammengefügt wird.

Um ein Problem zu lösen, gibt es zwei grundsätzlich verschiedene Wege. Man kann es entweder konzentriert angehen oder durch freie Assoziation eine Lösung hervorbringen. In der Psychologie unterscheidet man diesbezüglich das *konvergente* vom *divergenten Denken.* In konvergenten Denkprozessen arbeiten wir überwiegend analytisch und rational, grübeln so lange ganz bewusst über einem Problem, bis wir die richtige Lösung gefunden haben. Beim divergenten Denken schweifen wir hingegen ab, wenden unsere Aufmerksamkeit auch scheinbar belanglosen Dingen zu und schaffen so den nötigen Freiraum, damit unser Gehirn auch scheinbar abwegige Gedanken zur Problemlösung heranziehen kann. Untersuchungen stellten zudem fest, dass je nach Stimmungslage unterschiedliche Problemlösungsstrategien bevorzugt werden. Bei schlechter Stimmung tendieren wir zu einem analytischen Vorgehen. Die kreativeren Ideen haben wir jedoch eher, wenn wir eine Aufgabe mit positivem Gefühl angehen. Schon eine lockere Atmosphäre lässt uns leichter auf neue Ideen kommen.

Nicht durch angestrengtes Nachdenken, sondern durch Zerstreuung werden Kreativität und Aha-Erlebnisse möglich, wie der Psychologe und Neurowissenschaftler Jonathan Schooler 2012 an der University of California in Santa Barbara zeigte. 145 Studenten sollten für Alltagsgegenstände, wie Zahnstocher, Kleiderbügel oder Ziegelstein, in 2 Minuten möglichst viele unübliche Verwendungsmöglichkeiten notieren. Anschließend hatte eine Gruppe der Studenten 12 Minuten Pause. Eine zweite Gruppe bekam eine weitere Aufgabe gestellt, die ihre volle Aufmerksamkeit beanspruchte. Eine dritte Gruppe sollte in dieser Zeit angeben, ob gezeigte Zahlen gerade oder ungerade waren – eine stark unterfordernde Tätigkeit, die Tagträume auslösen sollte. Die vierte Gruppe begann ohne Pause mit dem zweiten Durchgang. Der zweite Durchgang wiederholte für alle Gruppen die Anfangsaufgabe mit den ursprünglichen und mit neuen Objekten. Hier zeigten sich ausschließlich Verbesserungen nach der Möglichkeit des Tagträumens, und zwar gleich um 41 Prozent. Die Verbesserungen ergaben sich allerdings nur bei Aufgaben, die Objekte zum zweiten Mal präsentierten, nicht bei den neu hinzugefügten Gegenständen.

> *Wer pro Zeiteinheit viele Ideen hervorbringt, hat eine größere Chance, gute Ideen zu haben.*
>
> (Joy Paul Guilford, Intelligenz- und Kreativitätsforscher)

Vorbedingung für Kombinieren und einfallsreiches Denken ist, dass man die Konzentration zurücknimmt und dass die

Inhalte bereits im Gedächtnis abgespeichert sind. Wer also schon lange über ein Problem grübelt, tut gut daran, das angestrengte Nachdenken zu unterbrechen.

In unserer schnelllebigen Zeit voller Ablenkungsmöglichkeiten ertragen viele Menschen keinen Moment der Langeweile. Ein kurzer Moment des Wartens macht sie schier wahnsinnig. Langeweile ist für viele ein unangenehmes, für manchen ein verhasstes Gefühl.

Dabei hat der Leerlauf im Kopf großen Nutzen. Aus Sicht der Hirnforschung ist das Nichtstun keine Phase neuronaler Inaktivität, sondern in diesem Leerlaufmodus sind ähnlich wie im Schlaf manche Gehirnzentren besonders aktiv. Dann wabert z.B. ein bereits analysiertes Problem gewissermaßen in anderen Hirnregionen als den mit der Problemanalyse beauftragten herum. Ohne bewusst daran zu denken, geht uns alles noch einmal »durch den Kopf«, sodass eine neue Lösung erschlossen werden kann, die uns als plötzliches Aha-Erlebnis selbst überrascht.

Wer Kreativität will, muss die Konzentration zurücknehmen!

Unsicherheit verträgt keine Kreativität

Kreativität wird heutzutage nicht mehr nur als eine Gabe von Künstlern betrachtet, sondern als treibende Kraft für positive Veränderung bei jedem von uns. Firmenchefs sehen Kreativität inzwischen als grundlegende Voraussetzung für zukünftigen Erfolg. Dennoch zeigt sich, dass kreative Ideen nahezu standardmäßig abgelehnt werden. Jennifer Mueller, Professorin an der Universität von San Diego und Expertin auf dem Gebiet der Kreativitätsforschung, und ihre Kollegen haben sich 2012 mit diesem Widerspruch, dem sogenannten *Kreativitätsparadoxon*, in zwei Experimenten auseinandergesetzt.

In beiden Experimenten wurden jeweils die Probanden einer Gruppe durch Informationen verunsichert, während dies bei der jeweils anderen Gruppe nicht der Fall war. In einem anschließenden Test wurde Kreativität von den verunsicherten Personen unbewusst negativ bewertet, während die jeweils andere Gruppe Kreativität positiv sah.

Damit konnte Jennifer Mueller das Kreativitätsparadoxon bestätigen: In Situationen, in denen wir unsicher sind, bewerten wir kreative Ideen unbewusst schlechter und verwerfen oder kritisieren sie somit schneller. Dies ist einerseits ein gewisser Schutzmechanismus, andererseits wird gerade in unsicheren Situationen eine kreative Problemlösung gebraucht. Es genügt somit nicht, kreative Ideen zu entwickeln, man muss sie auch vermitteln, damit sie umgesetzt werden können.

Kreativen ist nicht zu trauen

Kreativität ist nicht nur positiv, wie eine ganze Reihe von Untersuchungen der Wissenschaftler Francesca Gino von der Harvard Business School und Dan Ariely von der Duke University 2012 überzeugend aufzeigen. Beispielsweise sollten die Teilnehmer eine Reihe einfacher mathematischer Aufgaben lösen. Für richtige Lösungen wurden sie bezahlt. Über den Erfolg sollten sie dabei selbst Auskunft geben. Der Versuchsaufbau suggerierte, dass die tatsächliche Leistung der einzelnen Probanden nicht erfasst wurde. Das eröffnete scheinbar eine gute Möglichkeit zum Flunkern, die 59 Prozent der Teilnehmer nutzten. In Wirklichkeit wurde heimlich sehr wohl die tatsächliche Leistung erfasst. Im nachfolgenden Assoziationstest sollten die Teilnehmer ihre Kreativität unter Beweis stellen. Zu drei vorgegebenen Begriffen sollte ein passender vierter hinzugefügt werden. Über den Zusammenhang mit dem vorangegangenen Versuch wussten die Probanden natürlich nichts. Der Vergleich der Ergebnisse dieses Testes mit den Resultaten des Flunkerexperiments bestätigte andere Untersuchungen:

Die Studenten mit kreativer Persönlichkeit mogelten immer, egal ob zu kreativem Denken angeregt oder nicht. Dagegen schummelten die Unkreativen nur dann, wenn sie zu kreativem Handeln veranlasst wurden. Insgesamt betrogen Kreative häufiger als weniger Kreative. Sie taten dies offensichtlich deshalb, weil sie dafür eher eine Ausrede parat hatten – gegenüber sich selbst wie auch gegenüber anderen.

In den Experimenten wurde deutlich, dass sowohl Unehrlichkeit als auch Kreativität etwas mit dem Durchbrechen von Regeln und Grenzen zu tun haben. Kreatives Denken erzeugt einen Hang zum Schummeln, und Schummeln macht wiederum auch kreativ. Das unehrliche Verhalten wird zum Auslöser für erhöhte Kreativität. Lügner und Betrüger müssen einfallsreich sein und sich immer neue Ausreden einfallen lassen, wenn sie Erfolg haben wollen. Kreativität benötigt wie andere Begabungen und Fähigkeiten auch einen Rahmen und ein Ziel, um fruchtbar zu wirken.

Wie Sie auf kreative Ideen kommen

- Suchen Sie sich ein kreatives Milieu. Tauschen Sie sich mit anderen aus, mit denen Sie auf einer Wellenlänge liegen. Wichtig ist, dass dabei Vertrauen herrscht und keine Unsicherheit aufkommt, damit sich ein kollektiver kreativer Lernprozess entwickeln kann.
- Finden Sie heraus, wann im Verlauf des Tages Sie besseren Zugang zu eigenen kreativen Ideen bekommen. Zu anderen Zeiten quält man sich unnötig ab und kommt nicht voran. Richten Sie Ihr Arbeitspensum und Ihre sonstigen Aktivitäten danach aus und sorgen Sie dafür, dass Ihr kreativer Schwung nicht ausgebremst wird und verpufft.

- Nachdem Sie sich intensiv mit einem Thema auseinandergesetzt haben, lösen Sie sich davon. Widmen Sie sich nun völlig anderen einfachen Tätigkeiten, wie Bügeln, Duschen usw. Gehen Sie spazieren oder führen Sie einen Hund Gassi. Das Gehen in freier Natur beeinflusst unsere Körperfunktionen so, dass kreative Ideen wahrscheinlicher werden. Die positive Wirkung auf das kreative Denken hält auch danach noch eine Zeit lang an, wenn Sie sich zu Hause oder im Büro hingesetzt haben.
- Geben Sie die Konzentration für das konkrete Problem auf. Ihr Gehirn denkt dennoch weiter. Je nach Problemstellung aktiviert es dabei unterschiedliche Hirnareale und zieht Regionen hinzu, die für die konkrete Aufgabe wichtig sein könnten. Die aktivierten Areale kombinieren bestehendes Wissen und erzeugen auf diese Weise Gedankenmuster, die im nächsten Schritt mit den Lösungsbedingungen verglichen werden. Auch dieser Schritt geschieht noch unbewusst. Die meisten unbewussten Lösungsvorschläge werden schnell verworfen, wenn sie nicht mit den zu Beginn definierten Lösungsbedingungen übereinstimmen.
- Passt der Vorschlag jedoch zu den Bedingungen, wird Ihnen die entsprechende Idee als Geistesblitz bewusst.

Kreativitätstechniken

Viele Techniken sind entwickelt worden, um für mehr Kreativität in Firmen zu sorgen. Das Wichtigste ist dabei das förderliche Klima für neue Ideen und der Verzicht auf Zeitdruck wie auch jede andere Form des Drucks. Die folgenden Techniken kommen sehr häufig zur Anwendung:

- **Brainstorming:** Alle machen spontan Vorschläge, die unkommentiert notiert werden. Erst anschließend wird ausgewertet. Hauptproblem dabei sind die Wartepausen, in denen der Einzelne nicht selbst reden kann. Die Teilnehmer sind dann damit beschäftigt, sich ihre Einfälle zu merken. Das blockiert den kreativen Prozess. Besser ist es, die Teilnehmer erst einmal für sich alleine Ideen entwickeln zu lassen. Danach können sie sich mit den anderen austauschen.

- **Brainwalking:** Sitzen macht träge. Bewegung dagegen regt das kreative Denken an. Die Teilnehmer verteilen sich auf mehrere Flipcharts. Zuerst schreibt jeder spontane Einfälle auf das Flipchart-Blatt, bei dem er steht. Dann laufen alle im Raum herum und schauen sich an, was die anderen geschrieben haben. Dies ergänzen sie durch ihre eigenen Ideen und Assoziationen.
- **Mindmapping:** Zunächst schreibt man das Problem in die Mitte eines Papierbogens. Danach entwickeln alle assoziativ Ideen dazu. Jeder Aspekt wird aufgeschrieben und so auf dem Blatt platziert, wie er mit anderen Ansätzen in Verbindung steht, also übergeordnet oder nachfolgend usw. So ergibt sich eine baumähnliche Grafik als Inspirationsquelle. Auf einen Blick sieht man, was zusammenhängt und welche Ansätze sich gut kombinieren lassen.
- **635-Methode:** Sechs Gruppenteilnehmer schreiben je drei Ideen in 5 Minuten auf. Danach werden die Blätter reihum an den jeweiligen Nachbarn weitergereicht. Dieser arbeitet die Ideen auf dem Blatt wiederum in 5 Minuten weiter aus. Die Ideen des Vorgängers werden somit aufgegriffen, was zu mehr Varianten der einzelnen Grundgedanken beiträgt.

Comics und Psychologie

Comicartiges begegnet uns heute überall im Alltag: Ob es Lehrbuchzeichnungen, Verkehrsschilder, Cartoons in Zeitungen oder auch Aufbauanleitungen von Möbeln sind. Ein Bild braucht oft keine Worte. Komplexe Inhalte werden in Cartoons und Comics meist auf eine überraschende Weise zum Ausdruck gebracht.

Cartoons und Comics sprechen unseren Humor und unsere Kreativität an. Es geht nicht nur um Unterhaltung, sondern *Humor* ermöglicht eine überraschende Sichtweise durch den Wechsel der Perspektive. Und genau diese Kompetenz ist gefragt, wenn es darum geht, Lösungen für Probleme zu finden. Eine völlig neue Betrachtungsweise führt oftmals weiter.

Das Zeichnen von Comicgeschichten kann in persönlichen Krisen das eigene Wohlbefinden steigern und dazu beitragen, das zugrunde liegende Problem aufgrund kreativer Veränderung zu meistern. Beim Zeichnen bleiben wir emotional beteiligt, gleichzeitig schaffen wir Distanz, indem wir das Problem in eine Bilderfolge verpacken. Es ergibt sich eine Geschichte, die möglicherweise den üblichen Rahmen sprengt.

Für Cartoonisten und Comiczeichner ist die Psychologie ein dankbares Thema: Psychologen, die alles und jeden analysieren wollen, die unterschiedlichen therapeutischen Ansätze, die Beziehungen kränkelnder Patienten zu ihrem Therapeuten etc. bieten genügend Stoff. Wie so oft wird hierbei mit Vorurteilen gespielt (Patienten liegen z. B. immer auf der Couch), aber ein Stückchen Wahrheit ist oft enthalten (Abb. 9-1).

Forscher der Universität Potsdam untersuchen unter Leitung von Jochen Laubrock seit 2015 mit Mitteln der kognitiven Psychologie, wie Comics geistig verarbeitet werden. Wie ist die Aufmerksamkeit zwischen Text und Bild verteilt? Und wie wird sie gelenkt? Wird die in einem Bild enthaltene Information schneller verarbeitet als die in einem Text enthaltene? Die Koordination der Augen beim Betrachten eines Bildes oder Lesen eines Satzes liefert Informationen darüber, wie das Bild oder der Satz verarbeitet wird. Die Kernaussage eines Bildes begreifen wir zwar oft schon auf den ersten Blick, für das Erfassen der Details müssen die Objekte aber genau fixiert werden, weil der Bereich scharfen Sehens sehr begrenzt ist. Erste Ergebnisse zeigten bereits Erstaunliches: Es ist hauptsächlich der Text,

Abb. 9-1 Comic: Deutung von Gefühlen in der Therapie

der die Aufmerksamkeit der Comicleser erregt. Die Comicleser verwenden deutlich mehr Zeit darauf, den Text zu fokussieren als die Bilder. In weiteren Experimenten wird nun untersucht, ob und wie viel Information die Probanden vom Bildhintergrund beziehen, obwohl dieser nicht aktiv fokussiert wird.

Gerade die nicht direkt erfasste Information gilt es, mitzuberücksichtigen. Der Begriff *Priming* bzw. *Bahnung* bezeichnet in der Psychologie die Beeinflussung der Verarbeitung eines Reizes dadurch, dass ein vorangegangener Reiz implizite Gedächtnisinhalte aktiviert hat. Sie bestimmen, wie schnell der nachfolgende Reiz verarbeitet, ob er korrekt erkannt oder wie er interpretiert wird. Zudem beeinflussen implizite Gedächtnisinhalte den Gemütszustand oder nachfolgendes Verhalten. Diese Aktivierung spezieller Assoziationen im Gedächtnis aufgrund von Vorerfahrungen geschieht häufig unbewusst.

Steven Palmer von der University of California zeigte seinen Versuchspersonen 1975 sehr kurz das Bild eines Objektes (z.B. einen Brotlaib, einen Briefkasten oder eine Trommel), das sie nur in 40 Prozent der Fälle korrekt identifizierten. Sahen sie jedoch zuvor das Bild einer Küche, stieg der Wert auf 80 Prozent. Das Erkennen von Objekten, die nicht mit einer Küche assoziiert werden, wurde dadurch jedoch nicht beeinflusst.

Ein körperliches Priming wurde in Bezug auf die Bewertung von Comics nachgewiesen: In einem berühmten Experiment des Sozialpsychologen Fritz Strack von der Universität Mannheim im Jahr 1988 fanden Testpersonen einen Cartoon deutlich lustiger, wenn sie einen Stift zwischen den Zähnen hielten, der automatisch ihre Lachmuskeln aktivierte. Andere Probanden, die den Stift mit ihren Lippen umstülpen sollten und deshalb nicht lächeln konnten (ähnlich wie bei einem »schmollenden« Gesichtsausdruck), waren weitaus weniger amüsiert. Es scheint, als wäre die Mimik nicht nur Ausdruck von Gefühlen, sondern verstärke diese auch oder rufe sie erst hervor.

Wie Comicfiguren das Verhalten von Kindern beeinflussen können, beschreibt eine Studie der University of Colorado at Boulder von 2015. Diese Studie legt nahe: Füllige Comicfiguren lassen Kinder dick werden. Denn Kinder, die die Abenteuer von fülligen Figuren wie Homer Simpson oder Obelix verfolgen, essen überdurchschnittlich viel und vor allem ungesund: »Mmm ... Donuts!«, bei diesem berühmten Spruch von Homer Simpson läuft nicht nur dem gelben Familienvater das Wasser im Mund zusammen. Auch junge Zuschauer können aufgrund der rundlichen Form der Figur und des damit einhergehenden Klischees vermehrt Appetit verspüren.

Die Untersuchung basiert auf mehreren Experimenten. Kinder wurden in mehrere Gruppen aufgeteilt. Sie sahen entweder eine rundliche Comicfigur, eine normalgewichtige oder einen sogenannten neutralen Reiz in Form eines Bechers. Danach schrieben sie unter anderem die ersten drei Dinge auf, die ihnen in den Sinn kamen, und durften sich anschließend Süßigkeiten nehmen.

Während jedes zweite Kind, das eine rundliche Figur betrachtete, Gedanken hatte, die den Klischees gegenüber Übergewichtigen entsprachen, trat dieser Fall bei den anderen Gruppen zusammengerechnet nur einmal auf. Außerdem griffen die Kinder der ersten Gruppe zu mehr als doppelt so vielen Süßigkeiten wie die übrigen Versuchsteilnehmer.

Dieser Effekt nahm ab, wenn man die Kinder im Vorfeld dazu anregte, sich ihr Wissen rund um gesunde Ernährung ins Gedächtnis zu rufen.

Seit jeher sah man in Comics eher »Gefahren« für die gesunde Entwicklung der Kinder und Jugendlichen. Aber die Verwendung von Bildern kann auch für »positive Botschaften« genutzt werden. Zudem ergeben sich gestalterisch ganz neue Möglichkeiten. Die Grenzen zu Zeichentrick und Computerspiel lösen sich auf. Es ist offen, ob damit Comics in ihren persönlichkeitsbildenden Effekten besser oder wieder bzw. noch problematischer werden.

10 Gefühle – sie sind entscheidend

Gefühle begleiten als ständiges Hintergrundgeflüster unser Tun und drängen sich auch manchmal in den Vordergrund. Unterhalb der bewussten Wahrnehmung färben sie unser Bild von der Welt. Ohne unseren inneren Gefühlsstrom verlieren wir die Orientierung im Netz der vielen Alltagssituationen. Von Menschen, denen man durch eine Hirnoperation den Zugang zu emotionalem Empfinden genommen hat, wissen wir, dass ohne Gefühle keine Entscheidungen möglich sind. Selbst alltägliches Handeln, das wir kaum mit Entscheidungsprozessen in Verbindung bringen, wie die Auswahl dessen, was man essen möchte, fällt unglaublich schwer.

Basisemotionen sind Gefühle, die bei jedem Menschen gleichermaßen anzutreffen sind. Sechs Grundgefühle haben sich in der Entwicklung des Menschen ausgeprägt: Freude, Überraschung, Ärger, Ekel, Furcht und Traurigkeit. Dem Psychologen Paul Ekman zufolge spiegeln sich diese Basisemotionen quasi als universelle Sprache im Gesicht wider und werden kulturunabhängig verstanden.

Evolutionär betrachtet sind Emotionen spezifische Reaktionen des menschlichen Gehirns, die dazu dienen, mit wiederkehrenden Situationen umzugehen. Sie zeichnen sich durch ein komplexes Muster aus, das körperliche und mentale Veränderungen miteinschließt. In der Regel antworten sie auf persönlich bedeutsame Ereignisse.

Emotionen sorgen für eine generelle Gerichtetheit unseres Verhaltens. Negative Emotionen wie Angst oder Wut dienen dazu, Gefahren wahrzunehmen, rasch zu reagieren und ihnen auszuweichen. Positive Gefühle, wie z.B. Freude, sorgen für Besänftigung und Linderung. Sie sollen uns und die Umwelt in einen ausgeglichenen Zustand (zurück-) versetzen und verhindern, dass negative Gefühle zu lange andauern und uns schaden können. Außerdem veranlassen sie uns, bestimmte Tätigkeiten zu wiederholen oder Situationen erneut aufzusuchen, um von den angenehmen Gefühlen zu profitieren.

> *Der Mensch handelt nicht das eine Mal nach unmittelbarem Gefühl, ein anderes Mal nach Reflexion, sondern immer nach Gefühlen.*
>
> (Wilhelm Max Wundt, Gründer des ersten Instituts für experimentelle Psychologie, 1879)

Zu viel Gefühl

Temperament ist angeboren. Der Umgang damit unterliegt jedoch Lernprozessen. Manche Menschen machen die Erfahrung, dass sie nur wahrgenommen werden, wenn sie sehr intensive Gefühle zeigen.

Situationen, die starke Gefühle auslösen, haben meistens eine wichtige Bedeutung für die betreffende Person und sind auch für die Mitmenschen nachvollziehbar. Bei häufigen und abrupten Extremreaktionen bleibt das Verständnis der Mitmenschen jedoch aus, solches Verhalten ist für andere meist nicht nachvollziehbar. Wer oft sehr emotional reagiert, stabilisiert mit jedem Gefühlsausbruch die dafür verantwortlichen Verknüpfungen zwischen den aktivierten Nervenzellen im Gehirn. Dadurch wird dieselbe, z.B. jähzornige, Reaktion in Zukunft immer wahrscheinlicher; es ist also sinnvoll, einen Wutanfall zu unterbrechen und sich nicht hineinzusteigern.

Übungen

Bei starken Gefühlen

Ärger, Wut oder Aggression zu spüren, ist in Ordnung. Dadurch spüren Sie, was Ihnen gerade nicht guttut, was Sie frustriert und vielleicht auch, was Sie verändern müssen:

- Weder Unterdrückung noch explosives Ausleben Ihrer Impulse führen letztlich zum Ziel. Überprüfen Sie, ob es triftige Gründe für Ihre Gefühle gibt. Verbieten Sie sich Ihren Zorn nicht, kultivieren Sie ihn aber genauso wenig.
- Wenn es häufig nichtige Anlässe sind, die Sie auf die Palme bringen, relativieren Sie Ihre Ansprüche. Es kann nicht alles perfekt und nach Plan laufen.
- Wenn Sie zu überschäumenden Gefühlen neigen, machen Sie es sich zur Gewohnheit, im Zorn nichts zu entscheiden und erst mit Verzögerung zu reagieren.
- Versuchen Sie, mit neutralen oder positiven Gedanken auf das Erleben einzuwirken. Lassen Sie zu, dass Sie sich körperlich etwas entspannen, dass Ihre Gedanken sich vom intensiven Gefühl lösen und Sie mehr Abstand dazu bekommen.
- Wenn Sie sich beruhigt haben, können Sie Ihre Aufmerksamkeit wieder der ursprünglich aufregenden Situation zuwenden.
- Wiederholen Sie diese Übungen häufig – steter Tropfen höhlt den Stein! – und stärken Sie so die Nervenverbindungen, die mit Gelassenheit verknüpft und mit Jähzorn, Wut, Ärger unvereinbar sind.

Zu wenig Gefühl

Alexithymie bedeutet Gefühlsblindheit. Eine bestimmte Hirnregion im Frontalhirn, die sonst Gefühle benennt und kontrolliert, hemmt bei den Betroffenen aktiv die Empfindungen. Das limbische System, in dem die Gefühle entstehen, reagiert deshalb bei diesen Menschen nicht. Möglicherweise fehlt es an der notwendigen Verbindung dieser beiden für Emotionen wichtigen Hirnareale. Es sind mehr Männer als Frauen betroffen; dennoch geht man davon aus, dass dieses Merkmal nicht angeboren ist, sondern frühzeitig erworben wird. Solchen Personen fällt es ebenso schwer, die Emotionen anderer Menschen zu erkennen. Ihre Defizite im Bereich Empathie und Gefühlswahrnehmung können Betroffene durch Übung, am besten im Rahmen einer Gruppe, abbauen.

Übungen

Für mehr Gefühl

- Beschreiben Sie zunächst den *situativen Kontext* für ein (Körper-)Gefühl.
- Formulieren Sie dann, wie Sie selbst diese *Situation interpretieren* oder bewerten.
- Im nächsten Schritt achten Sie auf Ihre subjektiven Empfindungen (Gefühls- und Körperempfindungen).
- Benennen Sie das Gefühl für diesen Kontext möglichst spezifisch.
- Stellen Sie sich vor, was Sie in der gegebenen Situation erleben und wie Sie damit umgehen könnten. Wenn Sie sich z. B. freuen, einen Bekannten wiederzusehen, machen Sie dann einen Luftsprung oder zeigen Sie die Freude in Ihrem Gesicht?
- Experimentieren Sie mit Gefühlsvariationen in Ihrer Vorstellung, z. B. durch Erinnerung an andere Personen als Vorbilder.
- Versuchen Sie das Vorgestellte danach im Rollenspiel in eine Handlung umzusetzen.

Emotion: Zusammengesetzt aus Erregung und Gedanken?

Die Psychologen Stanley Schachter und Jerome Singer führten 1962 an der Columbia University ein Experiment zur Erklärung von Emotionen durch. In einem aufwendigen Forschungsdesign sollte die Zwei-Faktoren-Theorie Schachters geprüft werden. Sie besagt, dass sich Gefühle aus einer physiologischen Erregung und einer kontextabhängig zu dieser Erregung passenden Kognition zusammensetzen. Erst bemerken wir körperliche Symptome wie Schwitzen, Zittern, Pulsbeschleunigung o. Ä., dann versuchen wir die Ursache dafür ausfindig zu machen. So kann dieselbe körperliche Aufregung je nach Situation z. B. als Verliebtheit oder als Angst bzw. Prüfungsstress empfunden werden.

Im vielbeachteten Experiment wurde den Teilnehmern erklärt, dass die Auswirkungen eines injizierten »Vitaminpräparates« namens Suproxin auf die Sehfähigkeit getestet werden. In Wirklichkeit erhielten drei Viertel der 185 Probanden eine Adrenalininjektion und das restliche Viertel, die Kontrollgruppe, eine Kochsalzlösung. Über mögliche Nebenwirkungen des Suproxins wurden die Probanden unterschiedlich aufgeklärt: Entweder wurden sie korrekt informiert, dass die Nebenwirkungen in Herzrasen, Zittern, verstärkter Durchblutung etc. bestehen, oder inkorrekt, dass es keine Nebenwirkungen gebe bzw. die Nebenwirkungen in Juckreiz, Kopfschmerzen und Taubheitsgefühl bestehen.

Des Weiteren wurden die Teilnehmer in zwei Gruppen unterteilt, in denen entweder eine Euphorie- oder eine Ärgersituation geschaffen wurde. Daraus sollten die Teilnehmer eine Erklärung für den eigenen Erregungszustand ableiten können: In einem separaten Raum wurde ca. 20 Minuten lang auf die Wirkung des Suproxins und den vermeintlichen Sehtest gewartet. Dort befand sich eine weitere angebliche Versuchsperson, die in Wirklichkeit eine festgelegte Rolle im Rahmen des Versuchs spielte. Während der Wartezeit sollte in der Ärgergruppe ein Fragebogen ausgefüllt werden mit einigen unverschämten Fragen, die provozieren und die Versuchsperson gereizt stimmen sollten. Es wurde z. B. nach der Anzahl der außerehelichen Sexualpartner der Mutter gefragt. Der Vertraute verhielt sich dann absichtlich verärgert. In der Euphoriegruppe konnten sich die beiden Personen während des Wartens beliebig selbst beschäftigen. Der Vertraute verhielt sich euphorisch-albern, bastelte z. B. Papierflugzeuge und baute Papiertürme, die er mit Papierkügelchen bewarf.

Die Forschungshypothese besagte, dass die inkorrekt und die nicht informierten Versuchspersonen eine Erklärung für die aus der Adrenalininjektion resultierende physiologische Erregung suchen würden, die ärgerlich oder albern ausfallen würde, abhängig davon, ob sich der Vertraute im Warteraum verärgert oder albern verhielt. Korrekt informierte Teilnehmer sollten hingegen ihre physiologische Erregung angemessen attribuieren können und auf die Injektion zurückführen und dadurch weniger anfällig für die Stimmungsmanipulation des Vertrauten sein.

Die Ergebnisse stützten größtenteils diese Hypothese (s. das Experiment von Valins in Kap. 4). Jedoch zeigten Nachfolgeuntersuchungen unterschiedliche Resultate. Es ergaben sich verschiedene Effekte z. B. in Abhängigkeit von der Fähigkeit zur Körperwahrnehmung. Man folgerte daraus, dass körperliche Erregung nicht beliebig auf eine Emotion attribuiert werden kann. Dennoch leistete die Zwei-Faktoren-Theorie einen bedeutsamen Beitrag zur Emotionspsychologie und lieferte z. B. ein Erklärungsmodell für Panikanfälle.

Gefühle machen uns menschlich

Der Mensch unterscheidet sich von anderen Lebewesen durch die Fähigkeit, Emotionen gezielt zu beeinflussen. Eine gelungene Gefühlsregulation ist eine wichtige Voraussetzung für Zufriedenheit und Gesundheit.

Bei der Gefühlsregulation sind zwei Stile zu unterscheiden. Durch den intuitiven Stil regulieren wir Konflikte in emotional aufgeladenen Situationen aus dem Bauch heraus bzw. mit unserem »alten« Gehirn. Dabei kann es zu wenig hilfreichen Reaktionen wie Katastrophisieren, Angst oder aggressiven Ausbrüchen kommen. Einzelheiten und Kontext der Situation sind dabei nur von geringer Bedeutung.

Mithilfe des eher kognitiven Stils regeln wir Gefühle primär über den Verstand. Dies kann kühl und distanziert wirken. Manche Menschen verhalten sich übermäßig rational und reagieren sogar mit der Unterdrückung von Gefühlen und Somatisierung, also mit körperlichen Beschwerden.

Intelligente Emotionsregulation findet eine Balance und setzt gemäß der Situation die passende Strategie im Umgang mit Gefühlen ein.

Gefühle im Gleichgewicht halten

Unser sicherer Gang durch die Welt beruht auf einer ausgewogenen Balance zwischen emotionaler Bewertung und rationaler Analyse von Situationen. Indem wir uns der Macht der Gefühle bewusst werden und sie als Teil unseres Wesens akzeptieren, erhalten wir die Chance, überschäumende Gefühle besser zu kontrollieren und ihre guten Seiten befreit zu genießen.

Unser Verhalten wird von Gefühlen geleitet und von Gedanken begleitet. Das Denken ist dem Bewusstsein leicht zugänglich und deshalb am einfachsten willentlich zu verändern. Daher ist es auch für den Umgang mit Gefühlen sinnvoll, sich mit dem Einfluss des Denkens zu beschäftigen.

Nehmen wir als Beispiel Ursula, die abends allein im Haus ist und plötzlich ein Geräusch hört:

a) Sie denkt »Das muss ein Einbrecher sein«:
   - Wie wird sie sich fühlen? – Möglicherweise gerät sie in Panik.
   - Wie wird sie sich verhalten? – Vielleicht ruft sie die Polizei oder sie verkriecht sich.
b) Sie denkt »Ein Fenster muss wohl offen gewesen und ein Blumentopf zu Boden gefallen sein«:
   - Wie wird sie sich fühlen? – Sie bleibt gelassen, ärgert sich vielleicht etwas über den kleinen Schaden.
   - Wie wird sie sich verhalten? – Sie wird das Fenster schließen.

Stellen Sie sich vor, Sie kommen zu spät nach Hause, und Ihr Partner oder Ihre Partnerin sagt: »Du kommst immer zu spät!« Dann können Sie so oder anders reagieren:

- Wie kann er/sie einfach behaupten, dass ich immer zu spät komme!
- Schon wieder derselbe Ärger!
- Das hält kein Mensch aus!
- Solche Ungerechtigkeiten lass ich mir nicht mehr länger bieten!

Übungen

Sich von extremen Gefühlen distanzieren

Wenn Sie an überschäumenden Gefühlen etwas ändern wollen, sollten Sie eine Beobachterhaltung einnehmen, d. h. die Gefühle »von außen« betrachten, quasi Zeuge des Geschehens werden. In dem Moment, in dem Sie versuchen, das, was in Ihnen vorgeht, von außen zu sehen, trennt sich ein Teil von Ihnen ab, um diese Beobachtung zu ermöglichen. Die folgende Übung leitet Sie an, Ihre innere Erfahrung und die dabei auftretenden Gefühle zu beobachten, anstatt sich von ihnen übermannen zu lassen. Auf diese Weise lernen Sie, sich von stark belastenden Ereignissen zu distanzieren. Setzen Sie sich bequem hin, lesen Sie die folgende Anleitung und schließen Sie dann Ihre Augen:

- Erinnern Sie sich an einen Vorfall, der Sie aufgeregt hat.
- Visualisieren Sie diesen Vorfall, erschaffen Sie in Ihrer Vorstellung noch einmal detailliert diese Szene mit aller Aufregung, die Sie ursprünglich dabei erlebt haben.
- Bleiben Sie dabei, diesen Vorfall bildlich vor sich zu sehen, aber nun beobachten Sie ihn: Nun gibt es Sie *in* dieser Szene, in der Sie all diese Aufregung erfahren, und es gibt Sie *außerhalb* dieser Szene, als Beobachter, der auf all diese Aufregung, Gefühle, Gedanken und Körperempfindungen schaut.
- Wenn es Ihnen nicht gelingt, sich in die zweite Visualisierung zu begeben, bleiben Sie noch eine Weile bei der ersten Vorstellung, bleiben Sie also noch im Brennpunkt dieses Geschehens, bis etwas von der Aufregung abgeklungen ist, und wechseln Sie erst danach in die zweite Vorstellung.
- Stellen Sie fest, ob es zwischen diesen beiden Vorstellungen einen Unterschied gibt und wie sich dies für Sie anfühlt. Inwiefern erleben Sie diese Szene nun anders?
- Danach beenden Sie diese Übung in dem Tempo, das für Sie nötig ist, um die Vorstellung gut abzuschließen. Lassen Sie die Vorstellung los, denken Sie an ein anderes Bild, z. B. wie Sie einen Schneemann gebaut haben, atmen Sie tief durch und strecken Sie sich einige Male.

Um sich von Ereignissen und den dazugehörigen Gefühlen zu distanzieren, können Sie sich auch vorstellen, in einem Kino zu sitzen

und das Geschehen auf einer großen Leinwand zu beobachten, es gibt dann Sie im Kinostuhl und Sie in der Szene auf der Leinwand. Das Eintauchen in das Geschehen ist bei dieser Übung genauso wichtig wie das Beobachten des Geschehens. Wenn Sie abwechselnd in die emotionale Erfahrung ein- und wieder auftauchen und sich dabei selbst in dieser Erfahrung beobachten, spüren Sie sich zunehmend selbst in beiden Ebenen. Sie erfahren, dass Sie vorher schon da waren und nachher, wenn die Aufregung abgeklungen sein wird, immer noch da sind.
Die Beobachtung führt zu einer Erfahrung, bei der das Selbst mehr ist als die im Brennpunkt erlebten Gefühle. Neue Erfahrungen und andere Gefühle werden wieder zugänglich. Von der einseitigen Reduktion findet man so wieder zurück zur ganzen Persönlichkeit.

Freude macht sympathisch

Freude ist eine heitere Stimmung, die sich als innere Beglückung bemerkbar macht. Es handelt sich um eine spontane, emotionale Reaktion auf eine angenehme Situation. Sie kann sehr unterschiedliche Formen und Intensitäten annehmen und bewegt sich zwischen einem Lächeln und einem Freudenschrei.

Bei echter Freude heben sich die Mundwinkel und auch die Augenringmuskeln werden aktiviert. Diese Muskeln lassen sich nur schwer vom Willen kontrollieren, weshalb sie beim erzwungenen Lächeln nicht aktiviert sind. Die innere Freude lässt sich nicht immer am Ausdruck erkennen. Meist geht sie jedoch mit einer Entspannung der Gesichtsmuskulatur einher.

Bei negativen Gefühlen ist eher die rechte, in frohen Augenblicken eher die linke Seite des Stirnhirns aktiv. Diese Spezifikation ist wahrscheinlich angeboren, da auch Säuglinge mit verstärkter Hirnaktivität rechts auf Zitronensaft und mit verstärkter Hirnaktivität links auf süße Getränke reagieren. Diese Bereiche sind allerdings immer auch mit den Funktionen in anderen Hirnarealen vernetzt.

Menschen neigen manchmal dazu, sich selbst zu negativ zu bewerten. Oft hat diese Tendenz damit zu tun, wie ein Mensch seine Erfolge oder Misserfolge zu erklären versucht. Vor allem zu Depression neigende Menschen zeigen die Tendenz, eigene Erfolge eher dem Zufall oder einer leichten Aufgabe (»Das war einfach nur Glück für mich, dass die Aufgabe so leicht war«) und Misserfolg ihrer eigenen Unfähigkeit zuzuschreiben (»Eigentlich war es mir ja klar, dass ich das nicht kann – ich bin einfach zu blöd dazu«). Auch wenn eine selbstkritische Haltung manchmal wünschenswert ist, geht es hier um eine zu rigide Verhaltenstendenz: Die Betroffenen nehmen sich selbst die Chance, wahrzunehmen und anzuerkennen, was sie tatsächlich bewältigt oder gut gemacht haben – die Grundlage von Freude und Stolz.

So fördern Sie positive Gefühle

- Wohlbefinden kann durch Bewegung, Entspannung und die Befriedigung eines Bedürfnisses erreicht werden. Machen Sie sich bewusst, welche Aktivitäten Ihnen Freude bereiten.
- Planen Sie, die Umsetzung solcher Aktivitäten in Ihrem Alltag unterzubringen.
- Erleben Sie die Wirkung dieser Tätigkeiten achtsam.
- Bezüglich der eigenen Schwächen und der Fehler anderer macht es glücklicher, wenn man möglichst nachsichtig reagiert und immer – auch wenn es nicht ganz der Tatsache entspricht – davon ausgeht, dass jeder sein Bestes gibt.
- Versuchen Sie, selbst Pflichtaufgaben mit einer gewissen Freude anzugehen, und sie werden Ihnen leichter fallen.

Trauer verarbeiten

Traurigkeit wird immer durch einen Verlust ausgelöst. Dabei ist nicht nur der Verlust einer nahestehenden Person durch Tod, Trennung oder Umzug gemeint, sondern z. B.

auch der Verlust von Gesundheit, einer Arbeitsstelle oder der Jugend. Gemein ist diesen Auslösern, dass wir ihnen eine Bedeutung geben, d. h. dass uns diese Person oder dieser Lebensbereich wichtig war. Durch Berichte der meisten Trauernden zieht sich das Gefühl, ein Stück des eigenen Selbst verloren zu haben, nur noch ein halber Mensch zu sein.

Traurige Menschen weisen folgende Merkmale auf: Die Mundwinkel hängen schlaff nach unten, die Augen sind leblos und starr, oft weinen Betroffene, wirken energielos und geschwächt. Die Umwelt reagiert auf diese Signale mit Mitgefühl und Trost, man steht dem Trauernden bei und unterstützt ihn bei der Verarbeitung seines Verlusts. Aber auch für den Betroffenen selbst hat Traurigkeit eine wichtige Funktion: Man zieht sich zurück und spart die Energiereserven, die man für den Abschied benötigt. Diesen Ablöseprozess bezeichnet man als *Trauerarbeit*, wobei der Begriff »Arbeit« durchaus treffend gewählt ist, erfordert es doch, je nach Art des Verlustes, das Durchleben einer Vielzahl unterschiedlicher Gedanken und Gefühlslagen. Es werden vier Phasen der Trauer unterschieden:

1. Die erste Phase ist durch eine Schockreaktion und eine unmittelbar einsetzende Betäubung gekennzeichnet. Der Verlust wird geleugnet, die Realität nicht als solche anerkannt. Es wird verzweifelt versucht, gegen die Erkenntnis des unwiederbringlichen Verlusts zu kämpfen. Diese Phase dauert in der Regel nicht sehr lange an. Die Aufgabe des Trauernden besteht hier in der Wahrnehmung des Verlusts als Realität.
2. In der zweiten Phase setzt die Erkenntnis ein, dass der erlittene Verlust nicht rückgängig gemacht werden kann. In dieser Phase werden die mit dem Verlust verbundenen Gefühle besonders stark erlebt. Dazu zählen neben der Traurigkeit der Zorn (»Warum passiert das ausgerechnet mir?«), die Schuld (»Ich hätte es verhin-

dern können«) und die Einsamkeit (»Mit meinem Schmerz bin ich letztlich allein«). All diese Gefühle werden wieder und wieder durchlebt, ehe ein Übergang in die nächste Phase möglich wird.
3. In der dritten Phase beginnt der Betroffene, den erlittenen Verlust zu akzeptieren. Er kämpft nicht mehr gegen sein Schicksal an, sondern integriert die Tatsachen in sein Weltbild und arrangiert damit sein Alltagsleben.
4. In der vierten Phase beginnt die Neuorientierung. Der Betroffene öffnet sich für neue Beziehungen und Erfahrungen, ohne dabei aber das Vergangene zu verdrängen.

Diese vier Phasen bezeichnen einen idealtypischen Verlauf. Meist durchlaufen Menschen die Phasen nicht streng aufeinanderfolgend, sondern fallen nach Fortschritten auch wieder in vorherige Phasen zurück. Man muss den Trauerprozess als wellenförmigen Verlauf akzeptieren mit immer wieder aufbrechenden Empfindungen. Häufig ist es notwendig, scheinbar schon abgeschlossene Traueraufgaben erneut durchzuarbeiten. Ein ganzes Jahr der Trauerarbeit ist ganz normal. Entsprechend werden auch die Angehörigen durch einen trauernden Menschen stark beansprucht.

Übung

Abschiedsritual

Dieses Trauerritual ist an einen griechischen Brauch angelehnt, wonach etwa 40 Tage nach dem Tod eines Familienmitglieds ein »Erinnerungskuchen« aus Weizen, Rosinen, Nüssen und Mandeln gebacken wird, der mit Verwandten und Freunden zum Zeichen der gegenseitigen Vergebung mit dem Toten gemeinsam verspeist wird.
Stellen Sie sich jetzt ein Verlustereignis vor, das kann z. B. auch der Tod eines Tieres sein, das Ihnen viel bedeutet hat.
Lassen Sie die Person oder das Tier vor Ihrem inneren Auge lebendig werden.

Arrangieren Sie ein Treffen, bei dem Sie eine klar umrissene Zeit miteinander verbringen, z. B. um miteinander Tee zu trinken oder etwas zu essen.
Bleiben Sie eine Weile bei dieser gemeinsamen Aktivität.
An deren Ende, nachdem z. B. das Essen verspeist ist, bedanken Sie sich für die gemeinsame Zeit und verabschieden sich.
Dann kommen Sie mit Ihrer Aufmerksamkeit wieder in den Alltag zurück; atmen Sie tief durch, recken und strecken Sie sich. Anschließend richten Sie Ihre Aufmerksamkeit ganz bewusst auf gegenwärtige Dinge. Wiederholen Sie diese Übung an mehreren Tagen möglichst zur gleichen Zeit.

Trauernden Menschen eine gute Begleitung sein – eine persönliche Herausforderung

- Akzeptieren Sie die Veränderung Ihrer Beziehung. Egal in welchem Verhältnis Sie zu der trauernden Person stehen: Für eine lange Zeit wird ihr Verhältnis unausgewogen sein. Die trauernde Person wird Sie brauchen, kann aber nur sehr wenig zurückgeben. Vertrauen Sie darauf, dass diese schweren Zeiten ein Ende haben werden. Ihre Beziehung wird durch Ihre Treue an Tragfähigkeit und Tiefe hinzugewinnen.
- Bieten Sie Hilfe an, auch wenn die Trauer länger dauert. Lassen Sie den anderen nicht alleine. Auch wenn er sich abweisend verhält: Signalisieren Sie, dass Sie da sind, wenn er dazu bereit ist.
- Hören Sie zu. Versuchen Sie nicht, Stille und Schweigen mit Aktionismus zu füllen. Hören Sie, was der andere zu sagen hat. Machen Sie sich auf Wiederholungen gefasst. Erst durch das wiederholte Aussprechen wird für den Trauernden der Verlust begreifbar.
- Wenn Sie das Gefühl haben, dass der Trauernde seine Gefühle nicht zulässt, signalisieren Sie ihm, dass Sie bereit sind, die verschiedenen Gefühle mit ihm zu durchleben. Lassen Sie Raum für Traurigkeit, Weinen, Wut und Schuldgefühle. Diese Gefühle sind normal und nicht gefährlich. Sie zu unterdrücken zieht den Trauerprozess unnötig in die Länge.
- Zeigen Sie Geduld. Auch wenn es manchmal den Anschein erweckt – Trauer dauert nicht ewig. Ein längeres Verweilen in einer Phase ist normal, ebenso, dass nach einem Fortschritt wieder Rückfälle in frühere Trauerphasen auftreten.

Ekel – nicht angenehm, aber nützlich

Ekel ist eine schützende Reaktion, die Abgrenzung ermöglicht. Indem wir uns vom ekelnden Objekt abwenden, distanzieren wir uns gegenüber Gegenständen, Personen und Situationen. Im Lauf der evolutionären Entwicklung lösten nicht nur Nahrungsmittel oder Gerüche Ekel aus, sondern auch Verhaltensweisen, die wir noch heute »zum Kotzen« finden. Damit schützt Ekel unser vertrautes Weltbild vor befremdlichen Gedanken und Einstellungen.

Abscheu und Widerwille sind uns anzusehen. Wir erwecken mimisch den Eindruck, als ob wir etwas ausspucken oder herauswürgen möchten; wir rümpfen die Nase, die Oberlippe wird steif, Übelkeit oder Brechreiz können entstehen.

Problematisch wird es erst, wenn der Ekel zu erheblichen Einschränkungen im Leben führt. Helfen kann die Verschiebung der Aufmerksamkeit auf andere Qualitäten des Ekelobjekts. Bei Spinnen konzentrieren wir uns z.B. nicht mehr auf die langen Beine, sondern auf ihre Nützlichkeit. Vertrautheit stellen wir her, indem wir auch einer Spinne einen Namen geben wie dem eigenen Lieblingstier.

Ärger kontrolliert ausleben

Ärger dient der Gewinnung und Verteidigung von Ressourcen sowie der Bewältigung gefährlicher Situationen. Ausgelöst wird er durch spezifische Situationen oder negative Gefühle wie z.B. Frustration und Schmerz. Ärger kann sich in vielfältigen Gefühlen äußern, die kürzer oder länger andauern und sich in ihrer Stärke unterscheiden. Dazu gehören Wut und Verachtung. Ihnen gemeinsam ist die negative Bewertung des Auslösers. Sie demonstrieren Macht und Überlegenheit und sollen den anderen einschüchtern.

Ärger kann zum Problem werden, wenn er sehr intensiv erlebt und ausgelebt wird und keine Kontrollmöglichkeit besteht. Ärger kontrolliert zu äußern ist sinnvoll. Dadurch können wir Grenzen aufzeigen oder Handlungsenergie mobilisieren. Es folgen aber keine negativen sozialen oder Selbstwert reduzierenden Konsequenzen wie bei einer unkontrollierten Reaktion.

Es ist gut, Gefühle wie Ärger oder Wut zuzulassen. Dann können wir besser für uns entscheiden, was uns gerade nicht guttut, was uns frustriert und vielleicht auch, was wir verändern müssen. Es ist jedoch nicht in Ordnung, Gewalt anzuwenden und der Aggression freien Lauf zu lassen. Besser ist es, ggf. die Situation zu verlassen, sich abzulenken und den Gefühlen die Chance zur Beruhigung zu geben. So lange die Wut noch in uns kocht, können wir nicht vernünftig denken und handeln.

Ärger angemessen äußern

- Erinnern Sie sich an eine Szene, in der Sie intensiv Ärger oder Wut gespürt haben und in der Sie heftiger reagiert haben, als Sie es vielleicht wollten.
- Korrigieren Sie dann diese Szene in der Vorstellung, indem Sie sich selbst beruhigen und zu einer angemessenen Handlung instruieren. Diese neue Handlung ermöglicht es Ihnen, die Situation so ablaufen und enden zu lassen, dass Ihr Gefühl nicht destruktiv wirkt.
- Beenden Sie diese Übung mit der Festlegung eines Ankers, z. B. Zusammendrücken von Daumen und Zeigefinger, der Sie zukünftig, wenn Sie Ärger verspüren, rechtzeitig daran erinnert, dass Sie eine Alternative zur destruktiven Reaktion haben.

Wut, Hass und Verachtung – wie unterscheiden sie sich?

Wut, Verachtung und Hass sind heftiger als Ärger und halten auch länger an. Im Gegensatz zur hitzigen Wut ist die Verachtung eine kühle Emotion. So sehr die Wut auf Zerstörung ausgerichtet ist, sie hat letztlich zum Ziel, den anderen zu ändern. Der wütende Mensch ist dem anderen zugewandt, befasst sich mit ihm. Verachtung hingegen geht mit dem Wunsch nach Beziehungsabbruch einher. Das verachtete Gegenüber hat in unseren Augen seinen Wert eingebüßt. Es hat gegen unsere Normen und Werte gehandelt. Wir gehen auf Abstand, weil wir keine Chance zur Veränderung mehr sehen.

Oftmals steht die Verachtung am Ende einer Entwicklung, die durch fruchtlose Auseinandersetzungen gekennzeichnet ist. Damit es nicht so weit kommt, sollte in Phasen des Ärgers rechtzeitig gegengesteuert werden.

Hass hält noch länger an als Wut. Er entsteht, wenn emotionale Verletzungen nicht abgewehrt oder bestraft werden können. Hass ist das Gegenteil von Liebe und geht auch oft aus verschmähter Liebe hervor (s. Kap. 16). Wenn man jemanden hasst, verabscheut man ihn nicht nur, sondern möchte ihm auch schaden. Hass gibt dem Gehassten Wichtigkeit und unterscheidet sich darin von der Verachtung.

Überraschung – Eintreten des Unerwarteten

Überraschung bezeichnet eine sehr spontane Reaktion. Sie kommt meist durch das Eintreten eines unvorhergesehenen Ereignisses zustande. In unserem Gehirn treffen neue Informationen ein, sodass sich die Erwartung plötzlich ändert. Dadurch kommt es meist zur Verwirrung und auch zu körperlichen Reaktionen wie dem Erröten.

In unserem Gesicht sorgt Überraschung für weit aufgerissene Augen, angehobene Augenbrauen und einen leicht geöffneten Mund. Die ausgelösten Gefühle können als angenehm oder unangenehm empfunden werden – abhängig von der Situation und der eigenen Verfassung.

Bei völlig überraschenden Ereignissen kann sich die kognitive Verarbeitungszeit verlängern. In diesem Zusammenhang wird im Straßenverkehr von einer Schrecksekunde gesprochen.

Scham und Schuld – Empfinden von Unzulänglichkeit

Scham ist eine tabuisierte Emotion: Niemand spricht gerne über seine Schamgefühle; Menschen schämen sich ihrer Scham. Scham wird ausgelöst durch das Empfinden eigener Minderwertigkeit oder einen Angriff auf unsere Würde. Wir haben die Normen und Regeln unserer Gesellschaft gebrochen, sind uns dessen bewusst und schreiben diesen Umstand unserer eigenen Unzulänglichkeit zu.

Entsprechend versuchen wir uns zu verstecken, wollen am liebsten »im Boden versinken«, werden rot und schlagen die Augen nieder. So lösen wir im Gegenüber Mitgefühl aus, verhindern weitere Angriffe und Grenzüberschreitungen.

Problematisch wird die Scham, wenn sie chronisch ist. Dann steckt dahinter meist ein Selbstwertdefizit. Eine Möglichkeit, damit umzugehen, ist die Umwandlung von Scham in Schuld. Schuld ist ein mit der Scham verwandtes Gefühl. Im Gegensatz zur Scham, die das ganze Wesen und den fundamentalen Wert einer Person betrifft, kreisen Schuldgefühle in aller Regel jedoch lediglich um ein falsches Verhalten. Auch ist die Schuld im Vergleich zur Scham eher eine »kognitive« Emotion, die sich in unserer Gedankenwelt durch Grübeleien und Selbstvorwürfe äußert und weniger auf körperlicher Ebene. Diese Grübeleien haben eine eindeutig soziale Funktion: Ein schlechtes Gewissen, nichts anderes sind Schuldgefühle, dient dazu, dass wir Fehler einsehen und wieder gutmachen. Es sorgt so dafür, dass unsere engen Beziehungen trotz begangener Fehler erhalten bleiben.

Zur Belastung werden Schuldgefühle, wenn sie wegen alltäglicher Fehler entstehen oder sich der Schaden nicht so einfach wieder gutmachen lässt. So kann eine Depression entstehen.

Mit Schuldgefühlen fertig werden

- Mit weniger pathologischen Formen von Schuldgefühlen geht man am besten offensiv um. Prüfen Sie zunächst, ob der in Ihren Augen begangene Fehler tatsächlich so gravierend ist, dass er ein Schuldgefühl rechtfertigt. Dies gelingt am ehesten im Gespräch mit einer vertrauten Person.
- Sollte sich herausstellen, dass tatsächlich ein Fehlverhalten Ihrerseits vorliegt, bitten Sie die geschädigte Person um Ent-*schuld*-igung und versuchen Sie, den Schaden wiedergutzumachen.
- Ist diese erfolgt, lassen Sie die Sache auf sich beruhen, indem Sie Ihre Gedanken wieder auf die Gegenwart lenken.

Stolz – mit sich selbst zufrieden sein

Stolz zeigt sich in Situationen, in denen wir erfolgreich sind bzw. mit unseren Werten und Idealen im Einklang gehandelt haben. Somit stellt der Stolz sozusagen das Gegenstück zur Scham dar. Entsprechend äußert sich Stolz: Wir sind mit uns selbst zufrieden, wollen uns und unsere Leistungen präsentieren. Wir richten uns innerlich und äußerlich auf, wachsen regelrecht.

Dabei ist es nicht entscheidend, dass wir selbst erfolgreich waren. Vielmehr kann es genügen, dass eine uns nahestehende Person oder eine Person, mit der wir uns identifizieren, den Erfolg errungen hat: Diese Art von stellvertretendem Stolz erklärt z. B. auch die Fankultur.

Stolz hat eine soziale Funktion: Er dient als Motor für Weiterentwicklung in uns persönlich wichtigen Lebensbereichen. Der Wunsch, Stolz zu empfinden, treibt uns an und hilft uns bei langwierigen, schwierigen Zielen, am Ball zu bleiben. Da diese motivierende Funktion so wichtig ist, kann es sich lohnen, große Projekte in kleine, bewältigbare Etappen zu unterteilen und so immer wieder kleine »Stolzhäppchen« zu genießen, die uns zum Weitermachen motivieren.

Hüten sollte man sich hingegen vor übersteigertem Stolz, der auch als Hochmut bezeichnet wird. Hochmut stößt andere ab; die zur Schau gestellte Besonderheit wird als nicht verdient wahrgenommen und ruft in anderen Ärger hervor.

Stolz ist in unserer Kultur nicht gern gesehen und wird oft mit Hochmut verwechselt. Der schlechte Ruf des Stolzes wird ihm jedoch nicht gerecht. Vielmehr kommt es auf den richtigen Umgang damit an: Prahlen Sie nicht. Bleiben Sie bei allem Erfolg bescheiden, zeigen Sie sich dankbar für die äußeren Einflüsse, die Ihnen zum Erfolg verholfen haben. Übersehen Sie andere nicht und zeigen Sie auch Anerkennung für die Leistung anderer. Das verhindert Neid und Missgunst.

Neid – im Vergleich schlecht abschneiden

Neid ist eine Mischung aus verschiedenen anderen Gefühlen: Er geht einher mit Wut und Ärger, aber auch mit Traurigkeit. Selten hingegen verspürt man Angst im Zusammenhang mit Neid. Der Grund hierfür gibt auch gleichzeitig Aufschluss über den Unterschied zwischen Eifersucht und Neid: Bei der Eifersucht fürchtet man, etwas zu verlieren, was einem wichtig ist (s. Kap. 16). Der Neidische hingegen hat nichts zu verlieren. Vielmehr empfindet er es als ungerecht, das Objekt seiner Begierde nicht sein eigen nennen zu können. Und genau diese Situation ist auch der Auslöser von Neid: Ein anderer hat etwas, das man selbst möchte und von dem man glaubt, dass der andere es nicht verdient hat. Je nachdem, ob man den Grund für diese empfundene Ungerechtigkeit bei sich oder bei anderen sucht, entsteht entweder depressiver Neid (»Ich bin traurig, dass ich nicht so toll, so reich oder so begehrt bin«) oder aber feindseliger Neid (»Ich hasse mein Gegenüber, weil es unverdientermaßen so bewundert wird oder so reich ist«). Es gibt aber auch eine Art »gesunden« Neids. Dieser entsteht, wenn man denjenigen, auf den man neidisch ist, gleichzeitig bewundert und ihm wie einem Vorbild nacheifert.

Allen Formen des Neides gemein ist, dass er auf Vergleichsprozessen beruht, bei denen man sich selbst als unterlegen wahrnimmt und es so zu einer massiven Bedrohung des eigenen Selbstwertes kommt. Im Umkehrschluss schützt ein gesunder Selbstwert vor übermäßigen Neidgefühlen. Genau dieser Umstand kann ein möglicher Ansatzpunkt sein, um mit Neid anders umzugehen.

Übermäßige Neidgefühle in den Griff bekommen

- Gestehen Sie sich ein, dass Sie neidisch sind. Neidgefühle sind immer ein Indikator für die eigene Unzufriedenheit. Um Neid sinnvoll nutzen zu können, sollten Sie ihn zumindest vor sich selbst ehrlich eingestehen.
- Werden Sie aktiv! Nehmen Sie ihre Unzufriedenheit ernst und treffen Sie eine Entscheidung: Nur durch eigenes Handeln können Sie Ihre Lage verändern – dann haben Sie auch weniger Grund, auf andere neidisch zu sein.
- Führen Sie sich einerseits ihre eigenen Erfolge vor Augen, lernen Sie aber andererseits auch zu akzeptieren, dass Sie nicht überall Sieger sein können. Ein bekanntes Sprichwort besagt, dass Neid die Buße des Stolzes ist. Zeigen Sie Nachsicht gegen-

über Ihrer eigenen Unzulänglichkeit und streben Sie nicht immer nach dem Höchsten.

- Machen Sie sich die Kosten bewusst: Der Erfolg des anderen geht auch immer mit gewissen Nachteilen einher, derer Sie sich im ersten Moment nicht gewahr sind. Bedenken Sie diese, wenn Sie sich in die Lage des anderen hineinwünschen. Sind Sie bereit, auch diese mitzutragen?

Mitgefühl, Mitleid und Empathie

Mitgefühl umfasst eine ganze Gefühlspalette von Mitleid bis Empathie. Diese Begriffe beleuchten eigene Aspekte des Mitfühlens. Gemein ist ihnen, dass sie durch die, meist negativen, Gefühle anderer ausgelöst werden. Sie unterscheiden sich jedoch darin, welche Beziehung die Beteiligten zueinander haben und wie sich der »Mitfühlende« engagiert.

Mitleid im engeren Sinne ist dabei keine sehr angesehene Emotion, erweckt sie doch den Eindruck, dass die Mitleid erregende Person ein Stück ihrer Würde und Selbstachtung verliert und dem anderen unterlegen ist.

Mitgefühl oder auch Empathie haben hingegen einen viel besseren Ruf. Sie äußern sich insbesondere darin, dass der Anteilnehmende die Gefühle des Betroffenen nachempfinden und sich in den anderen einfühlen kann. Er passt seine Gestik, Mimik, seine Wortwahl und seinen Tonfall der Stimmung des anderen an. So entsteht Nähe. Der Mitfühlende bestätigt die Gefühle des Leidenden und spendet Trost. Diese Form des Verstehens ist auch einer der wichtigsten Wirkfaktoren bei einer Psychotherapie. Erst wenn der Leidende das Gefühl hat, dass das Gegenüber ihn verstanden hat, kann er sich für Ratschläge und neues Handeln öffnen.

Dass wir Menschen zu Empathie fähig sind, hängt mit den sogenannten *Spiegelneuronen* zusammen. Sie sorgen nicht nur dafür, dass Gähnen ansteckend ist, sondern motivieren uns zu Hilfeverhalten, indem sie uns ähnlich empfinden lassen wie unser Gegenüber. Dies lässt sich im Falle der Spiegelneuronen sogar auf physiologischer Ebene abbilden: Untersucht man den Hirnstoffwechsel von Personen, die sich in das Leid anderer einfühlen, kann man feststellen, dass dieselben Hirnareale aktiv sind wie bei dem Betroffenen selbst.

Dass Mitgefühl sogar neuronal verankert ist, hat seinen guten Grund: Die Unterstützung der Mitmenschen dient nicht nur der Stärkung des Familienverbands, sondern auch der Schonung von Feinden. Erst die Fähigkeit, sich in das Leid des anderen hineinzuversetzen, setzt unserer Gewaltbereitschaft Grenzen und hemmt unsere Aggressivität. Doch es gibt auch Menschen, die sich mit Empathie generell schwertun.

Empathie kann man lernen

- Suchen Sie Blickkontakt. Nur wenn Sie die Mimik, und hier besonders die Augen, Ihres Gegenübers betrachten, bekommen Sie einen Eindruck, was in ihm gerade vorgeht. Starren Sie nicht, versuchen Sie aber immer wieder einen Blick zu erhaschen.
- Wenn der andere Ihnen etwas zu sagen hat, hören Sie hin. Seien Sie geduldig, unterbrechen Sie ihn nicht und achten Sie auch auf den Klang der Stimme, den Sprachfluss und die Stimmlage. So erfahren Sie eine Menge über die momentane Stimmung Ihres Gegenübers und können Ihre eigene Sprache und Ihr Verhalten anpassen.
- Wenn Sie sich nicht sicher sind, wie der andere sich fühlt, fragen Sie nach. Stellen Sie offene Fragen, die den anderen dazu ermuntern, weiterzusprechen und sich zu öffnen.
- Wiederholen Sie in Ihren eigenen Worten, wie Sie das Gesagte verstanden haben. So lassen sich Missverständnisse schnell aus dem Weg räumen. Außerdem bestätigen Sie Ihrem Gegenüber dadurch, dass Sie mit Ihrer Aufmerksamkeit ganz bei ihm sind.
- Helfen Sie dem anderen, indem Sie offenbaren, wie es Ihnen in einer solchen Situation gehen würde. Das erzeugt beim anderen das Gefühl, verstanden zu werden, und schafft Nähe.

Kann es ein Zuviel an Empathie geben? Viele Eltern denken, dass Empathie immer richtig sei und es kein Zuviel geben könne. Es klingt für viele verwunderlich, aber auch Empathie kann schaden. Wenn Eltern vor lauter Mitgefühl zu wenig Distanz zum Geschehen haben, fällt eine förderliche Reaktion schwer. Eine Mutter, die aus Mitgefühl auf den kleinen Trennungsschmerz des Kleinkindes beim Zubettgehen eingeht, macht es dem Kind schwerer, sich zu lösen. So kann ein Kleinkind zum Schreikind werden. Ein Vater, der das beim Laufen quengelnde und weinende Kind auf den Arm nimmt, anstatt es darin zu bestärken, dass es eine Strecke sehr gut bewältigen kann, macht es sich zu bequem. Das Mitfühlen muss ermöglichen, dass die Eltern erkennen, ob es dem Kind wirklich schlecht geht. Empathie zum Kind sollte nicht grenzenlos sein. Das Kind soll schließlich erkennen, dass andere Menschen, auch die Eltern, eigene Bedürfnisse haben. Sie wollen nicht immerzu mit ihm spielen, sie möchten manchmal auch alleine sein usw.

Wie bei jeder Problemlösung gehören auch für eine gute Erziehung Herz und Verstand zusammen. Es ist wichtig, dass Erzieher gute Beobachter sind und spüren, wann ein Kind Hilfe benötigt. Aber genauso wichtig ist eine rationale Analyse des Geschehens und ein konsequentes Führen.

11 Gesund, krank, verrückt – oder nur anders?

Die Begriffe *gesund* und *krank* legen zwar nahe, dass es sich dabei um etwas Dichotomes, klar Getrenntes handelt, wir sollten jedoch besser von einem Kontinuum ausgehen: mehr oder weniger gesund bzw. krank. Solange man lebt, ist man immer beides gleichzeitig – in unterschiedlicher Ausprägung. Auch wenn man sich ganz gesund fühlt, laufen meist unbemerkt irgendwo im Körper Abwehrprozesse gegen Krankheitskeime ab.

Ob und wann ein *Verhalten* gesund oder krank ist, lässt sich ebenfalls schwer sagen, wie man am Beispiel des Händewaschens erkennen kann. Seife trägt beim Händewaschen wesentlich dazu bei, die allgegenwärtige Gefahr einer Ansteckung von Krankheiten gering zu halten. Die Hände zu selten zu waschen kann zu schlimmen Infektionen führen. Zu häufig ist jedoch ebenfalls problematisch. Das geschieht aber eigentlich nur, wenn man sich ekelt oder panische Angst vor Verschmutzung hat. Hat sich bei einer Person ein Waschzwang entwickelt, reicht ihr häufiges Waschen mit Seife bald nicht mehr; sie verwendet Desinfektionsmittel für die gründliche Reinigung von allem, was »kontaminiert« sein könnte. Irgendwann, vielleicht wenn die Person täglich zwei Stunden duschen muss, ist klar: Das ist nicht normal, es muss sich um eine Zwangserkrankung handeln. Aber ab wann hat es sich nicht mehr um ein gesundes Verhalten gehandelt?

Die *klinische Psychologie* befasst sich mit den Grundlagen sowie den Auswirkungen psychischer Störungen und anderer, auch körperlicher Erkrankungen auf das Erleben und Verhalten. Sie umfasst sowohl Diagnostik als auch Prävention, Beratung, Therapie und Rehabilitation. Teilweise überschneidet sie sich mit der Psychiatrie, einer medizinischen Disziplin. Ein Spezialgebiet ist die klinische Neuropsychologie, die sich mit Schädigungen des Zentralnervensystems und entsprechenden Trainingsmaßnahmen zur Verbesserung gestörter Funktionsbereiche beschäftigt.

Wie unterscheidet man einen psychisch Kranken von einem Gesunden?

David Rosenhan, Psychologe an der Stanford University in Kalifornien, ging dieser Frage 1968 im Selbstversuch nach: Er wusch sich einige Tage lang nicht, putzte auch nicht die Zähne, rasierte sich nicht und trug dreckige Kleidung. Dann vereinbarte er unter falschem Namen einen Termin in einer psychiatrischen Anstalt und ließ sich von seiner Frau vor dem Haupteingang absetzen.

In der Aufnahmestation berichtete Rosenhan den Ärzten von Stimmen, die er gehört habe. Diese seien kaum zu verstehen gewesen, hätten aber gesagt: »leer«, »dumpf« und »hohl«. Was die Psychiater nicht ahnten: Rosenhan gab mutwillig Symptome vor, die zu keiner einzigen in der Literatur beschriebenen Psychose passten. Das irritierte die Ärzte wenig. Ohne zu zögern verpassten sie dem Forscher die Diagnose: *Schizophrenie in Remission.*

In der akuten Krankheitsphase einer Schizophrenie nehmen die Betroffenen die Realität verändert wahr. Sie erleben z. B. ihre eigenen Gedanken als fremd. Manche glauben, ihre Gedanken würden von anderen Menschen mitgelesen. Typisch sind Denkstörungen, der Gedankenfluss gerät immer wieder durcheinander. Viele entwickeln Wahnideen oder leiden an *Halluzinationen.* Beispielsweise werden Stimmen gehört, die gar nicht da sind. Es handelt sich *nicht* um eine Persönlichkeitsspaltung, mit der Schizophrenie fälschlicherweise oft in Verbindung gebracht wird. Zwischen den einzelnen Krankheitsschüben kann es zu einer vollständigen *Remission* (Zurückbildung) der Symptome kommen.

In den Folgejahren wiederholte Rosenhan dieses Experiment mit sieben ebenfalls geistig gesunden Mitstreitern. Mit denselben Symptomen ließen sie sich in insgesamt zwölf Nervenkliniken einliefern. In der Klinik verhielten sich die Scheinpatienten völlig normal; sie äußerten keine Symptome mehr, berichteten den Mitarbeitern der Anstalt sogar bei jeder Gelegenheit, dass sie nun keine Stimmen mehr hörten, befolgten die Regeln des Anstaltslebens und nahmen zum Schein die verschriebenen Psychopharmaka ein. Die echten Klinikpatienten durchschauten die Täuschung relativ schnell und hielten die Testpersonen für Journalisten oder Professoren.

Die spannende Frage lautete: Wie lange würde es wohl dauern, bis die Psychiater den Schwindel entdecken und die falschen Kranken hochkant aus der Klinik werfen würden? Es wurde jedoch kein einziger Scheinpatient enttarnt. Im Durchschnitt wurden diese »Kranken« erst nach drei Wochen und mit einer psychiatrischen Diagnose entlassen. Während ihres Aufenthalts sollten sie 2.100 Tabletten schlucken. Darunter fanden sich die unterschiedlichsten Präparate, obwohl alle die gleichen Symptome vorgebracht hatten. In einer Anstalt wurde Rosenhan sogar 52 Tage festgehalten.

Die Ergebnisse dieses Experiments sorgten für Aufregung in der Fachwelt. Damit nicht genug, Rosenhan stellte die Experten erneut auf die Probe. Er teilte den Mitarbeitern einer Klinik mit, in den kommenden drei Monaten mindestens einen Pseudopatienten vorbeizuschicken. Insgesamt 193 Patienten meldeten sich dort in diesem Zeitraum, wovon 41 als gesund diagnostiziert wurden. Das Problem: Rosenhan hatte keinen einzigen Pseudopatienten geschickt.

www.youtube.com/watch?v=j6bmZ8cVB4o

Das Experiment von Rosenhan in der Psychiatrie

Das Rosenhan-Experiment wirft kein gutes Licht auf die Psychiatrie. Nach der durch den Deutschen Bundestag veranlassten Psychiatrie-Enquete 1975 hat sich die psychiatrische Versorgung hierzulande sehr positiv verändert. Während die Kranken früher in psychiatrischen Großkliniken mit unpersönlichen Schlafsälen, vergitterten Fenstern und verschlossenen Türen auf der grünen Wiese dauerhaft weggesperrt wurden, verfügt heute jedes Kreiskrankenhaus wohnortnah über eine psychiatrische Abteilung mit kleinen Zimmern, vielfältigen Therapieangeboten; eine geschlossene Unterbringung ist nur mit richterlicher Genehmigung erlaubt. 2005 veröffentlichte die US-amerikanische Psychologin Lauren Slater eine Wiederholung des Rosenhan-Experiments und bestätigte damit die größere Vorsicht der Psychiater, es kam zu keiner Klinikeinweisung. Aber, das ist die Kehrseite des Fortschritts, es wurden großzügig Psychopharmaka verschrieben.

Doch wann handelt es sich denn nun um eine Krankheit oder psychische Störung? Früher war diese Frage ganz einfach zu beantworten: wenn eine Abweichung von der Norm vorlag. So war Homosexualität eine Krankheit, weil sie nicht der Norm entsprach. Homosexualität wurde in der Vergangenheit vonseiten der Gesellschaft somit angefeindet. Dem trug z.B. auch die Gesetzgebung Rechnung, indem sie sexuelle Handlungen unter gleichgeschlechtlichen Partnern unter Strafe stellte. Nach verschiedenen Änderungen wurde der entsprechende Paragraf 175 des deutschen Strafgesetzbuches erst 1994 gestrichen. Psychische Krankheiten werden im sogenannten ICD-Katalog (International Classification of Diseases) der Weltgesundheitsorganisation erfasst. In der bis 1992 gültigen Fassung der ICD wurde Homosexualität als Krankheit geführt. Gesellschaftliche Ächtung und psychiatrische Pathologisierung der Homosexualität gingen also lange Zeit Hand in Hand. Erst mit der Liberalisierung der Gesellschaft enttabuisierte auch die psychiatrische Wissenschaft die Homosexualität.

Heute haben nur 2 Prozent der Erwachsenen in Deutschland *keine* Karies – heißt das, dass diese Menschen krank sind, sie entsprechen eindeutig nicht der Norm? Es ist wohl mehr als nur die kleine Zahl, es muss etwas Bedrohliches dazukommen, damit wir etwas als Krankheit etikettieren. Häufig ist das der Fall, wenn die gesellschaftlichen Werte tangiert werden. Dann dient die Etikettierung eines Verhaltens als Krankheit dem Schutz gültiger Werte.

Wissenschaft gilt im Idealfall als objektive Instanz, die ihre Urteile auf rationaler Grundlage fällt. Psychiatrie ist die maßgebliche Wissenschaft für den Bereich der psychischen Störungen. Neben der ICD legt das Diagnostische und Statistische Manual Psychischer Störungen, kurz DSM, herausgegeben von der American Psychiatric Association, fest, was heute als psychische Erkrankung gilt. Die Definitionen anhand von Symptombeschreibungen im DSM entscheiden weitgehend, ob die Krankenkasse die Kosten für eine Therapie übernimmt und ob ein Verbrecher vor Gericht für schuldunfähig erklärt werden kann. War früher noch eine Einteilung der psychischen Störungen in neurotische und psychotische Störungen üblich, wird in den aktuellen Fassungen der Diagnosesysteme auf diese Begriffe verzichtet. Hatte man früher psychotische Störungen ursächlich als primär biologisch interpretiert und neurotische Störungen für psychogen gehalten, kann man diese Zuordnung nun nicht mehr aufrechterhalten und geht generell von einer multifaktoriellen Bedingtheit aus.

Die Kernfrage nach der Grenze zwischen gesund und krank lässt sich somit bis heute nicht schlüssig beantworten. Psychische Erkrankungen sind eine Frage der Definition. Obwohl mit Diagnosemanualen und Therapieleitlinien Instrumente zur Erhöhung der Verlässlichkeit geschaffen wurden, deuten medizinische Fachleute bis heute mithilfe von Pharmaindustrie und Medien normales Verhalten in behandlungswürdiges Geschehen um und erfinden immer neue Seelenleiden.

Das *Sissi-Syndrom* gibt es erst seit 1998 und soll gekennzeichnet sein durch Depression, die jedoch überspielt werde, indem sich die Patienten als besonders aktiv und lebensbejahend gäben. Die Psychopharmakaindustrie zielt auf milde seelische Beeinträchtigungen, die einen möglichst großen Personenkreis betreffen. Aufmüpfigen Kindern z. B. wird *oppositionelles Trotzverhalten* bescheinigt. Trauer gilt als *Anpassungsstörung*. Aufgrund der finanziellen Verbindungen zwischen Psychiatern und Pharmaindustrie werden die Ärzte in ihren Diagnosen und Behandlungen beeinflusst. Da wundert es nicht, dass sich die Zahl der psychischen Erkrankungen in den letzten Jahren rasant erhöht hat.

Auch der Psychiater Michael Linden versuchte, ein seelisches Problem, auf das er gestoßen war, ins Diagnosesystem schreiben zu lassen. Er hatte es als ärztlicher Direktor des Reha-Zentrums Teltow auf dem Gebiet der früheren DDR zehn Jahre nach der Wiedervereinigung mit einer Welle von verbitterten Menschen zu tun bekommen. Viele von ihnen haben den Übergang in die neue Arbeitswelt nicht geschafft oder erfahren, dass z. B. ihr Partner sie bespitzelt hatte. Für Linden haben diese Patienten in kein bekanntes Schema gepasst. Sie wiesen Zeichen von Agoraphobie, aber auch von Depressionen und Persönlichkeitsstörungen auf. Linden betrat damit Neuland. Er beschrieb die Störung in einem eigenständigen Krankheitsbild als *posttraumatische Verbitterungsstörung* (PTED), die auf negative Lebensereignisse folge. Betroffen seien etwa 2 Prozent der Bevölkerung.

Linden reichte seinen Vorschlag für das neue Syndrom bei der Amerikanischen Psychiatrischen Gesellschaft ein. Sie überarbeitete nach fast 20 Jahren ihr geltendes Handbuch. Ein erlauchter Kreis von Psychiatern beschloss, was in der neuen, nunmehr fünften Auflage des DSM stehen sollte. DSM-5 erschien im Mai 2013. Unter den Fachleuten wurde heftig um Fragen der Anerkennung von Krankheiten im neuen Leitfaden gerungen. Damit können kleine Veränderungen der diagnostischen Kriterien eigentlich gesunde Menschen zu Patienten stempeln. Leidenszustände, die zu jeder persönlichen Entwicklung gehören, werden eventuell pathologisiert, Befindlichkeitsstörungen zur Krankheit erklärt. Gründe dafür gibt es viele; seien es ideologische bzw. religiöse Interessen oder lobbyistische Bemühungen für die Pharmaindustrie. Die posttraumatische Verbitterungsstörung aber hat es nicht ins DSM-5 geschafft. Sie wurde nicht als eigenständige Störung angesehen.

Viele der neuen Volkskrankheiten sind in Wahrheit nichts anderes als Wechselfälle des Lebens. Der Mensch ist dank seiner Anpassungsfähigkeit meist sogar in der Lage, schlimme Schicksalsschläge zu verarbeiten. Aber auch in den Medien hat es oft den Anschein, als könnte der Mensch heute kein Unglück ohne Traumatisierung bewältigen. Dabei sind glücklicherweise viele psychische Probleme nur von kurzer Dauer und verschwinden zumeist von allein.

Das Kind soll hier jedoch nicht mit dem Bad ausgeschüttet werden. Das moderne Leben fordert bei vielen Menschen Tribut, sodass sie es nur mithilfe des heute gut ausgebauten Beratungs- und Behandlungsangebots bewältigen (s. Kap. 19).

Sehr anschaulich wird uns die Problematik von »gesund versus krank« an der 22-jährigen Marlene vor Augen geführt. Da Trinken gesund ist, hatte sie sich angewöhnt, immer eine große Flasche Wasser mit sich zu tragen. Bald verbrauchte sie nicht nur die empfohlenen 2 Liter am

Tag, sondern es wurde eine »Sucht« oder ein »Zwang«, ständig trinken zu müssen – bis zu 5 Liter täglich. Dies fiel an ihrem Arbeitsplatz negativ auf, was jedoch noch keine Änderung bewirkte. Erst als es ihr körperlich schlechter ging, weil ihr übertriebenes Trinkverhalten ihren Elektrolythaushalt durcheinandergebracht hatte, suchte sie psychologische Unterstützung. Der banale Satz »Die Dosis macht das Gift« gilt also auch für das lebensnotwendige Wasser. Marlene musste lernen, weniger zu trinken, um wieder gesund zu werden.

Der subjektive Aspekt von Krankheit hängt nicht zuletzt auch mit dem Phänomen der *sich selbst erfüllenden Prophezeiung* zusammen: Wenn wir etwas erwarten, tragen wir unbewusst dazu bei, dass es eintritt. Deshalb muss heute in der Pharmaforschung immer auch die *Placebowirkung* untersucht werden: Was bewirkt ein Medikament wirklich und welche Wirkung ergibt sich nur aus dem Glauben an eine vermutete Wirkung? Die Placebowirkung findet auch statt, wenn man um dieses Phänomen weiß. Mit dem Glauben an die Genesung können wir die körperlichen Prozesse zur Überwindung der Erkrankung unterstützen.

Negative Suggestionseffekte werden im Zusammenhang mit Krankheit *Nocebos* genannt: Wir befürchten eine Wirkung, und sie tritt ein. Bei der Prüfungsangst befürchtet man z. B. ein Scheitern, man verkrampft sich dann, kann nicht mehr richtig denken und versagt wie erwartet. Nach der Lektüre eines Beipackzettels spüren viele Menschen die dort beschriebenen Nebenwirkungen plötzlich selbst – eine negative sich selbsterfüllende Prophezeiung. Dem kann man begegnen: So hat z. B. der Nachweis, dass Angst vor einer Operation hinterher die Heilung erschwert, dazu geführt, dass heute ausführliche Informationsgespräche zwischen Anästhesisten und Patienten geführt werden, um mögliche Ängste vor der Operation abzubauen.

Der Einfluss unserer Vorstellungskraft ist sehr bedeutsam für die Entstehung und Aufrechterhaltung von Krankheiten, wie man z. B. an der Körperdysmorphophobie erkennen kann. Es ist nicht ungewöhnlich, dass man vor allem in der Pubertät mit seinem Aussehen hadert. Das kann vor einer wichtig erscheinenden Verabredung in stundenlanges Umziehen und Schminken ausarten, ohne dass ein psychisches Problem vorliegt. Menschen mit einer Körperdysmorphophobie erleben sich jedoch grundsätzlich und unabhängig von einer besonderen Verabredung als entstellt, ohne dass Außenstehende einen Makel erkennen können. Damit verbunden sind Zwänge, sich vor Verlassen der Wohnung unter Umständen über Stunden mit der Beseitigung des angeblichen Makels zu beschäftigen. Weil dies nicht befriedigend gelingt, suchen die Betroffenen ihr Heil meist in einer Operation. Da es sich jedoch um ein psychisches Problem handelt, einen Makel in der eigenen Vorstellung, hilft eine Operation meistens nur kurze Zeit. Die Unsicherheit stellt sich bald danach wieder ein und nicht selten reiht sich Operation an Operation.

Fassen wir zusammen: Die psychiatrische wie auch die psychologische Wissenschaft sind keine herausgehobenen Instanzen, die mit letzter und unumstößlicher Berechtigung sagen können, welches Verhalten als krankhaft zu gelten hat. Es ist ökonomisch allerdings rentabel, viele Erlebens- und Verhaltensweisen als Krankheiten festzuschreiben und zu behandeln. Daher kann die Psychiatrie und auch die Psychotherapie psychische Störungen in eingeschränktem Rahmen als Kompetenzen auffassen – eine andere, positive Einordnung abweichenden Erlebens und Verhaltens.

Natürlich haben sich viele Diagnosen gestörten Verhaltens als pragmatisch erwiesen, um leidenden Patienten zu helfen. Wer z. B. beim Anblick einer entgegenkommenden Katze vor Panik in ein Auto rennt, hat deutlich zu großen Respekt vor Katzen und ist behandlungsbedürftig. Oder wer trotz guter Vorbereitung am Prüfungstag so aufgeregt ist, dass er den Prüfungsraum nicht findet, die Fragen nicht lesen kann und sich an nichts mehr erinnert, was er am Vortag noch zuverlässig gewusst hat, dem kann zu Recht eine Krankheit bescheinigt werden, die über eine übliche Prüfungsangst hinausgeht und eine spätere Wiederholung der Prüfung zulässt.

Damit haben wir ein entscheidendes Kriterium für die Behandlungsbedürftigkeit benannt. Es ist der Leidensdruck, das Gefühl, mit dem eigenen Verhalten und Erleben nicht mehr zurechtzukommen. Dieses Gefühl entsteht sozusagen aus dem Inneren des Patienten heraus und ist zuallererst nur ihm zugänglich. Trotz wissenschaftlicher Bemühungen um Objektivierung bei der Diagnose auch psychischer Erkrankungen bleiben Gesundheit und Krankheit ein subjektives Phänomen. Es gibt keinen gültigen Lehrsatz, der uns dazu veranlasst, psychische Krankheit auf eine bestimmte Art und Weise zu deuten. Was unsere Familie, was Gesellschaft und Wissenschaft über psychische Störung aussagen, kann nicht mit Recht objektive Gültigkeit beanspruchen.

Was bedeutet das dann für den Kranken? Er ist nicht zu einem bestimmten Umgang mit der eigenen Störung verdammt; er entscheidet, wie er mit seinem Leben und der Krankheit verfährt. Er kann sich entweder für eine negative Sichtweise entscheiden, die in der Störung etwas Unumstößliches sieht, ein Leiden, dem man sich nicht entziehen kann. Oder er kann der Krankheit positive Aspekte abgewinnen und sie als Ausgangspunkt und Durchgangsstation seiner Weiterentwicklung nutzen. Es kommt sozusagen darauf an, was man, wenn man von der Norm abweicht, aus seiner Störung macht. Viele bekannte Künstler, Schriftsteller und Philosophen der Vergangenheit litten an einer psychischen Krankheit. Von vielen Menschen, die produktiv mit ihrer psychischen Störung umgegangen sind, wissen wir nichts. Wir haben nur Zeugnis von denen, die in der Öffentlichkeit standen.

Ist eine psychische Störung nun ein Problem oder gar eine Kompetenz? Sie ist zunächst weder das eine noch das andere. Eine Erkrankung tritt plötzlich in unser Leben, und wir müssen uns ihr stellen. Wir können als Problem an ihr festhalten. Damit ergeben wir uns gleichsam in ein unabwendbares Schicksal und berauben uns jeglicher Weiterentwicklungsmöglichkeit. Oder wir können die Störung als Hinweis sehen, unsere innere Befindlichkeit ernst zu nehmen und an uns zu arbeiten.

Rückschläge und Leidenszeiten gehören zum Menschsein. Fast jeden erwischt es einmal. Produktiv gehen wir mit einer Störung um, wenn wir lernen, ihr etwas entgegenzusetzen; wenn wir uns nicht auf vergangene Lösungen versteifen, sondern neue Wege ausprobieren, mit unserer Befindlichkeit umzugehen.

Die Bedeutung von Beschwerden erkennen

- Inwiefern haben die Beschwerden mit Ihnen als Person zu tun?
- Lösen Sie sich vom direkten Leid, der unmittelbaren Beeinträchtigung.
- Begeben Sie sich auf eine Suche nach neuen Bewertungen, indem Sie sich an einem gänzlich anderen Ort, in einem höheren Alter, mit einem anderen Beruf und in einem anderen sozialen Rahmen vorstellen.
- Erkennen Sie aus anderen Perspektiven mögliche Vorteile und Chancen?

Psychische Störungen und ihre Verbreitung

Psychische Störungen sind weit verbreitet. Die Weltgesundheitsorganisation WHO geht davon aus, dass weltweit jeder vierte Patient daran leidet. Psychische Störungen sind derzeit die zweithäufigste Ursache für Krankschreibungen im Rahmen der gesetzlichen Krankenversicherung in Deutschland – wobei die Zahl der Krankheitstage durch psychische Störungen seit den 1990er-Jahren stetig gestiegen ist. Allerdings gibt es heute nicht mehr Betroffene als früher, sondern die Akzeptanz einer derartigen Diagnose ist durch *Entstigmatisierung* größer geworden wie auch die Bereitschaft von Ärzten, psychische Phänomene bei ihren Diagnosen zu berücksichtigen. Bei der Geschlechterverteilung zeigt sich folgende Häufung: Länderübergreifend sind vor der Pubertät Jungen häufiger von psychischen Störungen betroffen als Mädchen, ab der Pubertät werden hingegen Frauen häufiger psychisch krank als Männer.

Norbert kam auf Empfehlung eines Arztes zur Psychotherapie. Im Erstgespräch sagte der 26-Jährige jedoch kein einziges Wort. Es war eine seltsame Sitzung. Wie sehr ich mich als Therapeut auch bemühte, welche Gesprächsangebote ich auch machte, Norbert schwieg. Am Ende gab ich ihm einen Fragebogen zu seiner Lebensgeschichte mit, damit er zu Hause in Ruhe Antworten überlegen konnte. Später erfuhr ich, dass Norbert während dieses Gesprächs eine paranoide Phase durchlebt hatte und sich nicht vom Eindruck befreien konnte, dass der Therapeut mit allen anderen »unter einer Decke stecke«. Später hat er durch eine Kombination aus psychologischer Anleitung und antipsychotischer Medikation gute Fortschritte machen können. Er war sehr intelligent und hatte außergewöhnliche berufliche Perspektiven, war jedoch wenig belastbar. Er brauchte noch viel Zeit um zu akzeptieren, dass andere, die fachlich deutlich weniger auf dem Kasten hatten, ihn trotzdem auf der Karriereleiter überholten und die begehrteren Positionen erreichen konnten. Aber nur bei wenig Stress erlangte er psychische Stabilität.

Angemessen mit einer psychischen Erkrankung am Arbeitsplatz umgehen

- Obwohl viele betroffen sind, ist es heikel, eine psychische Erkrankung am Arbeitsplatz offenzulegen. Für ein gebrochenes Bein hat jeder Verständnis – aber gegenüber psychischer Erkrankung gibt es immer noch viele Vorurteile.
- Doch spätestens wenn die Belastung am Arbeitsplatz zu groß wird und eine akute Erkrankung droht, sollte ein betroffener Mitarbeiter das Gespräch mit seinem Vorgesetzten und eventuell betroffenen Kollegen suchen. Kann der Arbeitnehmer seine

Arbeitsbelastungen reduzieren, wird eventuell der Erkrankungsausbruch sogar verhindert.

- Details zur psychischen Erkrankung oder zur Diagnose sind in der Regel kein Thema. Hat der Chef, haben die Kollegen Verständnis? Letztlich muss jeder Kranke selbst entscheiden, wieweit er sich öffnen will, und abwägen, ob andere sein Vertrauen verdienen.
- Als Betroffener sollte man in »Ich-Botschaften« sprechen: »Ich muss momentan vorsichtig sein und aufpassen, dass ich mich nicht überfordere und mich überlaste.«
- Man muss jedoch auch darauf achten, dass man die Kollegen nicht überfordert. Ist man auf viel Rücksicht vom Team angewiesen, sollte man zum Ausdruck bringen, dass man die Hilfsbereitschaft erkennt, und sich z. B. für übernommene Mehrarbeit der Kollegen bedanken.

Angsterkrankungen

Mit am häufigsten unter den psychischen Erkrankungen sind Ängste. Man geht davon aus, dass im Laufe des Lebens jeder vierte Mensch einmal an einer Angsterkrankung leidet. Die Grenze zwischen normaler Angst und krankhafter Angst ist dabei fließend. Ein schüchternes Kind z. B. gilt eher noch als angenehm, aber bereits beim Jugendlichen erscheint zu große Zurückhaltung als unerwünscht.

Irene, 30 Jahre alt, lebte mit ihrer Familie in einem kleinen Ort. Aufgrund einer Panikstörung konnte sie seit einiger Zeit das Haus nicht mehr verlassen. Die Familie war dadurch in ihrem Alltag extrem belastet. In einer Angsttherapie wollte Irene lediglich erreichen, dass sie ohne Panikattacke wieder zum Einkaufen und zur Schule der Kinder gehen kann. Kaum hatte sie dies nach kurzer Intervention im Rahmen einer Verhaltenstherapie geschafft, wollte sie unbedingt zum Bodensee fahren können. Auch das war bald wieder möglich, wie sie dem Therapeuten mit einer Ansichtskarte bewies. Dass die eigenen Erwartungen an die Therapie schnell stiegen, zeigte Marlenes Text auf dieser Karte. Kaum hatte sie zum Ausdruck gebracht, wie schön ihr erster

Ausflug in die Ferne mit der Familie war, da formulierte sie auch schon den Wunsch, einmal nach New York fliegen zu wollen. Zwei Monate zuvor hätte sie ein solches Ansinnen als völlig illusorisch abgetan. War die nun eingestandene Angst vor dem Fliegen überhaupt noch ein Aspekt ihrer Erkrankung? Auch Flugangst lässt sich bewältigen, aber welche Grenzen wird Irene akzeptieren?

Bei einer Angstdiagnose kommt es ganz wesentlich auf das Ausmaß des erlebten Leidens und/oder der Beeinträchtigung an – wobei heute wohl viele Menschen weniger duldsam gegenüber Beeinträchtigungen sind. Außerdem haben sich auch die gesellschaftlichen Erwartungen verändert, so bestehen heute in fast allen Berufen hohe Anforderungen an kommunikative und soziale Kompetenzen, sodass ein gehemmter Mensch sehr schnell nicht mehr genügt.

> *Es sind nicht die Dinge, die uns beunruhigen, sondern die Meinungen, die wir von den Dingen haben.*
>
> (Epiktet, antiker Philosoph)

Schlafstörungen

Ein weit verbreitetes Übel unserer Zeit sind *Schlafstörungen*. Nach dem Gesundheitsreport der Deutschen Angestellten-Krankenkasse von 2017 sind 80 Prozent der Arbeitnehmer zwischen 16 und 65 Jahren davon betroffen. 2009 hatten nur 47 Prozent über Schlafprobleme geklagt. Gaben damals noch 52 Prozent an, gut zu schlafen, trifft das heute nur noch auf 20 Prozent der Arbeitnehmer zu. Diese Veränderungen geben sehr zu denken.

Schlafstörungen können viele Ursachen haben, aber als Massenphänomen haben sie sich aufgrund der gesellschaftlichen Bedingungen entwickelt. Der Schlaf hat zweifellos eine wichtige Funktion für Gesundheit und Wohlbefinden. Er setzt sich aus mehreren Phasen unterschiedlicher Schlaftiefe zusammen. Der Acht-Stunden-Normschlaf existiert eigentlich erst seit der Industrialisierung mit der damit einhergehenden Zeitökonomie. Bei indigenen Völkern ist es durchaus üblich, sich nachts – weil man eben wach wird – zu unterhalten. Dies geht jedoch nicht, wenn morgens der Wecker unbarmherzig klingelt.

Schlaf wird inzwischen nicht mehr als Bedürfnis wahrgenommen, sondern eher als notwendiges Übel. Wenn es dann nicht mehr klappt mit diesem wie ein urtümliches Relikt erscheinenden Schlaf, dann greift man eben zu den massenhaft verbreiteten Schlaftabletten. Besser wäre es, eine angemessene Haltung zum Schlaf einzunehmen. Schlaf hat mit Biorhythmus, Loslassen und Geschehenlassen zu tun, nicht mit Funktionieren. Guten Schlaf können wir nicht erzwingen, nur ermöglichen.

Burnout

Das heutige Leben kostet psychische Kraft. Die familiäre Einbettung und die natürlichen Ressourcen nehmen ab, die Flut von Reizen als schädlicher Dauerstress nimmt dagegen weiter zu. Sinkt die psychische Belastbarkeit, wächst sich das Gefühl von Erschöpfung in Verbindung mit menschlichen Enttäuschungen häufig zu einem Burnout aus. Dieses emotionale und psychische »Ausbrennen« kann bis zur Entfremdung von sich selbst und zum völligen Rückzug von anderen Menschen führen. Häufig schließen sich Depressionen und körperliche Erkrankungen an.

Sind Sie vom Ausbrennen bedroht? Beantworten Sie folgende Aussagen mit Ja oder Nein:

- Am Ende eines Arbeitstages fühle ich mich immer erledigt.
- Seit ich diese Arbeit mache, bin ich gleichgültiger gegenüber anderen Leuten.
- Ich befürchte, dass diese Arbeit mich emotional verhärtet.

- Ich habe immer öfter schlecht Laune.
- Ich glaube, ich strenge mich bei meiner Arbeit zu sehr an.
- Konflikte am Arbeitsplatz belasten mich zunehmend.
- Ich weiß nicht mehr weiter.
- Ich bin depressiven Menschen in vieler Hinsicht ähnlich.
- Probleme meiner Mitmenschen berühren mich nicht mehr, sie sind mir egal.
- Ich habe das Interesse an Freizeitaktivitäten verloren.
- Ich bin an mehreren Tagen in der Woche sehr unzufrieden mit dem, was ich erreicht habe.
- Ich bin in den letzten Wochen sehr verspannt.
- Ich will nur noch meine Ruhe.
- Arbeit ist für mich eine der wenigen Selbstwertquellen.
- Das Wochenende reicht nicht aus, um mich zu erholen.

Erkennen Sie sich in dem einen oder anderen Satz wieder? Falls Sie mehrere Fragen mit Ja beantwortet haben, könnte eine Beschäftigung mit dem Thema »Schutz vor Burnout« lohnenswert sein. Möglicherweise haben Sie Ihre berufliche Tätigkeit mit großem Enthusiasmus begonnen und erleben gegenwärtig persönliche Grenzen, erste Enttäuschungen und die Abnahme Ihrer Leistungsfähigkeit.

Auszubrennen bedeutet für die Betroffenen eine Erfahrung, die am Selbstwertgefühl nagt. Das Ausbrennen geschieht schleichend – ein solcher Prozess kann sich über Jahre hinziehen, ohne vom Betroffenen wahrgenommen zu werden.

Elisabeth wollte schon als Kind Krankenschwester werden. Voller Enthusiasmus begann sie ihre Ausbildung und setzte sich zunächst engagiert für mehr Menschlichkeit im Krankenhaus ein. Nach dem Examen hoffte sie, ihren glühenden Idealismus in die Pflege Schwerstkranker einbringen zu können. Ihr Freund Peter akzeptierte Elisabeths völliges Aufgehen im Beruf, war er doch selbst durch den Aufbau eines kleinen Geschäfts stark beansprucht. Elisabeth nahm immer mehr Anteil am Schicksal ihrer Patienten und benötigte all ihre Kraft für deren Pflege und die Strapazen des Schichtdienstes.

Während Peter bald die ersten Erfolge durch Aufträge und positive Rückmeldungen verbuchte, quälte Elisabeth sich zunehmend mit unabwendbarem Leid und Tod herum. Mürrische Patienten strapazierten ihr Nervenkostüm. Die Kritik von oben rieb sie zunehmend auf. Sie stellte sich selbst unbequeme Fragen: Warum stecke ich die Belastungen nicht so gut weg wie die anderen? Bin ich für diesen Beruf ungeeignet?
Es begann eine Flucht in die Routine. Elisabeth versuchte, die Zweifel zu verdrängen und erzwang medikamentös einige Stunden Schlaf. Sich selbst mochte sie immer weniger leiden und hasste ihre zynischen Bemerkungen, genauso wie die anschließenden Schuldgefühle. Obwohl ihr Körper Warnsignale aussandte und sie von Kreislaufstörungen sowie vermehrter Grippeanfälligkeit geplagt wurde, versuchte sie, diese Zeichen der Erschöpfung zu ignorieren und mobilisierte noch zusätzliche Kraftreserven. Doch auf einmal klappte sie ohne besonderen Grund zusammen. Es dauerte dann eineinhalb Jahre, bis Elisabeth wieder voll belastbar war.

Die 5 Phasen der Burnoutentwicklung

- **Enthusiasmus/Idealismus:**
  - »Es beginnt feurig«
  - Der brennende Start ins Berufsleben
- **Realismus/Pragmatismus:**
  - »Die Flamme brennt«
  - Die gesunde Bewältigung des Arbeitsalltags
- **Stagnation/Überdruss:**
  - »Der Funkenflug wird matter«
  - Die ersten Anhaltspunkte der Burnoutgefahr
- **Frustration/Depression:**
  - »Arbeiten auf Sparflamme«
  - Die Reduzierung der Arbeitskraft auf das Notwendigste
- **Apathie/Verzweiflung:**
  - »Die Glut verlischt«
  - Das Endstadium einer echten Lebenskrise

Werden die Signale des Burnouts frühzeitig erkannt, ist die Eskalation der Krise relativ einfach zu stoppen. Voraussetzung ist ein gesunder Umgang mit Leistung, also weder Über- noch Unterforderung, ein gutes Zeitmanagement sowie die Bereitschaft, die eigenen Bedürfnisse ernst zu nehmen.

Im fortgeschrittenen Stadium des Burnouts sollte professionelle Hilfe in Anspruch genommen werden. Ein erster Schritt sind entsprechende Kurse. Entspannungs- und Antistressgruppen, Selbstsicherheitstrainings sowie spezielle Burnoutseminare können helfen. Mit der beruflichen Supervision und dem persönlichen Coaching stehen neuere Ansätze fachlich kompetenter Unterstützung zur Verfügung – eine private Investition, die sich in höherer Lebensqualität auszahlt.

Grundsätze der Erholung nach Überlastung

Schaffen Sie eine gesunde Work-Life-Balance durch den individuellen Abgleich von Anforderungen und Ressourcen. Anstatt sich immer mehr aufzubürden, sollten Sie Ihre Grenzen akzeptieren:

- **Neue Glaubenssätze:**
  - »Ich darf auf mich aufpassen«
  - »Ein guter Arbeitnehmer ist ein gesunder Arbeitnehmer – deshalb muss ich auf meine Gesundheit Acht geben«
  - »Ich darf Nein sagen«
- **Entwicklung einer gesunden Haltung:**
  - »Ich leiste so viel, wie ich kann, akzeptiere und achte meine körperlichen und psychischen Grenzen und schütze mich, indem ich Dinge liegen lasse, die ich an einem Tag nicht schaffe«
- **Neues Freizeitverhalten:**
  - Weniger Events, weniger Ablenkung, mehr Erholung
  - Aktiv statt passiv
- **Arbeit-Freizeit-Rückzug-Balance:**
  - **Arbeit**
  - Frühzeitige Pausen
  - Weniger Multitasking, sondern achtsames Handeln
  - Abwechslung
  - Angemessene Herausforderungen
  - Identifikation mit eigenem Tun

- **Freizeit**
- Ausreichende Pausen in der Natur
- Bewegung
- Begegnungen
- **Persönlicher Freiraum**
- Rückzug
- Achten der persönlichen Bedürfnisse und des Biorhythmus
- Verfolgen eigener Ziele
- Freihalten: einen Tag der Woche für sich selbst

Positive Ereignisse beachten

- Stecken Sie sich z. B. morgens Bohnen in die linke Hosentasche. Bei jeder Freude im Laufe des Tages wandert eine Bohne von der linken in die rechte Tasche.
- Abends zählen Sie Ihre Bohnen in der rechten Tasche und erinnern sich des Schönen an diesem Tag.

Sie finden 2 Sekunden kurz? Dann klemmen Sie sich einmal 2 Sekunden lang den Finger in einer Tür ein, und Sie werden merken, wie lange 2 Sekunden sein können! In bestimmten Situationen scheint sich die Zeit zu dehnen.

Warum unter Stress die Zeit langsamer vergeht

Kline, Corwin und Stine von der Pennsylvania State University ließen 2003 in einem Experiment jeweils 20 Nichtraucher und Gewohnheitsraucher die Länge eines Zeitintervalls von 45 Sekunden schätzen. Die Raucher absolvierten zwei Durchgänge, einen mit ihrem gewohnten Rauchverhalten und einen zweiten, nachdem sie 24 Stunden lang nicht geraucht hatten. Die Schätzungen der Nichtraucher und Raucher vor der Abstinenzphase waren recht präzise und unterschieden sich nicht. Die Schätzgenauigkeit verschlechterte sich jedoch bei den Rauchern nach 24 Stunden ohne Zigaretten: Die Zeit dauerte nun für sie länger.

Andere Experimente zeigten, dass Musik die Wartezeit verkürzt, besonders wenn es sich um langsame Musik handelt. Genauso verhält es sich, wenn man bei angenehmer Temperatur wartet.

Adrenalin beschleunigt unsere »psychische Uhr«. Unter Stress hat man leicht den Eindruck, die Umwelt bewege sich in Zeitlupe, und man neigt dazu, die anderen auf Touren zu bringen. An einer roten Ampel zu warten, kann zum schier endlosen Martyrium werden, wenn man es eilig hat. Auch beim Fußballspiel erscheinen die letzten Minuten für die knapp führende Mannschaft und ihre Anhänger kaum vorüberzugehen.

Das Stresshormon Adrenalin

Adrenalin bezeichnet man auch als Stresshormon, weil es in Stresssituationen in der Nebenniere gebildet und ins Blut ausgeschüttet wird. Die Freisetzung von Adrenalin soll das Überleben sichern, denn es ermöglicht dem Körper, schnell an Energiereserven heranzukommen, um rasch fliehen oder auch kämpfen zu können. Adrenalin bewirkt, dass sich Blutdruck und Herzfrequenz erhöhen, während gleichzeitig die Bronchien erweitert werden und der Blutzuckerspiegel steigt. Adrenalin wird aber auch bei psychischer Belastung gebildet. Normalerweise wird es schnell wieder abgebaut; lässt jedoch der Stress nicht nach, wird es dauerhaft überproduziert und schadet dadurch dem Organismus.

Vor allem Sportler nutzen den Adrenalinstoß, um Höchstleistungen zu erzielen. Manche Menschen werden regelrecht süchtig danach. Der Drang nach dem Kick treibt sie zu ausgefallenen Hobbys und Sportarten wie etwa Bungee-Jumping oder Fallschirmspringen. Umgekehrt ist Sport wichtig, um Adrenalin abzubauen und dadurch den Hormonhaushalt auszugleichen.

Stress ist also ein ganz natürlicher Vorgang, mit dem sich der Körper an die Forderungen der Umwelt anpasst. Im modernen Leben haben sich die Auslöser verändert, doch das Nervensystem kann zwischen lebensbedrohlichen und anderen Stressoren nicht unterscheiden. Der Körper reagiert immer gleich und stellt die Energie für Flucht oder Angriff bereit, auch wenn es z. B. nur darum geht, mit Kritik am Arbeitsplatz fertigzuwerden.

Warum Stress das Denken beeinträchtigt

Aus einer Vernachlässigung von Grundbedürfnissen in den ersten Lebensjahren resultieren später dominante Verhaltensweisen in der sozialen Interaktion und ebenso Neigungen, die sich auf die körperliche Gesundheit auswirken. So wird der Umgang mit Stress schon in den ersten Lebensjahren u. a. aufgrund der frühen Bindungserfahrungen wesentlich geprägt.

Seit Ende der 1990er-Jahre werden an der Universität Magdeburg Stressreaktionen an Strauchratten von Katharina Braun hirnphysiologisch untersucht. Die hamsterähnlichen Nager sind perfekte Tiermodelle für soziales Verhalten. Die Eltern leben monogam und ziehen die Jungen gemeinsam auf. Kaum sind die Jungen auf der Welt, werden sie an der Universität Magdeburg für die experimentelle Erforschung dreimal am Tag von ihren Eltern und Geschwistern getrennt. Die unterbrochene Beziehung sorgt bei den Tieren für großen Stress. Sie laufen völlig orientierungslos umher und schreien, bis sie letztlich resignieren. Und genau da setzt der Versuch am Institut für Entwicklungsbiologie an. Welche Spuren hinterlässt dieser unangenehme Vorgang im Gehirn? Schon nach einer Stunde durften die Jungen wieder zur ihren Eltern und suchten sofort Wärme und Schutz. Dennoch griffen die negativen Erfahrungen in die Hirnentwicklung ein.

Die Forscher waren erschüttert, dass mit solchen doch relativ harmlosen Eingriffen schon bedeutsame Veränderungen im Gehirn nachzuweisen sind: Diese frühen traumatischen Erlebnisse haben starken Einfluss auf die Synapsen – also die Verschaltungen im Gehirn. Die kurze Trennung hinterließ bei den Tieren Narben in den für Emotionen, Lernen und Gedächtnis zuständigen Gehirnregionen. Diese veränderten den Aufbau des limbischen Systems, also der Schaltkreise, die für Verarbeitung und Steuerung emotionaler Verhaltensweisen sowie für Lernen und Gedächtnisbildung und somit für das emotionale Verhalten auch beim erwachsenen Tier verantwortlich sind.

Beeinträchtigungen durch Stress konnten 2009 auch Eduardo Dias-Ferreira und Nuno Sousa von der Universität in Braga (Portugal) nachweisen. Bei Futterexperimenten wurden Ratten durch wiederholten Druck auf den richtigen Knopf mit einem Nachtisch belohnt. Eine Gruppe von 28 dieser Versuchstiere wurde gestresst, indem die Versuchsleiter sie drei Wochen lang einmal täglich ins Wasser warfen, ihren Bewegungsraum einengten oder sie für 10 Minuten mit einem stärkeren Männchen zusammensteckten. Wie würden diese Tiere im Vergleich zu den Ratten, die keinen Stress erlebt hatten, im Futterexperiment abschneiden?

Das Ergebnis zeigte deutliche Unterschiede: Die Ratten im Dauerstress schnitten bei den Tests zunehmend schlechter ab als ihre ausgeglichenen Artgenossen. Sie lernten schlechter aus ihren Misserfolgen und drückten oft weiterhin die falschen Tasten, die einmal bei früheren Experimenten zum Ziel geführt hatten. Durch Stress wurden sie zu Gewohnheitstieren, die eine bekannte statt der in der jeweiligen Situation besten Lösung wählten.

Die Unterschiede zeigten sich auch im Gehirn. Bei den gestressten Ratten hatten sich Hirnbereiche zurückgebildet, von denen bekannt ist, dass sie an zielgerichtetem Denken und logischen Entscheidungen beteiligt sind. Dagegen hatte sich eine Hirnregion vergrößert, die typisch ist für die Ausbildung von Gewohnheiten und mechanischem Verhalten. Diese Ergebnisse bestätigen die Beobachtungen an Menschen.

Stress beeinträchtigt das Denken und führt zu Fehlentscheidungen. Statt die beste Lösung zu wählen, fallen wir auf gelernte Verhaltensmuster zurück, die früher gut funktioniert haben (s. Kap. 6).

Regression beschreibt einen zeitweiligen Rückzug auf eine frühere Stufe der Persönlichkeitsentwicklung mit einfacheren, primitiveren Reaktionen wie Trotz, Weinerlichkeit, Flucht in Krankheit, aber auch Fresslust usw. Regression geschieht überwiegend unbewusst und dient der Stabilisierung des psychischen Gleichgewichts. Sie kann auch als beinahe alltägliches, oft nur kurz andauerndes Verhalten angesehen werden, das den Menschen vor Selbstzweifeln und Zumutungen der Gegenwart zeitweise schützt und ihm eine Gelegenheit zum Durchatmen verschafft.

Warum Stress zum Zusammenbruch führen kann

Stressoren, also die äußeren Einflüsse, die den Stress auslösen, wirken individuell, denn Stress hat viel mit der eigenen Wahrnehmung zu tun. So kann Überforderung genauso Stress bewirken wie Unterforderung; Stress kann im Beruf wie in der Freizeit auftreten und kann Folge von Arbeitsplatzverlust oder Trennung vom Lebenspartner sein. Stress gehört zu unserem Leben, und deshalb ist *Stressbewältigung* – die Fähigkeit, die am Stressgeschehen beteiligten Körperreaktionen bewusst zu beeinflussen – heute so wichtig.

Oft ist es nicht möglich, das zu tun, was dem Körper angemessen wäre. Vor allem soziale Gründe hindern uns, Emotionen und Erregung auszuleben. Vom Körper freigesetzte Energie wird unterdrückt. So muss der Körper aber vom Vorhandensein einer Gefahrenquelle ausgehen und ständig weiter Stressbotenstoffe produzieren. Die Anpassung gelingt nicht, und eine normale und positive Körperreaktion verwandelt sich in einen zerstörerischen Mechanismus. Erst solcher Stress, *Disstress* genannt, macht krank.

Einer körperlichen Belastung, wie sie die Stressreaktion darstellt, muss naturgemäß die Entlastung, die Entspannung, folgen. Bleibt diese aus oder werden Stressreaktionen zu lange aufrechterhalten bzw. zu schnell nacheinander ausgelöst, kommt es zu einer Überlastung.

Eine Verschiebung im Hormonsystem bewirkt dann Störungen des vegetativen Nervensystems, Schädigungen von Kreislauf, Verdauungstrakt und Immunsystem sowie eine Schwächung des Atmungs- und Bewegungsapparates. Hinzu kommt die Unzufriedenheit mit uns selbst und den anderen, wenn wir nicht mehr so funktionieren, wie wir selbst und andere es erwarten. Gerade engagierte Menschen neigen zum Burnout als Folge von hohen Erwartungen und Überlastung.

Heike pflegte ihren Vater sehr verantwortungsvoll. Als es nach dem 90. Geburtstag langsam, aber deutlich dem Ende zuging, besuchte sie ihn täglich. Es gab kaum mehr etwas zu bereden, und medizinisch hatte sie längst alles abklären lassen. So hielt sie sich nicht mehr lange beim Vater auf, aber schaute abends sicherheitshalber kurz vorbei, um ihn vor der Nacht etwas zu beruhigen. Dann kam Heikes erstes Enkelkind auf die Welt. Heike wollte Schwieger- und Enkeltochter kurz nach der Geburt besuchen. Auf dem Weg ins Krankenhaus rief eine Abendschwester bei Heike an, um sich die Erlaubnis zu holen, den Vater ins Krankenhaus zu verlegen. Heike untersagte dies, wie es mit dem Vater vereinbart worden war. Stattdessen sollte die Pflegerin den Vater beruhigen, wie Heike es selbst immer wieder getan hatte. Heike fuhr weiter und besuchte ihre neue Enkelin. Kaum angekommen rief das Krankenhaus an, in das der Vater entgegen der Absprache eingeliefert worden war: Es sei damit zu rechnen, dass der Vater in der Nacht sterbe. Jetzt wollte Heike erst einmal bei der Enkelin bleiben, wies auch den dortigen Pfleger darauf hin, dem Vater gut zuzureden. Bei Bedarf sollte sich der Pfleger nochmals melden. Schließlich brach Heike dann doch auf, verabschiedete sich vom kleinen Enkelchen und entschloss sich, direkt ins Krankenhaus zum Vater zu fahren. Dort eingetroffen wurde ihr mitgeteilt, dass der Vater inzwischen verstorben war. Heike war sehr traurig, obwohl das Ende seit Langem absehbar war. Wochen und Monate nach der Beerdigung des Vaters haderte Heike noch immer mit ihrer Entscheidung, zuerst die Enkelin zu besuchen. Alles, was sie lange Zeit für den Vater getan hatte, geriet aufgrund dieser einzigen Fehlentscheidung in den Hintergrund. Wie war

es möglich, dass sie die Hinweise der Pflegerin und des Krankenhauses ignorieren konnte? Sie hatte versagt. Immer wieder musste sie an den Vater denken, der allein sterben musste und dem man auch noch die Tortur einer Verlegung ins Krankenhaus zugemutet hatte – nur weil Heike in diesem Moment nicht für ihn da war.
Heike musste akzeptieren, dass es nicht optimal gelaufen war, dass es jedoch durch Selbstvorwürfe nicht besser würde. Gerade weil sie versucht hatte, allen anderen gerecht zu werden, war für sie ein Dilemma entstanden. Weitere Selbstvorwürfe und Grübeleien hätten ihr gesundheitlich zugesetzt. Um ein Burnout zu vermeiden, musste sie wieder erkennen, wie wertvoll ihr Beistand für den Vater, für die anderen Familienangehörigen und für sie selbst gewesen war. Die schönen Momente, an die sich Heike nun wieder erinnerte, relativierten bald den nicht gelungenen Abschied. Es ging ihr wieder besser, nachdem sie sich mehr Zeit für sich selbst und den jeweiligen Augenblick eingeräumt hatte.

Drogen, gleichgültig ob Kaffee, Alkohol, Tabletten oder sonstiges, stellen nur Scheinlösungen dar, weil sie nur künstlich beruhigen oder aufputschen, nicht aber die natürliche Entspannungsreaktion des Körpers unterstützen.

Stressforscher vermuten, dass heute viele Menschen bereits von einem hohen Pegel an Stresshormonen abhängig sind; um sich wohlzufühlen, suchen sie ständig neue Herausforderungen und Reizquellen – eine schädliche »Selbsttherapie« gegen Frust und Langeweile.

Entspannung hilft gegen Stress

Entspannung ist eine natürliche Reaktion und jeder Mensch ist dazu von Geburt an in der Lage. Im Laufe der Entwicklung wird diese Fähigkeit jedoch vernachlässigt, sodass viele Menschen im Erwachsenenalter Probleme haben, abzuschalten und zur Ruhe zu kommen.

Als »Wohlfühlhormon« ist *Serotonin* bekannt, es ist ein wichtiger Botenstoff des Körpers bei der Übertragung von

Signalen im Gehirn, aber auch im Herz-Kreislauf- oder im Darmnervensystem. Serotonin wird ein entscheidender Einfluss auf die Stimmung zugeschrieben. Es gehört zu den Botenstoffen, die für die Entstehung und Behandlung psychischer Erkrankungen eine wichtige Rolle spielen. Es wirkt stimmungsaufhellend, entspannend und dämpft eine Stressantwort des Körpers ab. Warum machen Schokolade und Sport glücklich? Beides steigert die Serotoninproduktion im Gehirn.

Spezielle *Entspannungsmethoden* können helfen, die verschütteten Fähigkeiten zur Regeneration wieder aufzufrischen. Es gibt eine Vielfalt solcher Entspannungsverfahren, z. B. Meditation oder Muskelentspannung, die ihre Wirkung über regelmäßige Anwendung entfalten. Wichtig bei der Auswahl ist daher, dass sie im Alltag umgesetzt werden können.

Grübeln ist keine gute Angewohnheit bei Problemen und Stress, es raubt uns z. B. den Schlaf. Ein offenes Gespräch, Niederschreiben der eigenen Gedanken und Malen des Konflikts helfen hingegen bei der Klärung; Bewegung baut Stresshormone ab, und Achtsamkeit ist eine Grundhaltung zu mehr Gelassenheit.

Menschen befinden sich fast nie in der Gegenwart, sondern entweder mit ihren Gedanken in der Vergangenheit oder in der Zukunft. Das macht das menschliche Leben sehr anstrengend. Eine Methode, sich stressfreier im komplexen, modernen Leben zurechtzufinden, ist das Üben von *Achtsamkeit*. Achtsamkeit meint die Bündelung der Konzentration auf das Erleben des Augenblicks: Wenn Sie gerade zu Fuß unterwegs sind, dann richten Sie die Gedanken auf die Bewegung, auf die Atmung, auf Eindrücke der aktuellen Umgebung, alles ohne zu bewerten. Wichtig ist, die davoneilenden Gedanken immer wieder zurückzuholen zur Fokussierung des Augenblicks.

Mangel an Beziehungen verkürzt die Lebenserwartung

Gibt es eine Möglichkeit, das eigene Leben zu verlängern? Welche psychologisch relevanten Ursachen könnten zu einem längeren Leben beitragen?

Der amerikanische Wissenschaftler Stewart Wolf führte 1961 im amerikanischen Städtchen Roseto eine Studie durch. Es war aufgefallen, dass dort kaum einer der Bewohner unter 65 an einer Herzerkrankung litt. Die Todesrate sämtlicher untersuchten Krankheiten lag um 35 Prozent niedriger als im US-Landesdurchschnitt.

Das Geheimnis der Einwohner war ihr Sozialverhalten. Die Menschen in Roseto lebten in großer Harmonie, engagierten sich in Vereinen, spielten und feierten gemeinsam.

Die bei uns zunehmende Frühberentung aufgrund psychischer – nicht wie früher körperlicher – Beschwerden zeigt, dass viele Menschen anfälliger geworden sind. Nicht weil sie ungesund leben, sich falsch ernähren usw., sondern weil es in unserer Wohlstandsgesellschaft einen Mangel an Beziehungen gibt, die unseren Selbstwert bestätigen würden. Unser psychisches Immunsystem ist aufgrund mangelnder zwischenmenschlicher Nähe geschwächt (s. Kap. 20).

Naturerleben dämpft Stress und erhöht die Lebenserwartung

Eine wachsende Zahl von Psychologen untersucht, wie sich das Naturerleben und der Aufenthalt im Grünen auf die seelische und körperliche Gesundheit auswirken.

In den Tagen nach den Terroranschlägen vom 11. September 2001 registrierten die Verwaltungen der amerikanischen Nationalparks einen sprunghaften Anstieg der Besucherzahlen. Die Menschen dachten auf ihren Spaziergängen durch die Natur über das Geschehene nach.

Jolanda Maas vom EMGO Institute for Health and Care in Amsterdam analysierte mit ihren Kollegen medizinische Daten einer repräsentativen Stichprobe von rund 350.000 Niederländern. Durch ein geografisches Raster ließ sich der Anteil der Grünflächen um jeden Haushalt ermitteln. Ergebnis der 2009 veröffentlichten Untersuchung: Je grüner die Umgebung, desto seltener treten Herz-Kreislauf- und Lungenerkrankungen, Depressionen und Angststörungen auf.

Naturerleben dämpft Stress, die Nähe zum Grün erhöht sogar die Lebenserwartung, wie der Psychologe Stephen Kaplan von der University of Michigan in seinen Untersuchungen in den 1990er-Jahren zeigen konnte.

Kaplan und Kollegen schickten im Jahr 2008 40 Probanden eine Stunde lang spazieren. Als Routen standen entweder das verkehrsreiche Stadtzentrum oder der botanische Garten zur Auswahl. Mit einem Navigationsgerät überwachten die Forscher, dass die Versuchspersonen auf der vorgegebenen Strecke blieben. Vor und nach dem Spaziergang absolvierten die Teilnehmer verschiedene psychologische Tests. Es stellte sich heraus, dass die Parkbesucher hinterher nicht nur besser gelaunt waren, sie konnten sich auch besser konzentrieren. Nach dem Spaziergang merkten sie sich in einem Gedächtnistest durchschnittlich eineinhalb Zahlen mehr als davor. Die Stadtflaneure hatten sich nur um 0,5 Zahlen verbessert. Kaplan sieht darin einen Beleg für seine Theorie der *Aufmerksamkeitswiederherstellung*. Im Wald finden sich sanfte Reize, wie etwa raschelndes Laub oder Vogelgezwitscher, die es dem Gehirn erlauben, sich zu erholen. Dagegen lässt Reizüberflutung, z. B. durch Verkehrslärm, den Menschen ermüden.

Auch Psychologen der Universität Rochester führten 2009 verschiedene Experimente zu den Auswirkungen der

Natur auf unsere Psyche durch. Immer wieder bestätigte sich, dass uns Menschen der Kontakt mit der Natur guttut. Wir fühlen uns danach nicht nur wohler und sind leistungsfähiger, sogar der Egoismus nimmt ab, wir werden fürsorglicher. Tauchen wir wenige Minuten in die Natur ab, werden uns die Beziehungen zu anderen Menschen wichtiger, dagegen verlieren Reichtum und der eigene Ruf an Bedeutung. In den Experimenten hatte das Natur- bzw. Stadtsetting Auswirkungen auf das Verhalten der Probanden: So gaben die Forscher um Netta Weinstein ihren Teilnehmern im Experiment 5 Dollar, die sie entweder behalten oder an einen anonymen anderen Kandidaten weitergeben konnten. Dieser sollte daraufhin weitere 5 Dollar bekommen, die er dann dem »Spender« wieder zurückgeben oder behalten konnte. Die Versuchspersonen sollten also zum Vorteil eines anderen ihr Geld riskieren, ohne selbst etwas davon zu haben. Je intensiver sich eine Person zuvor auf die Umgebung von Naturbildern oder Pflanzen konzentriert hatte, desto bereitwilliger ging sie auf diesen Deal ein. Als Erklärung nahmen die Forscher an, dass Natur uns hilft, uns auf unseren Kern zu besinnen. Dazu gehört auch die Erfahrung, dass Menschen zum Überleben immer wieder auf andere Menschen angewiesen waren.

Unsere Psyche profitiert von der Natur, wir sollten sie im eigenen Interesse weniger stiefmütterlich behandeln und ihr in Stadtplanung und Architektur mehr Gewicht beimessen.

Stress in den Städten führt zu psychischen Erkrankungen

Weltweit ziehen immer mehr Menschen das Leben in der Stadt dem Leben auf dem Land vor. Studien legen jedoch nahe, dass das Stadtleben nicht nur Vorteile mit sich bringt: So erkranken Bewohner von Großstädten um etwa 40 Prozent häufiger an Depressionen. Angststörungen sind um rund 20 Prozent verbreiteter als auf dem Land.

Wie erklärt sich dieser Zusammenhang? Ein Forscherteam um Andreas Meyer-Lindenberg, Leiter des Zentralinstituts für Seelische Gesundheit in Mannheim, führte 2011 ein Stressexperiment durch. Die Probanden stammten aus unterschiedlichen Lebensräumen. So waren einige der Versuchsteilnehmer auf dem Land aufgewachsen, andere stammten aus Kleinstädten ab 10.000 und weitere aus Großstädten ab 100.000 Einwohnern.

Während die Versuchspersonen sich in einem Hirnscanner befanden, sollten sie unter Zeitdruck Denksportaufgaben bewältigen. Die funktionelle Magnetresonanztomografie ermittelte dabei das Maß der neuronalen Aktivität. Sie sollten entweder Kopfrechnen oder geometrische Probleme lösen, bei denen räumlich rotierte Figuren in Übereinstimmung zu bringen waren. Wissenschaftler im weißen Kittel übten als Autoritätspersonen Druck auf die Teilnehmer aus. Kopfschüttelnd forderten sie mehr Anstrengung, da sonst die Ergebnisse nicht verwendet werden könnten. Ein auf dem Bildschirm im Tomografen eingeblendeter »Leistungsmesser« suggerierte ihnen zusätzlich, im Vergleich zu den übrigen Probanden besonders schlecht abzuschneiden. Der Puls schnellte nach oben, Blutdruck- und Cortisolwerte belegten den Stress. Der Tomograf überprüfte währenddessen die Aktivität der *Amygdala*, den Gefahrensensor des Gehirns.

Würden sich Unterschiede feststellen lassen, was die Stressreaktion der Städter und der Landbewohner betraf? Das Ergebnis fiel verblüffend eindeutig aus: Während der Gefahrensensor der Dorfbewohner durch die Stresssituation kaum zu beeindrucken war, regte er sich bei Kleinstädtern schon etwas mehr. Eindeutig die höchste Aktivität zeigte die Amygdala tatsächlich bei den Großstädtern.

Interessant ist dieses Ergebnis vor allem, weil eine dauerhaft erhöhte Aktivität der Amygdala eine wichtige Rolle bei Depressionen und Angsterkrankungen spielt. Damit liegt nahe: Die erhöhte Stressbelastung in den Städten stellt eine Ursache für das häufigere Vorkommen psychischer Erkrankungen im urbanen Raum dar.

Ein wenig beachteter, dennoch sehr bedeutsamer Stressor ist die zunehmende Mobilität. Dabei werden die ökonomischen Faktoren bei der Entscheidung für einen Umzug gegenüber den psychischen meist überbewertet. Denn an die materiellen Verbesserungen infolge einer Veränderung gewöhnen sich die Menschen sehr schnell, das höhere Gehalt ist bald selbstverständlich, dagegen leiden sie viel länger an den Stresssymptomen und psychischen Folgen wie Entwurzelung und Vereinsamung aufgrund zerstörter sozialer Bindungen. Soziale Integration wird nur allmählich aufgebaut, aber sehr schnell zerstört.

Mobilität, Verstädterung und andere Faktoren schaffen insgesamt Bedingungen, die eine Zunahme von Stresssymptomen bei objektiv weniger Belastungen und Bedrohungen – weniger Arbeitsstunden und lang anhaltende Friedensperiode – erklären können. Unsere heutigen Lebensbedingungen schwächen offenbar unsere Widerstandskraft (s. Kap. 20).

Wie verbreitet sind Stress und Burnout in Deutschland?

Laut einer Studie der Techniker Krankenkasse (TK) von 2016 empfinden 6 von 10 Deutschen ihr Leben als stressreich, jeder Vierte steht unter Dauerdruck. Bereits jeder Fünfte leidet unter gesundheitlichen Stressfolgen. Fast 61 Prozent sind der Meinung, ihr Leben sei in den zurückliegenden drei Jahren noch stressender geworden.

Stressfaktor Nummer eins ist demnach der Job, doch auch eigene Ansprüche an sich selbst und viele Freizeittermine führen vermehrt zu psychischen Belastungen. Hauptgrund für Stress am Arbeitsplatz ist die Arbeitsmenge und der Termindruck. 43 Prozent der Befragten fühlten sich oft erschöpft und verbraucht.

Dies schlägt sich auch in hohen Fehlzeiten nieder: Über das gesamte Jahr fehlten rund 40.000 Arbeitskräfte im Büro oder an der Werkbank, weil sie sich ausgebrannt fühlten.

Laut der Studie leiden Menschen unter Dauerdruck mehr als doppelt so häufig unter einer Herz-Kreislauf-Erkrankung wie wenig Gestresste – die häufigste Todesursache in Deutschland. Auch Rücken- und Kopfschmerzen, Infekte, psychische Probleme und Schlafstörungen treten demnach umso häufiger und stärker auf, je größer die Stressbelastung ist.

Stress verfolgt viele auch im Urlaub: Besonders junge Arbeitnehmer, jeder fünfte im Alter zwischen 33 und 44 Jahren, können laut einer Studie der Deutschen Angestellten-Krankenkasse von 2013 im Urlaub nicht abschalten und sich nicht gut erholen.

Stressbewältigung: Möglichkeiten zur Selbsthilfe

Übungen zur Stressbewältigung sollten zum Alltag gehören. Reservieren Sie täglich etwas Zeit dafür. Dabei tut Unterstützung gut. In der Gruppe fällt es viel leichter, regelmäßig zu trainieren und die Übungen über längere Zeit durchzuhalten – gönnen Sie sich immer wieder einen Gruppenkurs zur Entspannung.

Rahmenbedingungen für Entspannungsübungen

Nehmen Sie sich ausreichend Zeit, sodass Sie Ihre Übung ungestört durchführen und zu Ende bringen können. Die Zeitdauer hängt von der Art der Übung ab, natürliche Absenkungsphasen des Körpers dauern zwischen 10 und 30 Minuten; der Erholungseffekt hängt vor allem von der Länge der Entspannung ab, sodass Sie also besser 30 bis 45 Minuten einplanen sollten.

Die Raumtemperatur sollte angenehm warm sein, ggf. eine Decke zum Zudecken verwenden. Der Raum braucht nicht abgedunkelt zu sein, das Licht sollte aber nicht blenden. Die Kleidung sollte gelockert und eine Brille abgelegt werden.

Die Übungen können im Sitzen oder Liegen durchgeführt werden; wichtig ist eine bequeme Körperhaltung, die auch über die ganze Zeit der Übungen aufrechterhalten werden kann. Die Anleitung sollte durch regelmäßiges Praktizieren allmählich von innen heraus erfolgen, kann aber in der Übungsphase durch eine Tonträgeraufnahme erleichtert werden.

Am Wichtigsten ist es, Störungen möglichst auszuschließen, also anderen Bescheid zu sagen, einen Zettel vor die Tür zu hängen, das Telefon abzuschalten usw.

Das Erlernen der Entspannungsreaktion wird erleichtert, wenn die Entspannungsübungen zunächst möglichst immer auf die gleiche Weise und in der gleichen Haltung durchgeführt werden (*Reizkontrolle*). Später wird dann ein Abwandeln und Übertragen auf verschiedene Situationen speziell geübt.

Wer nach der Entspannungsübung nicht schlafen möchte, muss die Entspannungsreaktion zurücknehmen, um den Körper und das Bewusstsein wieder zu aktivieren. Diese Rücknahme fördert ebenfalls die Reizkontrolle, also dass Entspannung in der beabsichtigten Zeit besser gelingt, man sich aber in einer anderen Situation nicht ungewollt entspannt. Sie können die Rücknahme einleiten, indem Sie innerlich rückwärts zählen, etwa von 5 bis 1. Wichtig ist, dass Sie sich räkeln und strecken bis Sie wirklich wach sind, dann öffnen Sie die Augen und werden aktiv, verlassen also die Entspannungssituation bewusst.

Übung

Muskelkurzentspannung

Augen schließen und den ganzen Körper kräftig anspannen, bis die Armmuskulatur leicht zu zittern beginnt, dabei ruhig und regelmäßig atmen.
Dann loslassen, die Muskulatur wird schlaff, die Atmung wird langsam; einen Moment lang das Gefühl der Schwere und Wärme in den Armen genießen, bevor die Augen geöffnet werden.
Spüren Sie nun, wie die Atmung ruhiger wird und wie Sie mit jedem Atemzug etwas lockerer werden und sich entspannen … lassen Sie es einfach geschehen …
Entspannen Sie Ihre Stirn und Ihre Augen, Zunge, Lippen und Wangen …
Entspannen Sie den Nacken, Schultern und Arme – bis in die Fingerspitzen …
Atmen Sie ruhig und regelmäßig in den Bauch … lassen Sie die Entspannung in den Bauch strömen …
Entspannen Sie auch Ihren Unterkörper, die Beine und Füße – bis in die Zehenspitzen …
Atmen Sie ruhig und regelmäßig und spüren Sie, wie Sie sich mit jedem Atemzug tiefer und tiefer entspannen …

Mentale Übungen helfen, neue Verhaltensweisen zu festigen, sodass sie auch in schwierigen Situationen besser gelingen.

Übung

Mentale Entspannung

Stellen Sie sich selbst in Ihrem gewöhnlichen Tagesablauf vor. Sehen und spüren Sie sich in einer anstrengenden Szene Ihres Tages, spüren Sie die Spannung in sich … und stellen Sie sich dann vor, wie Sie diese Anspannung mit einer Entspannungsübung lösen und sich besser, ruhiger fühlen …
Stellen Sie sich nun eine Szene vor, in der Sie sich bewegen und angespannt sind … und wie Sie auch hier wieder Spannung und Unruhe »wegnehmen« …

Sehen Sie sich innerlich, wie sie schreiben und dabei angespannt sind … und wie Sie wieder die Spannung loslassen …
Jetzt stellen Sie sich vor, wie Sie Tätigkeiten beenden, spüren Sie Ihre Anstrengung … dann machen Sie die Kurzentspannung, Muskeln lockern, der Atmung folgen …
Sie sehen sich in einer nächsten Szene, wie Sie warten müssen. Ungeduld beginnt in Ihnen aufzusteigen … Es ist Ihnen möglich, die Augen zu schließen und die Zeit mit einer Atemmeditation zu füllen und Ruhe zu erleben …
Sie spüren Druck aufgrund eines Vorhabens … sehen Sie sich nun, wie Sie davon etwas Abstand nehmen, einen Teil davon verschieben, sich für die übrigen Vorhaben mehr Zeit einräumen und ruhiger werden …
Stellen Sie sich vor, dass Sie gleich Autofahren werden … Sie setzen sich bewusst auf den Fahrersitz, lassen den Körper locker zusammensinken, atmen tief aus, bevor Sie sich langsam anschnallen und ruhig anfahren …
Sie sehen sich wieder warten, können die Augen nicht schließen … Zählen Sie dieses Mal Ihre ruhigen Atemzüge und finden Sie über das Begleiten des Atems wieder etwas Erholung …
Es ist Feierabend … Sie nehmen sich etwas Zeit für sich. Sehen Sie sich, wie Sie die Entspannungshaltung einnehmen und ca. 10 Minuten eine Entspannungsübung durchführen … Sie beenden die Übung und fühlen sich frischer und ruhiger als vorher …
Nun sehen Sie sich, wie Sie Ihren Tag ausklingen lassen … Sie haben heute viel geleistet, aber auch Gutes für sich selbst getan … Sie dürfen jetzt mit sich und der Welt zufrieden sein … Alle Sorgen, alle Probleme verstauen Sie bis zum nächsten Tag in einer Kiste und schließen diese ab … Sie spüren Ruhe und Gelassenheit.

Warten – die Qualen des modernen Lebens

Vielen Menschen fällt es heute schwer, auf etwas zu warten ohne unruhig zu werden, sei es, dass der Bus sich verspätet oder sich eine Schlange an der Supermarktkasse gebildet hat. Wir haben uns das Effizienzdenken so angewöhnt, dass wir glauben, ständig hohes Tempo an den Tag legen zu müssen. Ein Moment des Wartens ist dann schwer zu ertragen. Das muss nicht so sein. Wenn unser Zug 10 Minuten Verspätung hat, sind wir sehr verärgert. In Afrika kann es passieren, dass der Zug 26 Stunden Verspätung hat: Die Reisenden müssen dann auf dem Bahnhof übernachten, es könnte ja sein, dass er jeden Moment einfährt. Kommt er schließlich mit 26 Stunden Verspätung an, freuen sich alle. Auch wir können wieder lernen, umzuschalten. Nutzen Sie Wartezeiten bewusst als einen Moment zum Innehalten, heißen Sie die Gelegenheit zur erholsamen Pause willkommen, statt sich zu ärgern.

Übung

Wartezeit als Pausenzeit nutzen

Tauchen Sie in ein inneres Bild mit allen Sinnen ein: Stellen Sie sich z. B. vor, Sie sind am Meer und hören sanfte Wellen, die im Einklang mit Ihrem Atemrhythmus am Strand auslaufen, Sie riechen und schmecken die feuchte Luft, angereichert mit Salz und Algen, Sie spüren den Wind auf Ihrer Haut, Salz und Sandkrümel sind enthalten, die Haare wehen; ab und zu donnern brechende Wellen gegen Felsen, oder kreischende Möwen stürzen sich ins Getümmel. Wenn Sie ein solches Bild innerlich lebendig empfinden, verankern Sie dieses Empfinden mit einer Berührung z. B. von Daumen und Zeigefinger Ihrer dominanten Hand. Die beiden Finger bilden einen Ring, bis Sie das innere Bild wieder auflösen. Wenn Sie diese Vorstellung einige Male intensiv geübt und verankert haben, hilft Ihnen dieser Anker dabei, dieses Bild in einer Alltagssituation, z. B. beim Warten auf den Zug oder vor einer Ampel, wieder zu aktivieren. Sie schließen dafür Ihren »Fingerring«, fokussieren Ihren Atem und lassen das innere Bild lebendig werden, bis die Wartezeit vorbei ist und Sie die beiden Finger wieder lösen. Sie achten also nicht auf das Ereignis, auf das Sie warten, sondern nutzen diese Zeit, die Sie nicht beeinflussen können, als Geschenk für eine angenehme Pause.

Sie haben keine Zeit? Wie kann das sein, Sie haben doch genauso viel Zeit wie alle anderen? Oder entsteht das Gefühl, keine Zeit zu haben, weil Sie zu viel in der gegebenen Zeit unterbringen möchten? Dann sollten Sie Ihre Prioritäten überprüfen, damit Sie besser mit Ihrer Zeit auskommen.

Müßiggang – Ruhephasen für das Gehirn

Müßiggang ist ein entspannter und von Pflichten freier Zeitvertreib. Es geht nicht um Erholung von Stress oder Anstrengung, sondern um reines Nichtstun, eventuell in Verbindung mit leichten vergnüglichen Tätigkeiten.

Müßiggang besitzt in der Leistungsgesellschaft im Gegensatz zu Muße eine negative Konnotation. Ausdruck davon ist das Sprichwort »Müßiggang ist aller Laster Anfang«.

Zwar haben wir jede Menge an Freizeit gewonnen, aber mit dem Müßiggang tun wir uns nach wie vor schwer. In Zeiten der ständigen Erreichbarkeit sind Ruhe und Müßiggang sogar besonders gefährdet. Noch ist uns der Sonntag wie ein Relikt aus früherer Zeit »heilig«, jedenfalls bleiben die Geschäfte meist geschlossen, und es kehrt damit tatsächlich Ruhe ein – besonders morgens. Denn viele wollen heute sonntags vor allem ausschlafen und entspannen. Aber tut uns das wirklich gut? Eine Studie aus dem Jahr 2010 des chinesisch-amerikanischen Verhaltenswissenschaftlers Christopher Hsee von der Universität von Chicago meint: nein. Demnach sehnen wir uns zwar instinktiv nach Müßiggang – fühlen uns aber wohler, wenn wir etwas zu tun haben.

Die Wissenschaftler um Hsee organisierten zur Untersuchung dieser Frage zwei Experimente: Im ersten hatten 98 Studenten die Wahl, einen Fragebogen entweder an einen

Ort zu bringen, der 15 Minuten entfernt lag, oder sie konnten ihn beim Versuchslabor abliefern und die nächsten 15 Minuten warten. Als Belohnung wartete im ersten Teil des Experiments an jedem der beiden Orte derselbe Schokoladenriegel auf die Teilnehmer. In diesem Fall entschieden sich 68 Prozent der Studenten für die zweite Option – sie gingen lieber nur ein paar Schritte und nahmen die Wartezeit in Kauf.

Im zweiten Teil dieses Experiments gab es am 15 Minuten entfernt gelegenen Ort jedoch einen besonders leckeren Schokoriegel. Und siehe da: Nun wählten 59 Prozent der Teilnehmer freiwillig den 15-minütigen Fußmarsch. Eigentlich waren die Studenten von Natur aus bequem. Doch wenn man ihnen einen kleinen Anreiz und damit einen Grund bot, entschieden sie sich eher für die »geschäftige« Option.

Im Anschluss wollte Hsee von den Teilnehmern wissen, wie sie sich während des Versuchs gefühlt hatten: Die Studenten, die den Spaziergang gewählt hatten, fühlten sich wesentlich glücklicher als diejenigen, die zwar nur einen kurzen Weg zurückgelegt hatten, dafür aber 15 Minuten mit Nichtstun zubringen mussten.

In einem weiteren Experiment sollten die Studenten ihre Meinung zu einem Armband abgeben. Vorher gab man der einen Gruppe 15 Minuten Zeit, einfach dazusitzen. Die anderen durften die 15 Minuten dafür nutzen, die Glieder des Armbands nach ihrem Geschmack umzugestalten – ein Zwang bestand aber nicht. Wieder war das Resultat dasselbe: Wer sich 15 Minuten lang mit dem Armband beschäftigte, war glücklicher als die Gruppe der Nichtstuer.

Die Studie zeigt, dass wir uns schwer damit tun, nichts zu tun. Wir haben offenbar verlernt, uns mit uns selbst zu beschäftigen.

Viele Menschen streben eine frühe Berentung an, weil sie glauben, dann endlich Zeit zu haben. Doch mit der Berentung erleben nicht wenige die Zeit dann als Problem. Bei ihnen kommt Angst vor der Leere auf – was tun mit der vielen Zeit? Zeitfresser werden gebraucht, neue Projekte oder weite Reisen helfen vorübergehend.

Müßiggang galt in der Antike als höchste kulturelle Errungenschaft. Im Laufe der Jahrhunderte wurde er von der Arbeit aus dem Alltag verdrängt. Zwar war gepflegter Müßiggang stets dem Adel vorbehalten, aber auch die einfachen Leute waren dank der naturnahen Lebensweise und deren Zyklen der Inaktivität – sei es bei Dunkelheit oder im Winter – damit vertraut. Heute wünschen sich viele Menschen eine Rückkehr zu weniger Umtriebigkeit im Leben. Wer nichts tut, ist allerdings mit seinen Gedanken ganz allein. Davor fürchten sich nicht wenige Menschen. Nichtstun empfinden die meisten keineswegs als besonders angenehm.

Darauf deuten auch die Ergebnisse einer Studie von Forschern um den US-amerikanischen Psychologen Timothy Wilson von der University of Virginia hin. In einer Serie von mehreren Experimenten bis 2015 bekamen Probanden die simple Aufgabe, sich in einem schmucklosen Raum auf einen Stuhl zu setzen und ein paar Minuten nur den eigenen Gedanken nachzuhängen. Persönliche Gegenstände wie Handys, Bücher oder Schreibutensilien, die als Ablenkung hätten dienen können, mussten die Versuchsteilnehmer vorher abgegeben. Bei einer anschließenden Befragung offenbarte sich, dass die meisten Probanden das Nichtstun nicht sonderlich genossen hatten. Zudem gaben viele von ihnen an, Schwierigkeiten dabei gehabt zu haben, ihre Gedanken auf ein bestimmtes Thema zu fokussieren. Stattdessen wanderte ihr Geist immer wieder umher, obwohl es eigentlich nichts in dem Zimmer gab, was sie hätte ablenken können.

In ihren eigenen vier Wänden fiel es den Teilnehmern noch viel schwerer, sich für kurze Zeit nur mit ihren Gedanken zu beschäftigen.

Wie weit würden Menschen gehen, um sich von der Beschäftigung mit den eigenen Gedanken zu befreien? Um das herauszufinden, spitzten die Forscher den Versuch noch weiter zu und ließen Probanden die Wahl, sich während des Nichtstuns per Knopfdruck selbst unangenehme Elektroschocks zu verpassen. Und tatsächlich: Etwa ein Viertel der weiblichen und sogar zwei Drittel der männlichen Versuchsteilnehmer drückten innerhalb von 15 Minuten mindestens einmal den Knopf! Dabei hatten die Probanden zuvor alle bereits testweise einen solchen Stromstoß bekommen und angegeben, dass sie lieber 5 Dollar zahlen würden, als diese Erfahrung noch einmal zu machen.

Ohne Übung in Meditations- oder Achtsamkeitstechniken gelingt es den meisten Menschen offenbar nicht mehr, ihre Gedanken länger zu fokussieren. Vermutlich haben sich mobile Technologien wie Smartphones oder Tablets auch deshalb durchgesetzt, weil Menschen heute ständig den Drang verspüren, immer etwas zu tun haben zu müssen.

In der Hirnforschung werden Probanden häufig zur Ermittlung eines Kontrollmaßes gebeten, nichts zu tun. Man könnte erwarten, dass die Hirntätigkeit dabei im Vergleich zu Aktivitätsphasen abnimmt. Doch das Gegenteil tritt ein: Nach der Aufforderung zum Nichtstun steigt in bestimmten Hirnregionen die Aktivität sogar sprunghaft an. Das *Leerlaufnetzwerk* wird aktiv, wenn man die Gedanken schweifen lässt. In diesem Zustand kann sich das Gehirn mit sich selbst beschäftigen, da es keine Informationen von außen verarbeiten muss.

Wenn Ruhephasen notwendig fürs Gehirn und wohltuend für die Gesundheit sind, warum haben wir dann nicht mehr davon? Drei Hürden stellen sich dem Müßiggänger heute in den Weg:

1. Das Effizienzdenken: Wir versuchen, die Zeit immer maximal zu nutzen. Müßiggang erscheint unproduktiv,

galt früher gar als sündhaft. Wenn schon Freizeit, dann muss sie richtig erholsam sein, oder es muss richtig krachen. Kommt kurz Langeweile auf, flüchten wir zum nächsten Event.

2. Das Umfeld: Stress ist allgegenwärtig und wird in der westlichen Gesellschaft positiv bewertet. Wer von gehetzten Menschen umgeben ist, die zwar über Reizüberflutung klagen, aber trotzdem die ganze Zeit online sind, kann nicht auf einmal nichts tun und verlernt die Fähigkeit zum Müßiggang.
3. Unser Wohlstand: Er bietet schier unendliche Möglichkeiten des Konsums und der Freizeit. Vielem zu entsagen ist anstrengend und die erforderliche Selbstkontrolle ist endlich. Der Gewinn durch eine Entscheidung wiegt oft nicht den Frust aufgrund der entgangenen Möglichkeiten auf. Wer zwischen einer kaum zu überschauenden Zahl von Fernsehkanälen, Brillenfassungen oder Marmeladen wählen muss, gewinnt nicht an Freiheit – wie die Werbung suggeriert –, sondern erhöht seinen Stresspegel. Kurioserweise versuchen wir diesen Frust oft mit just demselben Mittel zu bekämpfen, das ihn uns beschert hat: mit weiterem Konsum.

Wer Müßiggang sucht, kommt nicht daran vorbei, mit der zerstörerischen Neigung des Immermehr, bei der Arbeit, in der Freizeit wie beim Konsum, zu brechen. Wir müssen wieder lernen, dass Pausen, Schlaf und Nichtstun wertvoll sind. Die Voraussetzung dafür ist eine neue Einstellung, die uns befähigt, uns von den vielen verschiedenen Angeboten nicht verführen zu lassen.

Warum finden selbst reflektierte Menschen oft nicht das Gleichgewicht zwischen An- und Überforderungen, wie viele Beispiele berühmter Personen belegen? Das psychische Gleichgewicht muss jeder für sich selbst und immer wieder neu finden.

Mit der Einführung der Armbanduhr wissen wir ständig, wie spät es ist, aber wir kommen zunehmend in Zeitnot. Wir werden immer mehr durch Maschinen entlastet, haben wesentlich mehr Freizeit, dennoch fühlen wir uns immer mehr getrieben, empfinden den Alltag als hektisch. In einer Eventkultur gibt es ständig Ablenkungen, man möchte nichts versäumen, versäumt aber gerade dadurch die Befriedigung der inneren Zeit- und Bedürfnisstruktur.

Übung

Imaginative Entspannung

Die Natur gibt uns immer wieder die Gelegenheit, uns zu erfrischen und Kraft zu schöpfen.
Schließen Sie die Augen und setzen Sie sich bequem hin.
Stellen Sie sich einen kleinen Bach vor. Sehen Sie sein Wasser, das kühl und klar über kleine und große Steine fließt, hier und da ein Stück Treibholz mitführend … Sie folgen dem Bach … Er fließt durch sanfte Wiesen, mäandernd in Kurven, mal breiter, dann wieder in engem Bett. Manchmal können Sie das Wasser gluckern hören. Bemerken Sie auch den frischen Geruch des Grases?
Und allmählich kann Ihr Bewusstsein sich mit dem fließenden Wasser verbinden und mit dem Bach auf seine Reise durch die Landschaft gehen. Und während Sie so mit dem Bach mitfließen, erleben Sie, was es heißt, sich treiben zu lassen …
Wenn Sie möchten, kehren Sie in Ihrem eigenen angenehmen Tempo mit Ihrer Aufmerksamkeit dann wieder zurück in die reale Gegenwart.

Welches ist das richtige Lebenstempo?

- Überprüfen Sie immer wieder, welches Ihr gewohntes Tempo ist und wie viel Kraft Sie automatisch für Ihr Tun anwenden. Beeilen Sie sich, obwohl Sie Zeit haben? Halten Sie Ihre Zahnbürste wie eine Axt?
- Dann schalten Sie um und gönnen Sie sich etwas Zeit ohne Druck: Jetzt müssen Sie nichts beweisen, nichts optimieren – jetzt gilt es, loszulassen.

- Planen Sie Phasen des Nichtstuns in Ihren Alltag regelmäßig ein und lassen Sie sich an Pausen als Zeitinseln z. B. von einer App erinnern. Grenzen Sie diese Ruhephase klar ab, z. B. indem Sie die Zimmertür schließen.
- Suchen Sie sich ein Bild, das Sie in einen Ruhemodus führt, z. B. eine Hängematte unter einem Baum, eine tiefenentspannte Katze oder die Bank neben einem plätschernden Bach.

Weshalb sollten wir zu Fuß gehen?

Wir fühlen uns wohl, wenn wir stimuliert werden. Zu viele Reize sollten es dann aber auch nicht sein. Zufußgehen geschieht in einem Tempo, bei dem die dabei gebotenen Veränderungen immer im Wohlfühlbereich bleiben.

- Zufußgehen spricht alle Sinne an und ermöglicht eine körperlich-geistige Aktivierung trotz geringen Aufwands: niedriges Tempo, kaum besondere Maßnahmen erforderlich (kein Radaufpumpen, kein Tanken, keine Joggingkleidung …)
- Zufußgehen gibt uns Stimulation, ermöglicht uns gleichzeitig Kontrolle, sodass Reizüberflutung vermieden werden kann. Man kann und soll sein Tempo selbst bestimmen. Man kann den Bärlauchgeruch bewusst aufnehmen, dem Kuckuck zuhören und dem Bussard zusehen, wie er seine Kreise zieht. Das für große Städte typische hohe Tempo wird abgebremst.
- Zufußgehen erfordert kaum Anstrengung, wenig Konzentration. Wie beim Dösen ergibt sich ein unangestrengtes Tun: Man kann Gedanken nachhängen, es bieten sich aber genügend Anregungen, um sich davon zu lösen und achtsam beim Gehen zu verweilen. Durch Achtsamkeit stellt sich sowohl Entspannung als auch Kreativität ein. Deshalb ist man danach auch leistungsfähiger, besonders nach einem Aufenthalt in der Natur.

- Zufußgehen ermöglicht angenehme Überraschungen, setzt Botenstoffe wie Dopamin und Serotonin frei und bewirkt kleine Glücksempfindungen. Es sind die ungeplanten Zufallsereignisse, das Auftauchen eines blühenden Busches, einer sprudelnden Quelle, eines Feuersalamanders, der Anblick eines besonderen Sonnenaufgangs, der Ausblick auf eine Landschaftsformation, die überraschende Begegnung mit einem Bekannten oder das angenehme Gespräch mit dem Herrchen eines Hundes, die das Glücksempfinden bewirken.
- Zufußgehen ermöglicht die kürzesten Verbindungen. Man kommt zu Fuß weiter, als die meisten Menschen denken. Mit allen anderen Arten der Fortbewegung sind Umwege und Wartezeiten verbunden, die Zeitverluste bedeuten.
- Haben wir eine Anhöhe erreicht, die wir uns zum Ziel gewählt haben, empfinden wir Befriedigung. Zudem sehen wir alles aus einer neuen Perspektive; sie verschafft uns einerseits Distanz zu den alltäglichen Verstrickungen und andererseits einen Zugang zu kreativem, lösungsorientierten Denken.
- Marathonwanderungen mit 50 bis 70 Kilometern an einem Tag schließlich bieten die Chance zu einer neuen Sicht auf sich selbst. Jeder hat bestimmte Überzeugungen von sich, was er kann, was zu viel ist usw. Macht man sich allein auf den Weg, bestätigt man sich diese inneren Limitierungen immer wieder. Also z. B. 25 bis 30 Kilometer sind das Maximum. Nach 30 Kilometern ist man rechtschaffen müde und hört auf. In der Gruppe hat jedoch jeder den toten Punkt an anderer Stelle, und so wird man von den anderen mitgezogen und erlebt, dass man viel weiter gehen kann. Hat man anfangs noch gedacht »Das schaffe ich nicht«, ist man am Abend erfüllt von Stolz auf die vollbrachte Leistung. Blickt man zurück, wo man am Morgen gestartet ist und welche

Strecke man absolviert hat, dann erkennt man mit Staunen, wozu der eigene Körper in der Lage ist. Man hat seine vermutete Grenze überschritten und erkennt die Bedeutung der Motivation für das eigene Verhalten.

Die eigenen Grenzen sind oft psychologische Konstruktionen, die durch neue Erfahrungen verschoben werden können. Dafür benötigt man keine teuren Ausrüstungen oder Veranstaltungen. Das Zufußgehen ist im Allgemeinen eine uns jederzeit zugängliche Ressource für Körper, Geist und Seele.

13 Ängste – weglaufen zwecklos

Angst liefert uns die bei Gefahr notwendige Energie für schnelles Handeln. Der Organismus wird hormonell und physiologisch so umgestellt, dass er besonders reaktionsstark wird. Im Zustand der Angst weiten sich unsere Pupillen, die Aufmerksamkeit wird geschärft. Den Muskeln wird zusätzliche Energie zur Verfügung gestellt, Herzschlag und Blutdruck erhöhen sich. Angst setzt den Körper in Alarmbereitschaft und ist wie Stress im Allgemeinen eine bewältigbare Erfahrung. Angst im Kleinkindalter und häufiges Erleben von ängstigenden Situationen wirken sich jedoch auf die Hirnentwicklung ungünstig aus. Häufige Angst stellt wie chronischer Stress eine *allostatische Last* dar, die den Körper strapaziert. Das heißt, es kommt zu dauerhaften Sollwertverschiebungen, z. B. beim Blutdruck.

Wer dauerhaft mit Angstsituationen konfrontiert wird, z. B. Kinder bei gewalttätigen Eltern, lernt auch diesen Zustand durch *Habituation*, d. h. Gewöhnung an den Angstreiz, weniger stark zu empfinden, was man als Abstumpfung bezeichnen kann.

Auch unterschwellige Angst beeinflusst unser Verhalten: Eine Untersuchung von Michael Luck an der Universität Rostock im Jahr 2014 weist darauf hin, dass wir selbst am Supermarktregal unseren Freiraum brauchen; entsteht dort ein Engegefühl, gehen wir weiter oder greifen schnell zum erstbesten Angebot.

Angstforscher gehen davon aus, dass 17 Millionen Menschen in den deutschsprachigen Ländern von einer Angsterkrankung betroffen sind und 25 Prozent der Weltbevölkerung wenigstens einmal in ihrem Leben darunter leiden. Da Angst eine natürliche Reaktion des Körpers ist, fällt die Abgrenzung zur Angststörung oft nicht leicht.

Wichtig für die Beurteilung ist das Kriterium der Belastung, also wie sehr ein Mensch unter der Angst leidet. Dabei kommt es auf Intensität, Dauer und Häufigkeit der körperlichen Reaktionen an, wie Herzklopfen, Schwindel, Schweißausbrüche, Mundtrockenheit, Übelkeit, und wie sehr sie das Leben des Betroffenen beeinträchtigen. Frauen leiden doppelt so häufig unter Ängsten wie Männer. Das hängt sicherlich auch mit den Geschlechterrollen zusammen: Vom Mann wird immer noch mehr Tapferkeit erwartet. Aber Hormonunterschiede sind wohl ebenso dafür verantwortlich. Möglicherweise spielt auch die Tatsache eine Rolle, dass Frauen deutlich öfter Opfer von sexuellen Gewalttaten werden – sie sind jedoch nicht generell mehr Gewalt ausgesetzt.

Angst ist also eine natürliche Reaktion mit genetischer Grundlage, die das Überleben sichert. Bei manchen Ängsten, z. B. Angst vor Spinnen, ist jedoch nur eine ererbte Lernbereitschaft angelegt, d. h., wir sind darauf vorbereitet, eine solche Angst besonders schnell zu lernen, z. B. durch einmalige Beobachtung eines ängstlichen Angehörigen. Überhaupt spielt Modell-Lernen bei Angst eine große Rolle. Beobachten wir ängstliches Verhalten bei unseren Vorbildern, steckt die Angstempfindung uns an, und es wird wahrscheinlicher, dass wir dieses Verhalten übernehmen. Das Lernen der Angst bezieht sich nicht nur auf den spezifischen Reiz, sondern auch auf den Kontext, in dem er auftritt. Diesen Kontext speichern wir zusätzlich zum Angstreiz. Informationen zum Kontext ermöglichen es, dass wir unterschiedlich reagieren, also z. B. nur vor einem Schäferhund erschrecken und nicht vor anderen Hunden. Wie und wann sich Angst zeigt, ist oft kulturell beeinflusst.

Wie Ängste heute viele Lebensbereiche dominieren

Es gibt Ängste, die nicht mit einer realen Gefahr in Zusammenhang stehen. Die *Versagensangst* z.B. blockiert das Denkvermögen und fördert so das gefürchtete Scheitern – eine sich selbst erfüllende Prophezeiung. Die *Sozialphobie* hingegen überhöht andere Menschen. Bei einem Vergleich mit anderen kann ein Sozialphobiker also nicht mithalten, er kann den eigenen Ansprüchen nicht entsprechen und wird daher eine an ihn gestellte Aufgabe erst gar nicht angehen. Rückzug und soziale Isolation sind vorprogrammiert. Daher meinte der Philosoph Georg Wilhelm Friedrich Hegel, »daß die Furcht zu irren, der Irrtum selbst ist«.

Angst dominiert heute viele Lebensbereiche, besonders auch die Erziehung. Kinder werden ständig beschützt, es darf ihnen nichts mehr passieren. Schlittenfahren mit Helm ist keine Seltenheit, spezieller Fallschutz auf normierten Spielplätzen Pflicht. Kein Kind darf heute noch Wasser aus einer Quelle oder einem Dorfbrunnen trinken. Seine Mutter wird das daneben angebrachte Schild »Kein Trinkwasser« lesen und das Kind warnen. Alle Gefährdungen werden geistig vorweggenommen und dem Kind als unausweichliche Realität suggeriert. Statt Kinder zu ermutigen, wird ihnen Angst gemacht. Überbehütung aus unangebrachter, ja konstruierter Angst schadet Kindern, da ihr natürliches Neugierverhalten von Anfang an unterdrückt wird.

Als Erwachsene müssen diese zu Angstexperten erzogenen Menschen nicht kämpfen, denn sie haben es bestens verinnerlicht, Kontrolle auszuüben, indem sie andere ängstigen. Was könnte ein Partner dagegen ausrichten? Nichts, er wird dem »Angstterror« in der Beziehung Tribut zollen und alles unterlassen, was ängstlich stimmen könnte.

Auch die Medien und die Justiz sind vom »Angstvirus« infiziert. War z.B. ein Mensch in einen Unfall verwickelt, wird sofort davon ausgegangen, dass er ein Trauma erlitten hat. Die Fähigkeit, selbstständig mit Schicksalsschlägen fertig zu werden, wird dem modernen Menschen nicht mehr zugetraut. So werden Menschen schwächer dargestellt, als sie eigentlich sind.

Um uns von Ängsten zu befreien, müssen wir unser Denken ändern. Dies geht mit Dissonanzen und Spannungen einher, ist also sehr aufwendig. Wem gelingt dieser Prozess? Nicht sehr vielen, wie die hohe Zahl an Angsterkrankungen in unserer Gesellschaft zeigt. Dennoch ist es der richtige Weg. Als Belohnung ergeben sich danach viele neue Möglichkeiten.

> *Durch das Korrigieren falscher Überzeugungen lassen sich übertriebene Reaktionen mäßigen.*
>
> (Aaron Beck, Kognitiver Verhaltenstherapeut)

Wir haben die Wahl, Ängste auch manchmal auszuhalten

Im Tierreich kennen wir Jäger und Gejagte. Beide haben keine Wahl: Jäger, wie Löwen oder Wölfe, müssen jagen, um zu überleben. Ihre Opfer, z. B. Gnus oder Rehe, verfügen über eine erhöhte Aufmerksamkeit gegenüber drohenden Gefahren und sind ggf. dazu fähig, in der Herde gemeinsam zu flüchten. Dennoch haben Gejagte kein Problem mit ihrer Ängstlichkeit und Wehrlosigkeit, denn es geht nicht um individuellen Erfolg, sondern um das Überleben der Gruppe. Und dabei schneiden die Gejagten besser ab als die Jäger.

So einfach ist es bei uns Menschen nicht, denn wir haben eine Wahl. Wir können uns entscheiden, der Angst standzuhalten oder vor ihr wegzulaufen. Zwar mobilisiert auch unser Angstnetzwerk im Gehirn den Körper bei Gefahren, damit wir so schnell wie möglich den Kampf aufnehmen oder die Flucht ergreifen können. Diese Angstreaktion ist sehr effektiv, sie hat sich schon bei unseren Vorfahren bewährt und in der Evolution durchgesetzt. Jedoch sind wir nicht festgelegt, Jäger oder Gejagter sein zu müssen – oder wie wir es für uns eher formulieren: Held oder Feigling.

Die Psychologie hat mit vielen wissenschaftlichen Experimenten dazu beigetragen, dass wir Ängste heute besser verstehen. Wir wissen, dass sie durch das Vermeiden von unangenehmen Situationen aufrechterhalten werden. Also besteht der beste Umgang mit unseren Ängsten darin, sich erreichbare Ziele zu setzen, auf dem Weg dahin die Ängste auszuhalten und an den sich ergebenden Erfahrungen zu wachsen. Das von der Natur weitgehend entfremdete moderne Leben in Großstädten mit geringer sozialer Vernetzung stellt jedoch für viele Menschen eine Überforderung dar und macht anfällig für Zukunftsängste. Psychotherapie kann hier unterstützend wirken. Aber auch sie ist darauf angewiesen, dass sich der Patient seiner Angst stellt, überfordernde Ziele durch angemessene ersetzt und das bequeme Vermeidungsverhalten entschlossen überwindet.

Die Freiheit, sowohl »Held« als auch »Feigling« sein zu können, erfordert zwar, Ängste auch manchmal aushalten zu müssen. Diese Freiheit ermöglicht es dem Menschen jedoch auch, immer wieder die jeweils beste Lösung für eine angstauslösende Situation zu finden.

Wie Angst entsteht und bestehen bleibt

Die Angstreaktion selbst ist angeboren, sie muss nicht gelernt werden, denn sie ist für das Überleben absolut notwendig. Die meisten Auslöser für Angstreaktionen sind dagegen durch *Nachahmung* oder aufgrund von *klassischer*

Konditionierung erworben. Gelernte Ängste könnten wieder »verlernt« werden. Oft verhindert jedoch Vermeidungsverhalten, das selbst wiederum durch *operante Konditionierung* verstärkt wird, dass es zu einer *Habituation*, einer angstreduzierenden Gewöhnung und allmählich zu einer *Löschung* kommt (s. Kap. 2).

Oft versuchen Menschen, Angstgefühle schon im Vorfeld zu umgehen. Kurzfristig bringt diese Methode die ersehnte Erleichterung. Langfristig aber wird damit die Furcht sogar noch verstärkt. Eine Angst vor der Angst entsteht, die den Betroffenen an der Teilnahme am sozialen und beruflichen Leben hindern kann. Um Ängste gezielt zu bekämpfen, ist es notwendig, dass wir lernen, uns der Angst zu stellen.

In vielen Fällen hilft es, den Betroffenen unter Anleitung mit den ängstigenden Reizen zu konfrontieren. Merkt der Patient, dass die Angst nicht ins Endlose steigt, sondern nach einiger Zeit sogar abfällt, weil eine Gewöhnung an den Angstreiz stattfindet (Habituation), gewinnt er mehr und mehr emotionale Sicherheit (Abb. 13-1). Seine Angsterwartung lässt mit zunehmender Erfahrung der Bewältigung dauerhaft nach. Angsterlebnisse hinterlassen in unserem Gehirn Spuren. Die Sensibilisierung des Patienten für die Angstsituation geht mit einem Ausbau der dafür zuständigen Nervenverbindungen im Gehirn einher. Durch den Lernprozess der Bewältigung werden andere Nervenverbindungen stärker, das Angstnetzwerk wird wieder reduziert, und die Angst wird weniger wahrscheinlich. Sie scheint »gelöscht«, kann aber sehr leicht, eventuell durch ein einziges negatives Erlebnis, wieder aktualisiert werden.

Der Psychiater Gregor Hasler von der Universität Zürich und der Psychologe Christian Grillon vom U.S. Department of Health and Human Services, Washington, D.C., verglichen 2007 in einem Experiment die Verar-

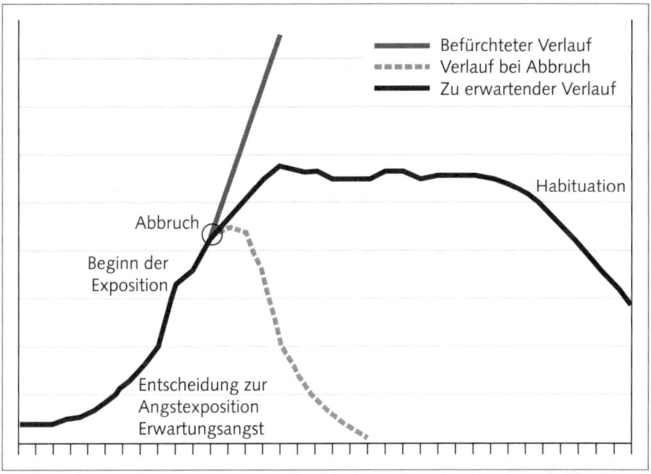

Abb. 13-1 Angstabbau durch Exposition

beitung bekannter und unbekannter Risiken. Als Risiko wählten sie Stromschläge in der Stärke von Weidezäunen. Die Probanden der ersten Untersuchungsgruppe wussten, dass sie einen elektrischen Schlag bekommen würden, der von einem roten Licht angekündigt würde. Die zweite Gruppe wurde dahingehend informiert, dass ein Stromschlag nicht auszuschließen sei, dass aber auch nichts Unangenehmes passieren könne. Das Stresssystem im Gehirn der ersten Gruppe war nur leicht erregt. Deutlich mehr Angst zeigte sich in der zweiten Gruppe. Bei Ungewissheit stieg der gefühlte Stress an, und das Gehirn reagierte besonders in Hirnregionen, die für Aufmerksamkeit und Vernetzung von Sinneseindrücken zuständig sind. Das Gehirn schien unter dieser Bedingung die Umgebung ständig nach Bedrohungssignalen abzusuchen. Eine solch diffuse Angst strengt an und erschöpft den Organismus.

Bewältigungstechniken für Angst

Sofern es sich bei einer Angstempfindung nicht um die Reaktion auf eine Gefahr handelt, können die sieben folgenden Bewältigungstechniken den Betroffenen helfen, den Teufelskreis von Angstempfinden, Angstgedankengedanken und Angstvermeidung zu durchbrechen:

1. Kein Katastrophendenken, es werde schlimm enden. Gefahrenüberlegungen konsequent zu Ende denken und dabei erkennen, dass man sich nicht in ernste Gefahr begibt.
2. Kompetenzen für den Umgang mit der Angstsituation erlernen, sodass Vermeidung, Flucht oder Beziehungsterror unnötig werden.
3. Mental die zu bewältigende Angstsituation üben, indem man konkret alle Facetten der Situation und ihrer Bewältigung gedanklich durchläuft.
4. Sich der Angst stellen. Nicht gegen die Angst ankämpfen, sondern akzeptieren, dass die Angst im Moment da ist, aber allmählich von selbst schwächer werden wird.
5. Sich auf den aktuellen Augenblick und die jeweils gerade notwendige Aufgabe konzentrieren.
6. Sich bei jedem Schritt bestätigen, dass man es jetzt gerade richtig macht.
7. Sich ein ferneres Ziel überlegen. Da man dieses Ziel wichtig findet, wird man von der Fixierung auf das Angstempfinden abgelenkt und motiviert, die Übungen zur Angstbewältigung über einen längeren Zeitraum fortzusetzen, bis die frühere Sicherheit wieder hergestellt ist.

Übung

So schaffen Sie die Prüfung

Prüfungen sind immer mit einer gewissen Anspannung verbunden. Anspannung ist bis zu einem gewissen Ausmaß auch sinnvoll, da sie uns anregt und aktiviert. Steigert sich dieser gesunde Prüfungsbammel jedoch zu einer ausgewachsenen Prüfungsangst, kann dies zu einem echten Stolperstein werden.

Die Prüfungsangst äußert sich fatalerweise neben den allgemeinen Symptomen der Angst zusätzlich in einer »Denkblockade«. Alles, was man vor der Prüfung noch gewusst hat, ist auf einmal wie weggeblasen. Katastrophisierende Gedanken heizen die Angst immer weiter an. Physiologische Vorgänge erzeugen eine Wahrnehmungseinengung auf das Nichtbestehen der Prüfung, ähnlich wie das Kaninchen auf die Schlange starrt. Der Informationsfluss zum sachlichen Denken wird gestoppt, und es kommt zur Blockade.

- Zur Verhinderung einer Prüfungsblockade ist es notwendig, neben der allgemeinen Prüfungsvorbereitung auch die Angst in die Vorbereitung auf die Prüfung miteinzubeziehen. Der erste Schritt ist somit, sich selbst mit seiner Angst ernst zu nehmen, sich diese Ängste ein- und zuzugestehen.
- Im Vorfeld der Prüfung hilft es, den notwendigen Lernstoff in bewältigbare Einheiten einzuteilen. Aus einer alles überfordernden Gesamtmenge muss man möglichst schnell eine Struktur aus überschaubaren Lernbausteinen schaffen. Deren Erarbeitung sollte immer wieder mit einem Erfolgserlebnis abgeschlossen werden, an das man sich am Tag der Prüfung erinnern kann.
- In der Prüfungssituation selbst ist es wichtig, sich nicht von der aufkommenden Erregung überrollen zu lassen. Einfache Entspannungstechniken, wie ein paarmal in Ruhe tief durchatmen, oder Selbstsuggestionen, wie »Ich bleibe gelassen und konzentriere mich auf den nächsten Schritt«, schaffen Abstand zur Angst und halten den Kopf frei. Schon parallel zur Lernvorbereitung sollten solche Techniken eingeübt werden.
- Mit dem Näherrücken der Prüfung sollte mehrmals ein mentales Training des Prüfungsgeschehens durchgeführt werden. In der Vorstellung wird der Prüfungstag simuliert. Man stellt sich alle Details des Ablaufs genauestens vor, auch die aufkommende Angst und wie man mit ihr umgehen wird. Man muss sich immer wieder lebendig ausmalen, wie man Schritt für Schritt vorgeht, sich immer wieder auf die Aufgaben konzentriert, immer wieder aufs Neue hochkommende Angst durch Entspannen und angemessene Selbstsuggestionen neutralisiert. Das mentale Training sollte so oft wiederholt werden, bis sich die Besorgnis in ein Gefühl der Herausforderung verwandelt hat. Dann verbindet man mit dieser Veränderung ein körperliches Zeichen (Anker), z. B. ein Streicheln am Ohrläppchen, und die Erwartung eines realistischen Prüfungserfolgs. Diesen Anker kann man in der Prüfung immer wieder aktivieren und findet damit wieder zurück zu förderlichem Denken. So wird das Prüfungsergebnis optimal ausfallen.

Die posttraumatische Belastungsstörung

Opfer von Unfällen, Naturkatastrophen, (krimineller) Gewalt oder Folter werden oft körperlich und seelisch verletzt. Während die körperlichen Verletzungen meist behandelt werden, werden die psychischen Verletzungen manchmal von den Betroffenen und Helfern verkannt. Personen, die ein extrem belastendes Ereignis – ein sogenanntes *Trauma* – erlebt haben, berichten oft von Ängsten und Freudlosigkeit oder klagen über allgemeine Nervosität. Diese unspezifischen Symptome werden vielfach nicht als Folge der massiven psychischen Verletzung verstanden und nicht angemessen als posttraumatische Belastungsstörung diagnostiziert. Stattdessen werden Depressionen oder Angststörungen angenommen und Beruhigungsmittel verschrieben. Werden diese abgesetzt, kehren die posttraumatischen Symptome zurück.

Die Menschen, die unterschiedlichste traumatisierende Ereignisse erlebt haben, weisen trotz aller Unterschiede eine große Anzahl gemeinsamer Symptome auf. Viele Überlebende von Naturkatastrophen, Opfer krimineller Gewalttaten und politisch Inhaftierte leiden an einem Symptommuster, das geprägt ist von Schlaflosigkeit und Albträumen, von sozialem Rückzug und depressiver Interesselosigkeit, von extremer Reizbarkeit und übermäßiger Schreckhaftigkeit. Man unterteilt die zahlreichen Symptome der *posttraumatischen Belastungsstörung* in drei Hauptkategorien: Erinnerungssymptome, Vermeidungssymptome und Übererregungssymptome.

Erinnerungssymptome. Ständig wiederkehrende, ungewollte, belastende Erinnerungen stehen im Mittelpunkt des Störungsbildes. Das ehemals Erlebte geht vielen Traumatisierten fast ohne Unterlass durch den Kopf, viele machen sich auch noch selbst verantwortlich für das, was ihnen widerfahren ist. Sie können die Gedanken, Vorwürfe und Selbstvorwürfe nicht »abstellen«. Die Erinnerungen drängen sich ihnen immer wieder auf. Die überscharf festgehaltenen Erinnerungen neigen dazu, besonders vor dem Einschlafen mit qualvoller Gedächtnis- und Bildschärfe zurückzukehren.

Wie in den Erinnerungen tauchen oft auch in Träumen Sequenzen des traumatischen Ereignisses in überdeutlicher Klarheit auf, sodass die Personen schweißgebadet aufwachen. Manche traumatisierte Menschen erleben das Extremerlebnis aber nicht nur in Gedanken und Träumen wieder. Es kann vorkommen, dass sie plötzlich handeln oder fühlen, als ob sie das traumatische Ereignis erneut durchleben (*Flashback*). Intensives psychisches Leid erfahren traumatisierte Menschen auch dann, wenn sie mit Situationen konfrontiert werden, die sie an das traumatische Erlebnis erinnern.

Vermeidungssymptome. Um sich vor Belastungen durch die Erinnerungssymptome zu schützen, versuchen die Betroffenen oft bewusst und unbewusst, Gedanken und Situationen, die sie an das Erlebte erinnern, zu verdrängen und zu vermeiden. Häufig ist ein genereller sozialer Rückzug zu beobachten. Die traumatisierten Menschen nehmen Einladungen nicht an, geben Verpflichtungen und Hobbys abrupt auf. Überhaupt ist das Interesse an wichtigen Aktivitäten nach einem traumatischen Erlebnis häufig auffallend vermindert. Dinge, die vor dem Trauma noch für wichtig erachtet wurden, haben plötzlich für die Traumatisierten keine Bedeutung mehr. Die Fähigkeiten, Freude und Anteilnahme zu empfinden, sind häufig stark eingeschränkt. Die Gefühle sind abgestumpft. Häufig mangelt es an Energie und Ausdauer, Pläne für die Zukunft zu schmieden, die als überschattet erlebt wird.

Übererregungssymptome. Wer von Erinnerungen gequält wird, bildet eine innere Übererregung aus, die zu Schreckreaktionen und erhöhter Wachsamkeit, aber auch zu körperlichen Reaktionen, wie ständigem Zittern, führen kann. Häufig sind traumatisierte Menschen extrem reizbar und neigen zu Wutausbrüchen. Aufgrund der inneren Erregung wird das Ein- und Durchschlafen erschwert. Die ständige Übererregung führt oft zu körperlichen Beschwerden. Alkohol- und Medikamentenmissbrauch sind ebenfalls häufige Folgeerscheinungen.

Eine posttraumatische Belastungsstörung kann auch bei zuvor vollkommen gesunden Menschen auftreten, besonders wenn es sich um ein völlig unerwartetes, extrem belastendes Erlebnis handelt, wie bei dem 32-jährigen Richard, dessen Familie bei einem Verkehrsunfall ums Leben kam:
»Seit dem Unfall bin ich ein völlig anderer Mensch geworden. Abends liege ich im Bett und dann kommen diese Gedanken und Gefühle, und dann liege ich ewig wach. Ich habe jetzt einen Punkt erreicht, wo ich merke, es geht einfach nicht mehr weiter. Ich bin nervlich völlig am Ende. Meine Freunde versuchen immer wieder, mich aufzumuntern. Sie sagen, ich soll das jetzt vergessen und mir doch mal ein schönes Leben machen. Das tut unheimlich weh. Das schmerzt, weil ich mir das gar nicht mehr richtig vorstellen kann. Ich habe keine Hoffnung mehr. Ich muss immer an diesen Sonnabend zurückdenken. Und dann denke ich immer, dass ich diese Belastung jetzt bis zu meinem Tod ertragen muss.«

Behandlung der posttraumatischen Belastungsstörung

Die Vermeidung von allem, was an das traumatische Erlebnis erinnert, verhindert oft, dass traumatisierte Personen professionelle Hilfe aufsuchen. Während die posttraumatische Belastungsstörung unbehandelt häufig einen chronischen Verlauf nimmt, erweist sich die psychotherapeutische Behandlung in vielen Fällen als erfolgreich.

Die Patienten werden im Verlauf der Therapie aufgefordert, sich die traumatische Situation mit all ihren Gedanken, Gefühlen und Körperempfindungen so lebhaft wie möglich vorzustellen und sie mit Worten so zu beschreiben, als würde sie sich gerade ereignen. Dadurch können in der Behandlung auch die besonders belastenden Momente durchgearbeitet werden. Die wiederholte, fachlich angeleitete Auseinandersetzung mit den traumatischen Erinnerungen führt zu einem Nachlassen der posttraumatischen Symptome. Für diesen Prozess können unterschiedliche psychotherapeutische Vorgehensweisen gewählt bzw. kombiniert werden. Es hat sich bewährt, das Erzählte in jeder Sitzung aufzuschreiben und anschließend nochmals laut vorzulesen. Nach der Sitzung sollte das Thema ruhen, wobei Entspannungs- und Achtsamkeitsübungen helfen können. So wird allmählich wieder eine klare Reizkontrolle und damit eine Trennung zwischen Erinnerung und Gegenwart aufgebaut.

Wer sich seinen Ängsten stellt, wird erleben, dass sie sich verändern und nachlassen.

14 Sucht – wie kommt Abhängigkeit zustande?

Über Suchtmittel lässt sich trefflich streiten. Immer neue Drogen sollen uns zu gesteigertem Glücksempfinden und ausdauernder Euphorie verhelfen. Die Kehrseite ist häufig jedoch persönlicher Verfall, berufliches und soziales Elend. Mit Verboten und Polizeieinsätzen wird versucht, den Zugang zu bestimmten Suchtmitteln zu verhindern. Meist vergebens. Daher wird in manchen Ländern ein kontrollierter Gebrauch ermöglicht, um so wenigstens die Beschaffungskriminalität einzudämmen. Aber weshalb all dieser Aufwand, wo doch die Menschheit mit Alkohol, Tabak und anderen Rauschdrogen seit Jahrhunderten Erfahrungen hat?

Den angemessenen Umgang mit Drogen muss man lernen. Dies geschieht über Regeln der jeweiligen Kultur. Dass dies nicht ganz leicht ist, weiß jeder, der am Abend in angenehmer Gesellschaft mehr als üblich dem Alkohol zugesprochen hat und am nächsten Morgen mit Kopfweh geplagt ist. Dennoch lernen die Südeuropäer mit kräftigen Weinen zu leben, Afghanen bauen Mohn an, die Andenvölker kauen seit Jahrhunderten Kokablätter. Eine politische Ächtung erfolgte erst im 20. Jahrhundert. Der sogenannte Krieg gegen die Drogen begann in den 1970er-Jahren, nachdem die Studentenbewegung zunehmend auch diese in ihre Befreiungsideen einbezogen hatte. Inzwischen gelten die repressive Drogenpolitik und der weltweite Kampf gegen die Verbreitung von Drogen jedoch als gescheitert. Diese Politik hat die Beschaffungskosten in die Höhe getrieben und eine lukrative organisierte Kriminalität befördert. Rein rechtlich ist eine Sonderstellung der illegalen Drogen nicht plausibel, da der Drogenkonsument andere Menschen und die Gesellschaft insgesamt nicht generell schädigt. Menschen werden normalerweise nicht dafür bestraft, dass sie sich selbst Schaden zufügen oder einem Schadensrisiko aussetzen. Sonst müsste ganz anders gegen Alkohol vorgegangen werden. Viele Erfahrungen sprechen gegen die heutige Dämonisierung der verbreiteten illegalen Drogen. Als Opium noch legal war, blieb das Abhängigkeitsniveau stabil bei einem Prozent der Bevölkerung. Menschen, die zur Bekämpfung von Schmerzen hohe Dosen von Morphium bekommen, haben meist keine Probleme, ohne Morphium zu leben, wenn ihre Schmerzen verschwunden sind. Und von den allermeisten US-Soldaten, die während des Vietnam-Krieges heroinsüchtig geworden waren, wissen wir, dass sie diese Sucht ohne Rückfälle mit der Rückkehr in die Heimat beendeten.

Das Bedürfnis nach positiver Stimulation wie auch nach angenehmer Dämpfung ist in vielen Situationen gut nachvollziehbar. Doch wie kommt es zur Sucht, also zu einer Abhängigkeit von einer Substanz oder einem Geschehen, das den eigenen Körper und/oder die sozialen Beziehungen zerstören kann? Hierbei haben wir es wieder mit einer Grundsatzdebatte um die Bedeutung von Anlage bzw. Umwelt zu tun.

Wie ist Suchtverhalten zu erklären?

Bruce Alexander, ein Psychologe aus Vancouver, British Columbia, vertritt die Ansicht, dass Abhängigkeit nicht mit der Pharmakologie der entsprechenden Droge zu tun hat. Nach Alexander *verursacht* kein einziger chemischer Stoff eine Sucht, sondern die Sucht entsteht erst in einer Gesellschaft, in der es an Unterstützung mangelt. Die Drogen helfen dabei, sich an unangenehme Umstände zu gewöhnen.

Aber wie erklärt es sich, dass in einem Experiment der beiden Psychologen James Olds und Peter Milner von 1954 eine Laborratte ununterbrochen in rasender Geschwindigkeit einen Hebel drückt, der über eine implantierte Elektrode eine Stimulation des sogenannten Belohnungs- oder Lustzentrums in ihrem Hirn zur Folge hat, nicht mehr isst und trinkt bis sie schließlich stirbt? Dieses Experiment ließ sich mit Affen wiederholen.

www.youtube.com/watch?v=aNXhyPj-RsM

Selbststimulation des Belohnungszentrums bei einer Ratte

Das Verhalten ähnelte doch sehr den Menschen in unseren Städten, die einer Sucht verfallen sind. Ist das nicht der Beweis für die Macht oder sogar Übermacht bestimmter Stoffe? Das *neuroadaptive* Modell erklärt die Drogenwirkung mit der Störung unserer homöostatischen Systeme. Der Körper erzeugt *Endorphine* (endogene Morphine), die genau wie Opiate wirken, sowie Dopamin und Serotonin, die unser Verlangen und unser Ruhebedürfnis regeln – alles gut ausbalanciert, wenn wir den Körper in Ruhe lassen. Mit der Einnahme von Drogen gerät diese Balance in Schieflage und veranlasst den Körper dazu, die eigene Produktion einzustellen. Damit entsteht die Abhängigkeit von einer äußeren Versorgung. Man braucht nun den Stoff.

Für Alexander ist diese Betrachtung ein Kurzschluss. Denn es wird nur ein Teil der Konsumenten süchtig. Körperliches Geschehen findet eben immer in einer komplexen emotionalen und sozialen Umgebung statt. Seiner Meinung nach waren es die Lebensbedingungen der Ratten in ihren trostlosen Käfigen, die ihr süchtiges Verhalten erklärten. Er entwarf eine artgerechte Umgebung und startete mit seinem *Rattenpark* ein interessantes Experiment. Wie würde sich die Unterbringung von Ratten in einer abwechslungsreichen, naturnahen Umgebung mit Paarungs-, Spiel- und Rückzugsmöglichkeiten auf 20 Quadratmetern im Vergleich zu den üblichen kleinen Laborkäfigen auf das Verhalten auswirken? Den Ratten wurde Wasser geboten, das mit Morphium versetzt und mit Rohrzucker schmackhaft gemacht worden war. Die eingepferchten und isolierten Ratten liebten es. Im Rattenpark vermieden die Ratten das gesüßte Wasser, wenn es sie berauschte. Sie tranken gesüßtes Wasser nur gern, wenn es ihr normales Sozialverhalten nicht beeinträchtigte. Dieses Verführungsexperiment erbrachte den eindeutigen Befund, dass Opiate keineswegs unwiderstehlich sind.

www.youtube.com/watch?v=sbQFNe3pkss

Erläuterung der beiden Extrempositionen zur Wirkung von Drogen

Das galt für das Luxusleben im Rattenpark – wie aber verhält es sich mit einer unter widrigen Umständen entstandenen Sucht? Über einen Zeitraum von 57 Tagen wurden die Ratten eines weiteren Experiments zu Heroinjunkies gemacht, indem ihnen ausschließlich morphinhaltiges Wasser angeboten wurde. Diese Zeit reicht aus, um körperliche Abhängigkeit zu erzeugen. Danach wurde beiden Gruppen sowohl einfaches Leitungswasser als auch morphinhaltiges Wasser geboten. Die isolierten Ratten blieben beim Morphium, während die Ratten im Rattenpark ihren Konsum trotz körperlicher Abhängigkeit nach und nach verringerten. Das Suchtverhalten war trotz des uneingeschränkten Angebots umkehrbar. Damit war klar, Sucht erklärt sich keineswegs ausschließlich über die Physiologie des Suchtmittels. Sucht wird damit eine Sache der sozialen Verhältnisse und der Willensentscheidung.

Der destruktive Konsum von Suchtmitteln hängt nicht mit einer unwiderstehlichen Substanz zusammen, sondern mit fehlender Attraktivität der Lebensbedingungen für den Süchtigen. Diese Sichtweise passt zudem zur Vielzahl nicht stoffgebundener Süchte. Denn inzwischen wissen wir, dass jedes Verhalten suchtartige Züge annehmen kann. Automatenspielsucht, Internetsucht, PC-Spielsucht, Smartphonesucht sind Beispiele von neueren Süchten im Zusammenhang mit heutigem Freizeitverhalten. Mit der Verfügbarkeit eines Suchtmittels hängt in gewisser Weise auch die Verbreitung der Sucht zusammen, als Erklärung für deren Verursachung taugt sie jedoch nicht. Eher sind die mit dem heutigen Wohlstand, mit der Industrialisierung und Globalisierung einhergehenden Lebensverhältnisse Ursache für den verbreiteten Wunsch nach »Dröhnung«. Dafür spricht, dass hierzulande laut *Jahrbuch Sucht* 2017 mehr Menschen von Medikamenten abhängig sind als von Alkohol. Aber auch mit Letzterem haben viele Probleme, wie das Komasaufen der Jugendlichen zeigt. 2015 mussten 22.000 Personen zwischen 10 und 19 Jahren wegen Alkoholmissbrauchs im Krankenhaus behandelt werden. Dazu passt außerdem, dass die Nicotinsucht bei Jugendlichen mit der Verbreitung von Smartphones deutlich zurückging. In Momenten der Unsicherheit und Anspannung griffen Jugendliche bis dahin zur Zigarette, nun lenken sie sich durch die Beschäftigung mit dem Smartphone ab.

Es gibt auch stoffungebundene Süchte

Auf den ersten Blick scheinen stoffgebunden Süchte, die besonders durch körperlichen Verfall gekennzeichnet sind, gänzlich anders zu sein als die nicht stoffgebundenen.

Bei Kerstin und ihrer Automatenspielsucht fallen dennoch viele Gemeinsamkeiten auf. Mit 23 Jahren hatte sie ihre Ausbildung nicht beenden können, ihre Beziehung war in die Brüche gegangen und sie hatte sich hoch verschuldet – alles nur wegen ihres fortgesetzten Automatenspiels. Sprach man sie darauf an, war sie sehr einsichtig und voller guter Vorsätze. Aber näherte sie sich einem Spielsalon, schwand ihre Willenskraft. In einer solchen Spielhalle überkam sie angesichts der Atmosphäre rund um die Spielautomaten eine innere Unruhe, die sie nicht verbergen und nicht kontrollieren konnte. In diesem Augenblick wirkte ihre Sucht wie jede andere. Sie schien ihr ausgeliefert. Allein, auf sich gestellt, wurde sie immer wieder rückfällig. Und sie war zunehmend einsam geworden. Es gab keine Familie, keinen Partner und keine Freunde mehr, die sie vom Spielen hätten abhalten können, denn aus Scham und Furcht vor Vorhaltungen hatte sie alle Kontakte längst abgebrochen. Dachte sie an ihre Zukunft, überkamen sie Ängste und Fantasien, die um eine Selbsttötung kreisten. Dann half nur eines, wenn auch nur kurzfristig, die Betäubung in weiterem Spiel. Für den Weg aus der Sucht benötigte Kerstin psychologische Unterstützung. Es ging darum, eine neue Lebensperspektive mit ihr zu entwerfen.

Entwurzelung als wichtiger Faktor für Suchtverhalten

Nach Alexander ist die *Entwurzelung* Ursache für Suchtentwicklung. Nichts ist in einem freien Markt noch sicher und stabil, soziale Beziehungen schon gar nicht und Werte zur Orientierung verschwimmen. Beispielsweise traten die verheerenden Suchtraten bei Indianern und anderen Ureinwohnern jeweils erst auf, als sie zur Anpassung gezwungen wurden.

Wieder erkennen wir hier die Bedeutung von Bindung für unser Wohlergehen. Sicherlich spielen auch Gene für Suchtentwicklung und Abhängigkeit eine Rolle. Wie bei anderen Erkrankungen, bei Persönlichkeitsmerkmalen und den meisten Verhaltensweisen müssen wir von einer *multifaktoriellen Bedingtheit* ausgehen. Eine Reduktion auf einen Ursachenfaktor verkennt die Komplexität menschlicher Existenz.

Mit Rückfällen umgehen

- Rückfälle sind bei der Überwindung von Abhängigkeit zu erwarten.
- Sie dürfen nie als Zeichen des Scheiterns und Versagens gedeutet, sondern müssen ohne Schuldgefühle als Ausgangspunkt für einen nächsten Schritt betrachtet werden.
- Die Beurteilung des Rückfalls auf einer Skala von 0 (frei von Abhängigkeit) bis 10 (vollständiger Kontrollverlust) hilft bei der notwendigen Differenzierung: Sieht man sich z. B. bei 8, kann man daraus etwas Trost schöpfen, denn der nächste Schritt zielt dann nicht auf die noch unerreichbare 0, sondern auf eine 5 oder 6. So wird mit größerer Wahrscheinlichkeit ein Scheitern durch ein Abrutschen auf die 10 verhindert.
- Stabilität gewinnt man eher durch angemessene Würdigung der augenblicklichen Gegebenheiten als durch überhöhte Anforderungen gepaart mit Selbstvorwürfen. Diese machen langfristige Anstrengungen, wie sie bei Abhängigkeiten erforderlich sind, meist zunichte.

15 Glück – es liegt in unseren Händen

Glück und Freude haben augenscheinlich etwas miteinander zu tun, doch sind sie identisch? Handelt es sich beim Glück überhaupt um eine Emotion oder ist Glücklichsein nichts anderes als übersteigerte oder lang andauernde Freude?

Glück ist, wie alle anderen Gefühle auch, eine höchst subjektive Empfindung. Dennoch finden sich Übereinstimmungen und lassen sich die verschiedenen Definitionen von Glück stets einer der folgenden vier Kategorien zuordnen. Welche individuelle Sichtweise auf das Glück wir haben, hängt dabei entscheidend von unserer Persönlichkeit und unseren bisherigen Erfahrungen ab.

Die vier Formen des Glücks

Für manche bedeutet Glück tatsächlich lediglich eine Vielzahl von Momenten der Freude. Hier zeigt sich die Verwandtschaft der beiden Begriffe »Glück« und »Freude« am deutlichsten. Glücklichsein heißt für diese Menschen, sich möglichst oft in einen Zustand der Freude zu versetzen, wobei diese Freude auch als glücklicher Zufall verstanden wird, der von außen über einen hereinbricht. Diese Menschen würden z. B. einen Lottogewinn als ein Glücksereignis bezeichnen.

Ganz anders sehen das Menschen, die ihr Glück vor allem im engagierten Tätigsein suchen. Sie sehen sich als »ihres eigenen Glückes Schmied« und streben durch Aktivität und zielgerichtetes Handeln nach ihrem persönlichen Glück. Für diese Menschen bedeutet Glück, erfolgreich zu sein und diesen Erfolg stolz zu präsentieren.

Im Gegensatz dazu gibt es Menschen, die ihr Glück eher im Stillen suchen. Für sie bedeutet Glück vor allem Zufriedenheit und die Befriedigung alltäglicher Bedürfnisse. Diese Interpretation des Glücklichseins zeichnet sich durch eine bescheidene, schicksalsergebene Haltung aus. Diese Menschen streben weniger nach Höherem, vielmehr sind es die kleinen Glücksmomente im Alltag, die ihr Glücklichsein ausmachen.

Bei einer vierten Form des Glücksempfindens versuchen sich Menschen völlig von allen äußeren Einflüssen frei zu machen. Glück bedeutet hier das Meistern des Lebens in einer Haltung innerer Gelassenheit. Nicht das Empfinden von Freude, Stolz oder Zufriedenheit, sondern vielmehr die Abwesenheit zu starker Gefühlsausbrüche kennzeichnet diese Form des Glücks. Diese findet sich z. B. in der buddhistischen Tradition.

Macht eine große Auswahl glücklicher?

»Einigkeit und Recht und Freiheit sind des Glückes Unterpfand« heißt es in der deutschen Nationalhymne. Heute ist Deutschland vereint, wir leben in einem Rechtsstaat mit sehr weitgehender Freiheit – sind wir auch glücklich? Wenn man den Verbrauch an Psychopharmaka, Alkohol und Drogen betrachtet, kommen Zweifel auf. Was läuft da schief?

www.youtube.com/watch?v=_LNYMKgC7AE

Die deutsche Nationalhymne

Seit der Aufklärung haben wir den Anspruch auf Glück schon in dieser Welt und nicht erst im Jenseits. Einige Forscher meinen, wir seien heute geradezu zum Glück verdammt: Wir müssen zeigen, dass wir glücklich sind, ansonsten sind wir nämlich Versager und ernten zum Frust des Misserfolgs auch noch die Scham und die Verachtung der Mitmenschen. Depression ist demzufolge die Krankheit einer Gesellschaft, die auf persönlicher Verantwortung und Initiative gegründet ist. Die Depression wird als Krankheit der Freiheit gesehen.

Angesichts der heutigen Lebensbedingungen könnte man erwarten, dass bei uns die Menschen vor lauter Glückseligkeit auf den Straßen tanzen. Aber plagte chronischer Nahrungsmangel unsere Vorfahren, so plagt uns heute ein chronisches Überangebot. Übergewicht ist genauso ein Problem wie Untergewicht. Und wie es dem Körper geht, so geht es auch unserer Psyche: Nicht mehr der Mangel, sondern das Zuviel macht uns zu schaffen. Wir wünschen uns viele Wahlmöglichkeiten, aber schnell überfordert uns eine große Auswahl. Was Glück verheißt, entpuppt sich sehr oft als Verzweiflung.

Vielfalt fasziniert uns, wir lassen uns gerne davon einfangen. Vielfalt schadet nie, glauben wir, und Wirtschaftswissenschaftler stimmten lange zu: Eine große Auswahl ist immer von Vorteil. Dann kaufen wir Autos, PCs, Fahrräder usw. – mit immer mehr Möglichkeiten zusätzlich zum eigentlichen Zweck. Doch immer deutlicher zeigt sich: Auswahl bedeutet ständiges Entscheiden und ist anstrengend.

Wie sich Kunden tatsächlich verhalten, haben im Jahr 2000 die beiden Forscher Sheena Iyengar und Mark Lepper von der Columbia University New York in einem Feldexperiment untersucht: Sie bauten in einem Delikatessengeschäft in Kalifornien Probiertische auf, wo sich Kunden kleine Toastbrote nehmen und verschiedene Marmeladensorten probieren konnten. In einer Versuchsanordnung wurden den vorbeigehenden Kunden 6 verschiedene Sorten zum Probieren angeboten, in einer zweiten sogar 24. Wer eine der verkosteten Konfitüren kaufen wollte, konnte dies beim entsprechenden Verkaufsregal tun, wo alle präsentierten Marmeladen vorrätig waren.

Wie erwartet lockte die große Marmeladenauswahl mehr Kunden (60 Prozent) an den Probiertisch als die kleine (40 Prozent). Das Verhalten am Verkaufsregal überraschte dann aber doch: Die Kunden, die von der großen Auswahl gekostet hatten, blieben lange vor dem Marmeladenregal stehen, prüften die verschiedenen Gläser, grübelten und diskutierten – doch nur 3 Prozent konnten sich zum Kauf entschließen. Die meisten Kunden waren verunsichert. Bei der kleinen Konfitürenauswahl schienen die Kunden eher zu wissen, was sie wollten. 30 Prozent von ihnen kauften mindestens ein Glas Marmelade.

Noch deutlicher zeigt das Schokoladenexperiment, das Sheena Iyengar 2010 durchführte, den Zusammenhang von Vielfalt, Zufriedenheit und Verhalten. Es wurden drei Untersuchungsgruppen verglichen: Einer Gruppe wurden sechs Sorten Edelschokolade angeboten, eine zweite Gruppen konnte zwischen 30 verschiedenen Schokoladen auswählen, und eine Kontrollgruppe bekam nur eine einzelne Schokolade zum Probieren. Alle Teilnehmer sollten die Schokoladen anschließend bewerten und erhielten zum Schluss 5 Dollar fürs Mitmachen, die sie in Schokolade eintauschen konnten. Die Probanden mit der kleinen Auswahl bewerteten ihre Schokolade höher als 6 auf einer siebenstufigen Skala und damit am besten, besser als die Teilnehmer ohne Wahl (knapp 5), aber erstaunlicherweise auch besser als diejenigen, die eine wesentlich größere Schokoladenauswahl hatten (etwa 5,5). Auch ihr Verhalten bestätigte die größere Zufriedenheit. Von dieser Gruppe tauschte nach Abschluss des Tests ca. die Hälfte der Teilnehmer den überreichten Geldbetrag in Schokolade, während die Teilnehmer der anderen beiden Gruppen anscheinend genug von

Schokolade hatten – deutlich weniger, lediglich jeweils etwa 10 Prozent, tauschten das Geld ein.

Andere Experimente mit unterschiedlichen Waren bestätigen diese Ergebnisse: Bei größerer Auswahl steigt die Zufriedenheit. Aber bei zu großer Auswahl sinkt sie wieder auf den Wert der geringen Wahl. Die Zufriedenheit schlägt umso schneller in Unzufriedenheit um, je komplexer die Alternativen sind. Autonomie und Entscheidungsfreiheit sind für das Glücksempfinden sehr wichtig, aber wir haben heute oft zu viel des Guten und leiden darunter.

Machen weniger Pflichten glücklicher?

Unser Versuch der Glücksmaximierung ist problematisch; es spricht viel dafür, dass jeder Mensch um ein bestimmtes Glücksniveau kreist, das zwar von momentanen Ereignissen beeinflusst, aber kaum dauerhaft verändert wird. Daher ist auch das verständliche Bestreben, sich von Arbeit und Pflichten zu befreien, nicht uneingeschränkt förderlich, sondern bewirkt oft Leere statt des erhofften Glücks.

Heinrich, ein Mann Anfang vierzig, hatte als Angestellter eines großen Automobilkonzerns das seltsame »Ziel«, zwar zur Arbeit zu erscheinen, sich dann aber den ganzen Tag herumzudrücken und möglichst gar nichts zu arbeiten. Obwohl ihm dies immer wieder gelungen war, war er nicht zufrieden. Je weniger er arbeitete, umso mehr widmete er sich dem Alkohol und den Frauen. Manch Außenstehender hat ihn sicherlich beneidet, wenig Arbeit und viele Frauen. Aber es ging ihm nicht gut dabei. Bis er endlich einen großen Schritt machte: Es fiel ihm nicht leicht, aber er kündigte die komfortable Anstellung und wagte etwas ganz Neues – er eröffnete ein Fahrradgeschäft mit Werkstatt. Jetzt hatte er sehr viel Arbeit, die Frauen wurden unwichtiger, und den Alkohol versagte er sich der Arbeitsleistung wegen. Nun war er endlich zufrieden. So gefiel ihm sein Leben. Er fühlte sich in dieser Phase des Geschäftsaufbaus richtig glücklich und wunderte sich über sich selbst, dass er vorher so viele Jahre vergeudet hatte.

Sind Frauen heute glücklicher?

Seit den 1970er-Jahren gibt es regelmäßige Befragungen der Geschlechter zur Zufriedenheit. Dabei zeigt sich, dass Frauen viel an Freiheit gewonnen haben – aber sind sie glücklicher? Während bei den Männern das Glücksempfinden über die Jahrzehnte weitgehend konstant geblieben ist, hat sich die Einschätzung bei den Frauen verändert: Waren sie in den 1970er-Jahren deutlich glücklicher als die Männer, haben sie dieses Glücksplus mittlerweile eingebüßt. Mehr Gleichberechtigung, mehr Selbstbestimmung, weniger Kinder – aber unglücklicher? Dieser Trend zeigt sich nicht nur bei den Karrierefrauen mit Doppelbelastung, wie man annehmen könnte, sondern auch bei Frauen ohne Kinder und Frauen ohne Ehemann. Es deutet viel darauf hin, dass die Ausdehnung der Freiheit und Wahlmöglichkeiten frustrierende Schattenseiten haben kann. Spätestens jetzt erkennen wir, dass Glück keine objektive Sache ist, sondern davon abhängt, wie wir uns und die Welt sehen (s. Kap. 4).

Machen Kinder glücklich?

Viele Studien zeigen, dass Kinderlose und Familien gleichermaßen glücklich sind. Immer wieder bestätigt sich, dass kleine Kinder glücklich machen. Wenn sie älter werden, ändert sich das allerdings wieder. Zwar haben Eltern viel Arbeit mit ihren kleinen Kindern und müssen auf vieles verzichten, doch auch die Kinderlosen empfinden nicht weniger Stress, sondern sehen sich anderen Verpflichtungen in Karriere und Freizeit ausgesetzt. Sie erleben sich als mindestens so getrieben wie Eltern aufgrund der Kinder – ohne allerdings den gleichen »wichtigen« Grund dafür zu haben. Dieser Sinn im Leben ist ein ganz wichtiges Moment für das Glücklichsein. Das müssen nicht Kinder sein, aber eine Aufgabe, ein Gebrauchtwerden, ist anders als das Zufallsglück anhaltend erfüllend.

Macht Vorfreude glücklich?

Dopamin, ein Hormon und wichtiger Neurotransmitter, gilt im Volksmund als Glückshormon. Durch *Dopaminausschüttung* wird im Gehirn ein Schaltkreis aktiviert, der als Belohnungssystem bezeichnet wird. Es wurde zufällig entdeckt, als man Affen in einem Experiment untersuchte. Das Experiment schlug zwar fehl, aber man gab den Affen fürs Mitmachen einen Apfelschnitz. Und siehe da, plötzlich schütteten die Neuronen Dopamin aus. Daraufhin wurde wiederholt ein Apfelschnitz angeboten, und es zeigte sich erneut die Dopaminreaktion. Wurde nur der Draht angeboten, auf dem die Apfelschnitze gereicht worden waren, passierte nichts. Nun wurden die Affen auf die Apfelgabe vorbereitet, indem kurz davor ein Lämpchen aufleuchtete. Nach einigen Durchgängen kam es nun beim Aufleuchten des Lichts zur Dopaminausschüttung. Dafür zeigte sich nun keinerlei Reaktion im Gehirn, wenn nun der Apfelschnitz dargeboten wurde. Es war also nicht das Futter selbst, sondern die Erwartung, die Vorfreude, die diese Neuronen zur Aktivität anregte. In welchem Zusammenhang ist uns dieses Phänomen sehr vertraut? Die Vorfreude auf den Urlaub ist meist bedeutsamer für das Glücksempfinden als der Urlaub selbst. Dies konnten Untersuchungen mit täglichen Stimmungsbewertungen in der Urlaubszeit belegen.

Eine schon angekündigte Gabe nicht weiter zu würdigen, ist in der Natur von Vorteil. Denn so wird Kapazität für Aufmerksamkeit frei, um z. B. mögliche Feinde im Blick zu behalten. Boten die Forscher den Affen nach dem Lichtsignal anstelle von Äpfeln plötzlich Rosinen, dann feuerten die Neuronen wieder. Nach ein paar Wiederholungen blieb auch dieser Effekt aus.

Setzten die Forscher die Affen nun auf Apfeldiät, sank das Dopaminerregungsniveau unter den normalen Ruhezustand – ein Zeichen von Depression. Doch diese Enttäuschung hielt nicht lange an. Nach einer Weile verhielten sich die Zellen wieder, als hätten sie nie etwas Wohlschmeckenderes als Äpfel erwartet.

Macht die Lust auf Neues glücklich?

Die psychotrope Bedeutung des Dopamin wird hauptsächlich im Bereich der Antriebssteigerung und Motivation vermutet. Forscher haben in Experimenten Ratten Dopamin zugeführt, sie wurden daraufhin aktiver, ihr Begehren wurde angeregt. Was sie taten, spielte keine Rolle. Nahm man einer Ratte, die gerade fressen wollte, das Futter weg, rannte sie eben zum Trinknapf, nahm man ihr diesen weg, und sah sie einen Partner, dann paarte sie sich eben ... Dopamin verstärkt das Bemühen um das, was gerade vorherrscht, es hat kein eigenes Ziel.

Menschen geht es nicht anders. Etwas zu wollen ist das beste Mittel gegen Langeweile. Zu begehren, etwas erreichen zu können, hebt die Stimmung. Was für die gute Laune sorgt, ist nicht so wichtig, das neue Kleid, die goldene Kreditkarte, ein oberflächlicher Kontakt ... So passiert es uns Menschen immer wieder, dass wir verbissen auf bestimmte Ziele hinarbeiten, aber kaum haben wir das Ziel erreicht, wird es selbstverständlich. Was uns vorher wahnsinnig wichtig war, wird uns bald gleichgültig – die Dopaminausschüttung bleibt aus.

Dopamin fördert die Entstehung neuer Verknüpfungen im Gehirn (was man als Lernen bezeichnet). Schon im alten

Teil unseres Gehirns arbeitet also ein Detektor für Neues und Besseres. Und dieser lässt uns sogar wider alle Vernunft – die neuere Entwicklung des Gehirns – handeln. So kommt es, dass wir uns sogar über den Ausgang eines Fußballspiels ärgern oder freuen, obwohl es dabei um nichts geht. Für diese Hirnareale macht es keinen Unterschied, ob es um echtes oder unechtes Geld geht, wenn es etwas zu holen gibt, wird dieser Mechanismus aktiv und will es haben.

Hat das auch Einfluss auf unsere Beziehungen? Untersucht hat man dies an Ratten und man konnte damit auch die verbreitete Neigung zum Fremdgehen erklären (s. Kap. 16).

Die Lust auf Neues ist auch bei uns Menschen der große Antrieb. Aber sie ist unterschiedlich stark angelegt. Wieder sehen wir das am Urlaubsverhalten: Manche Menschen müssen immer exotischere Ziele ansteuern, anderen genügt es, immer wieder an den gleichen Ort zu fahren. Dahinter vermutet man Unterschiede in der Verwertung des Dopamins. Man hat bei einigen Menschen Neuronen gefunden, die Dopamin weniger gut verwerten können. Solche Menschen benötigen eine höhere Dosis für den gleichen Effekt. Sie sind dafür eher bereit, sich in riskante Situationen zu bringen, Abenteuer zu suchen.

Macht Geld glücklich?

Experimente im Hirnscanner zeigten, dass Lob und Anerkennung Ähnliches bewirken und das Belohnungssystem aktivieren wie ein Geldgewinn. Wir können uns so verhalten, dass wir von unseren Mitmenschen geschätzt werden, oder wir scheffeln Geld.

Langfristig gibt es aber doch einen Unterschied: Die Anerkennung der anderen für uns als Person bedeutet uns mehr als eine Bewunderung aufgrund unseres Reichtums, weil man nicht weiß, ob Freundlichkeit nur dem Geld geschuldet ist. Wer reich ist, den kann Geld sowieso nicht mehr überraschen, weshalb Reichtum eben nicht glücklich macht.

Macht Schokolade glücklich?

Auch diese Frage haben Forscher genau untersucht. Wirklich gesund ist Schokolade zwar nicht, glücklich machen kann sie trotzdem. Das liegt jedoch weniger an den Bestandteilen des Kakaos, in dem u. a. ein Baustein des stimmungsfördernden Hormons *Serotonin* steckt. Der Glückseffekt dadurch ist allerdings gering, besonders in der beliebten Vollmilchschokolade. Wären diese Bestandteile im Kakao die großen Glücksbringer, müsste Bitterschokolade mit ihrem hohen Kakaoanteil deutlich gefragter sein.

Die Beliebtheit von Schokolade liegt vor allem an ihrer besonderen Konsistenz und ihrem Geschmack und daran, dass wir positive Erlebnisse mit ihr verbinden. Schokolade bekommen wir als Kind zu besonderen Anlässen und als Belohnung – eine gelungene Konditionierung von positiven Erwartungen auf herrliche Gelüste.

Bestimmt die Persönlichkeit über unser Glück?

Unsere Einstellung zum Glück beeinflusst, wie viele glückliche Momente wir erleben. Wenn wir uns für Glückspilze halten, nehmen wir mehr glückliche Zufälle war, als wenn wir uns für Pechvögel halten. Sich selbsterfüllende Prophezeiungen spielen auch beim Glück eine nicht unbedeutende Rolle. Worauf wir uns gedanklich konzentrieren, das erleben und spüren wir. Menschen, die sich für Pechvögel halten, haben einen Tunnelblick: Sie sind so auf Negatives und Unerfreuliches fixiert, dass sie auch nur das Unerfreuliche wahrnehmen und das Erfreuliche ausblenden.

Macht der Vergleich mit anderen glücklich?

Wir sollten auch aufpassen, mit wem wir uns vergleichen. So haben Studien gezeigt, dass Gewinner einer Silbermedaille im Sport unglücklicher sind als jene der Bronzemedaille. Die einen denken nämlich an die verpasste Goldmedaille, die anderen freuen sich, dass sie überhaupt eine Medaille gewonnen haben und sehen alle anderen Sportler, die leer ausgegangen sind.

In einem Experiment im Jahr 1998 mit Studenten der Harvard University fragten Sara J. Solnick und David Hemenway, welche von zwei Situationen sie bevorzugen würden:

1. Dein Jahreseinkommen beträgt 50.000 Dollar, während deine Mitmenschen 25.000 Dollar verdienen.
2. Dein Einkommen beträgt 100.000 Dollar, das deiner Mitmenschen 200.000 Dollar.

Bzw.:

1. Du hast einen IQ von 110, während deine Mitmenschen einen IQ von 90 haben.
2. Dein IQ beträgt 130, der deiner Mitmenschen 150.

Eine ähnliche Wahl gab es noch zur körperlichen Attraktivität.

Durchgehend fiel die Entscheidung auf das Szenario 1. Die meisten von uns sind heute ziemlich wohlhabend. Wir fühlen uns aber nicht reich, weil wir es im Vergleich zu anderen oft nicht sind. Zu oft werden wir in den Medien mit Leuten konfrontiert, die noch viel besser dastehen.

Der Vergleich ist das Ende des Glücks und der Anfang der Unzufriedenheit.

(Sören Kierkegaard, Philosoph)

Dazu kommt, dass unser Grundbedürfnis nach Selbstwerterhöhung uns das Akzeptieren des Zufalls erschwert und dass auch unser Denken Kausalitäten bevorzugt. Wir verknüpfen gern Ereignisse, die zeitlich zusammenfallen, auch wenn sie nichts miteinander zu tun haben. Da aber im Leben viel zufällig passiert, wir es jedoch so zufällig nicht verstehen wollen, erschweren wir uns das Erleben von manchen Glücksmomenten. Wir suchen stattdessen nach Ursachen und nach Wiederholung und gar Optimierung, was aber wegen der Zufälligkeit vergebens sein wird.

Erfolg ist, wenn man bekommt, was man will. Glück ist, wenn man will, was man bekommt.

(Sprichwort)

Wie entwickelt sich unser Glück im Laufe des Lebens?

Das junge Erwachsenenalter Anfang 20 ist für die meisten Menschen ein sehr glückliches Alter. Man hat sich Freiheiten erkämpft, Unsicherheiten überwunden und ist noch stark von Verpflichtungen befreit. Man ist ungebunden, frei und kann sich um sein Gefühlsleben und neue Beziehungen kümmern. Vor einem liegen viele Möglichkeiten und nicht selten Karriereziele. Das macht die meisten zuversichtlich.

Das Glück nimmt meist einen u-förmigen Verlauf. Man bewegt sich kontinuierlich auf die Midlife-Crisis zu, einem Tiefpunkt mit Mitte 40. Das Muster ist sehr stabil. Mit den Entscheidungen in den frühen Jahren hat man sich beruflich festgelegt, hat einen Lebenspartner gesucht, hat vielleicht Kinder. Doch sehr oft halten Job und Partnerschaft nicht dauerhaft, was man sich einst von ihnen versprochen hatte. Jetzt sind Verpflichtungen da, die nicht leicht aufzukündigen sind. Das bedeutet für viele Frust. Die individuellen Enttäuschungen nehmen zu, die Kontrollmöglichkeiten dagegen ab. Da noch eine lange Wegstrecke vor einem liegt, macht das unzufrieden. Mit Ende 40 geht es wieder aufwärts.

Kurz vor der Rente erreichen viele wieder das hohe Niveau von Anfang 20. Mittlerweile haben sich die Wertigkeiten verändert. Es geht nicht mehr so stark um Wettbewerb, weder bei der Partnerwahl noch im Job, Konkurrenz macht unglücklich. Schwächen und Niederlagen werden nun eher akzeptiert, diese Gelassenheit macht glücklich und ist gewinnbringender. Der Kapitalismus versucht, uns möglichst viele materielle Angebote zu machen. Mit der Zeit merken jedoch viele, dass es nicht sein kann, dass man sein Glück woanders und immer wieder aufs Neue suchen muss. Es ist der Wohlstand, der uns diese Suche ermöglicht, der sie uns jedoch auch erst abverlangt. Je mehr die einfachen Bedürfnisse gestillt sind, desto mehr beginnt die Suche nach Sinn. Man begreift allmählich, dass man sich umorientieren muss, investiert anstatt in Karriere wieder mehr in andere Bereiche wie Freizeit oder das Zusammensein mit Freunden. Gleichzeitig ist das Leben noch sehr lang, es lohnt sich, neue Freiräume zu nutzen.

Übung

Wie Sie Ihr Glück finden

Positive Gefühle können zwar die negativen vertreiben, aber kein Glück währt ewig. Wir können allerdings dafür sorgen, dass wir häufiger Glücksmomente erleben und dass die Freude an diesen Augenblicken langsamer abklingt. Es ist weniger wichtig, was man erlebt, als wie man es erlebt.

Ganz unabhängig davon, worin Sie Ihr persönliches Lebensglück sehen, können Ihnen folgende Denkanstöße dabei helfen, dem Glück ein Stück näher zu kommen:

- Messen Sie Ihr Glück! Nehmen Sie sich einen Moment, um innezuhalten und folgende »Abstände« auf einer Skala von 0 (keine Differenz) bis 100 (maximal entfernt) zu bestimmen:
  - den Abstand zwischen dem, was Sie wollen, und dem, was Sie haben,
  - den Abstand zwischen Ihren gegenwärtigen Lebensbedingungen und den Lebensbedingungen in Ihrer Vergangenheit,
  - den Abstand zwischen dem, was Sie haben, und dem, was andere besitzen.

  Diese kleine Denkübung gibt Auskunft über Ihren aktuellen Glückszustand und kann helfen, Quellen der Unzufriedenheit auszumachen und diese ggf. zu beheben.
- Ist das, was Sie glücklicher machen könnte, wahrscheinlich oder realisierbar, und hängt das, was Sie am glücklichsten machen könnte, von Ihnen selbst ab? Diese beiden Fragen sollen Ihnen dabei helfen, einerseits unrealistische Träume zu begraben, andererseits aber auch realistische Ziele anzupacken.
- Was könnte Sie heute glücklicher machen? Machen Sie heute den ersten Schritt zu mehr Glück in Ihrem Leben. Vielleicht reicht es schon, die Dinge aus einem anderen Blickwinkel zu betrachten oder gelassener zu werden. Oder Sie müssen sich von einem Traum verabschieden, um nach einer angemessenen Zeit der Trauer sich auf das Glück zu besinnen, was in Ihrem Leben möglich ist. Vielleicht haben Sie aber auch große Pläne, die es umzusetzen gilt. So oder so: Das Glück liegt letztlich in Ihrer Hand!

16 Geschlechter – ziemlich beste Freunde

Typisch Mann! Typisch Frau! – Ist damit schon alles gesagt? Der Mensch kommt weder in einem blauen noch in einem rosafarbenen Strampler zur Welt. Dennoch beeinflusst das Geschlecht, mit dem wir geboren werden, unser gesamtes Leben – aber inwiefern?

Können Frauen nicht einparken?

Parken Frauen wirklich schlechter ein als Männer? Dieser Frage gingen Forscher der Ruhr-Universität unter Leitung von Onur Güntürkün 2009 nach:

Als Versuchsteilnehmer traten an: 17 Fahranfängerinnen und Fahranfänger sowie 48 fortgeschrittene Fahrerinnen und Fahrer. Alle Probanden sollten unter gleichen Bedingungen in einem ausgewählten Parkhaus vorwärts, rückwärts und seitwärts einparken. Das Ergebnis: Männer parkten im Schnitt etwas schneller, vor allem aber deutlich genauer ein.

Im Ergebnis brauchte ein Drittel der Frauen länger zum Einparken als die Männer. Und nur die Hälfte der Frauen führte die Parkmanöver ebenso exakt aus wie die männlichen Autofahrer.

Welche Gründe kommen dafür infrage? Auffallend bei diesem Experiment war, dass gekonntes Einparken bei Frauen an deren Selbstbewusstsein gekoppelt war. Bemerken Frauen Schwierigkeiten beim Einparken, werden sie unsicher. In einer Art Selbsterfüllung des kulturellen Vorurteils schaffen sie es dann aus lauter Unsicherheit tatsächlich nicht, ihr Auto gekonnt einzuparken.

Das Ergebnis lässt Männer möglicherweise aufatmen. Aber es gibt Frauen wertvolle Hinweise:

- Selbstbewusste Fahrerinnen parkten in der Studie mindestens genauso sicher und schnell ein wie ihre männlichen Kollegen.
- Nur wenige Geschlechtsunterschiede sind tatsächlich biologisch determiniert. Die meisten entspringen eher der Erziehung und sind damit erlernt.
- Die Einstellung zum eigenen Können ist veränderbar. Wie das Experiment zeigt, können selbstbewusste Frauen das Klischee, nicht einparken zu können, überwinden.

Auch Furcht vor Mathematik kann man lernen

Ein Team von Psychologen der Chicago University um Sian Beilock beobachtete 2010 die Entwicklung von Grundschulklassen, unterrichtet von Lehrerinnen, die dem Fach Mathematik besonders ängstlich gegenüberstanden. An der Studie nahmen 17 Mathelehrerinnen, 52 Jungen und 61 Mädchen einer Grundschule teil.

Es stellte sich heraus, dass die Wahrscheinlichkeit, mit der Mädchen zum Jahresende schlechte Mathematiknoten erhielten, umso höher war, je ängstlicher die Lehrerinnen auftraten. Für die Jungen galt dies hingegen nicht. Die Rechenleistung der Mädchen verglichen mit dem Altersdurchschnitt fiel immer weiter zurück. Die der Jungen dagegen zeigte keine Veränderung. Folglich schienen die Lehrerinnen ihre Stereotypen nur auf Mädchen zu übertragen.

Besonders schlecht schnitten Schülerinnen ab, die zuvor in einem Test Geschlechterstereotypen deutlich bejahten und somit auch das Vorurteil vom rechenschwachen Geschlecht verinnerlicht hatten.

Den unterrichteten Schülerinnen und Schülern wurden zwei geschlechtsneutrale Geschichten vorgetragen. Darin trat jeweils eine Person auf, die entweder besonders gut lesen oder aber sehr gut rechnen konnte. Die Kinder erhielten daraufhin die Aufgabe, Bilder der beiden Protagonisten zu zeichnen. Welches Geschlecht würden sie den beiden Figuren zuweisen?

Das Ergebnis las sich folgendermaßen: Während das Mathematikgenie zumeist männlich dargestellt wurde, sah der Bücherwurm auf den Bildern meist weiblich aus. Zu Beginn des Schuljahres zeigten sich diese Unterschiede noch nicht. Unter den von den mathematikängstlichen Lehrerinnen unterrichteten Schülerinnen und Schülern hatten sich also stereotype Rollenbilder ausgeprägt.

Angeborene und erlernte Unterschiede

Stabile Geschlechtsunterschiede gibt es natürlich, z. B. bezüglich der räumlichen Wahrnehmung. Männer haben meist Vorteile, was das räumliche Vorstellungsvermögen betrifft. Dies scheint mit dem Testosteronspiegel zusammenzuhängen. Sowohl zu wenig als auch zu viel Testosteron führt zu einem schlechteren räumlichen Vorstellungsvermögen. Frauen fällt es leichter, Sprachen zu lernen und Gefühle zu lesen. Jungen spielen oftmals schon früh mit Autos, Mädchen lieber mit Puppen. Unwandelbar aber scheinen diese geschlechtsspezifischen Merkmale nicht zu sein. Denn in der westlichen Gesellschaft lösen sich viele Rollenunterschiede mehr und mehr auf. Außerdem handelt es sich bei der Betrachtung von Mann und Frau um eine Vereinfachung, denn diese beiden Kategorien sind zwar am verbreitetsten, decken aber keineswegs die gesamte Geschlechterpalette ab. Ob es sinnvoll ist, nur noch Unisextoiletten einzurichten, um jegliche Diskriminierung auszuschließen, oder ob es pragmatisch gerechtfertigt ist, bei größtmöglicher Toleranz trotzdem die beiden Hauptkategorien als Standards zu bedienen, wird die Zukunft zeigen.

Wie schaffen wir es, uns vor geschlechtsspezifischen Vorurteilen zu schützen?

- Werden Sie sich der Vielschichtigkeit Ihrer Person bewusst. Sie sind mehr als Ihr Geschlecht!
- Machen Sie sich klar, welche Fähigkeiten und Vorlieben Sie unabhängig von Geschlechterrollen haben.
- Akzeptieren Sie individuelle Unterschiede – bei sich wie bei anderen: sowohl im Hinblick auf die äußere Erscheinung als auch bezogen auf die Ausgestaltung der Geschlechterrolle.
- Besinnen Sie sich auf Ihre Bedürfnisse, leben Sie diese selbstbewusst und gönnen Sie anderen ihr Anderssein.

Wir werden erst durch andere wir selbst.

(Lew Wygotski, Entwicklungspsychologe)

Ein Partner fürs Leben – wer ist der oder die Richtige?

Die Wahl des richtigen Partners für eine Dauerbeziehung ist eine der wichtigsten Entscheidungen im Leben. Zwar kann eine Beziehung heute wieder gelöst werden, aber im Fall einer Ehe bzw. Lebenspartnerschaft ist deren Aufkündigung meist mit erheblichen emotionalen, rechtlichen und finanziellen Turbulenzen verbunden. Ausgerechnet diese schwierige Aufgabe muss in der westlichen Welt der junge Mensch weitgehend für sich allein treffen, meist kurz nach der eigenen Berufswahl. Es darf daher nicht überraschen, dass junge Menschen heute sehr zögerlich mit der Festlegung sind. Allerdings wird die Entscheidung damit nicht einfacher. Im Gegenteil, je länger ein Mensch als Single lebt, desto schwerer fallen ihm die Anpassungsprozesse, die mit einem Zusammenleben zwangsläufig verbunden sind.

Zwei gegensätzliche Leitlinien haben sich für die Partnerwahl herauskristallisiert:

- Gegensätze ziehen sich an.
- Gleich und gleich gesellt sich gern.

Ähnlichkeiten in sozialer Schicht, kulturellem Niveau, Aussehen, Interessen usw. erleichtern sowohl das Zusammenkommen als auch das Bestehen einer Beziehung. Gemeinsamkeiten fördern die Harmonie, eine wichtige Grundlage für eine Dauerbeziehung. Zu viel Ähnlichkeit ist allerdings auch langweilig. Gerade eine langjährige Beziehung benötigt immer wieder neue Impulse, die sich aus der Unterschiedlichkeit der Partner in ihren Interessen wie auch in ihrem Wesen ergeben können. Es kommt also für das Gelingen einer lang andauernden Beziehung auf eine gute Mischung von Harmonie und Verschiedenartigkeit an.

Allerdings verändern sich die Maßstäbe sowie manche Merkmale der Personen im Laufe der Zeit noch. Nicht nur die Schönheit verblasst mit der Zeit, auch die Bedeutung von Sexualität oder Vertrauen wird im Alter anders gesehen als in jungen Jahren. Das ist zumindest anfangs noch nicht entscheidend für eine feste Bindung. Ein nicht unwichtiges Hindernis dabei ist die mangelnde Entscheidungsfreude. Dieses Phänomen hängt mit den vielen Möglichkeiten zusammen, die heute überall, auch auf dem Heiratsmarkt, gegeben sind. Je mehr Möglichkeiten, umso schwerer fällt ein Entschluss und umso unzufriedener sind die Menschen hinterher mit ihrer Wahl (s. Kap. 15).

Aber warum zerbrechen so viele Beziehungen? Auch hier zeigen sich die Nachteile des heutigen Wohlstandsniveaus. Anspruchsdenken gepaart mit einer Unfähigkeit zu Kompromissen erschwert das Zusammenleben. Entsprechend höhere Anforderungen muss die Kommunikation erfüllen. Sie wiederum leidet unter dem hohen Stresspegel der Beteiligten, die Beruf, Familie und schier unendliche

Optionen des Freizeitlebens unter einen Hut bringen sollen. Man könnte aus Fehlern lernen, aber viele suchen sich – immer wieder – den »falschen« Partner aus. In jeder Beziehung treten dann früher oder später die gleichen Probleme wieder auf. Die Erfahrungen in der Herkunftsfamilie mit den ersten Bezugspersonen prägen nämlich entscheidend die spätere Partnerwahl. Nicht wenige Menschen versuchen sogar, schmerzhafte Erfahrungen der Kindheit mit der Partnerwahl und in den erwachsenen Beziehungen zu heilen – was selten gelingt. Wer geliebt werden will, muss zuerst selbst ein Liebender werden.

Keiner ist also wirklich frei in seiner Wahl, sondern es wurden aufgrund unserer frühen Beziehungserfahrungen Weichen gestellt, was uns meist aber nicht bewusst ist. Daher ist es äußerst wichtig, sich selbst zu kennen und zu wissen, was man in einer Beziehung braucht. Stattdessen lügen und schauspielern wir, um jemand zu sein, der wir selbst lieber sein würden und von dem wir glauben, dass unser Partner ihn ebenfalls lieber mögen würde. Zu viele Konjunktive für ein dauerhaftes Gelingen – eher schon ein bedeutsamer Grund für eine psychologische Beratung!

Wenn die Beziehung nicht funktioniert, kann man sich wieder trennen. Denn Trennungen sind heute sozial akzeptiert. Die Kehrseite ist, dass sich die ökonomische Situation insbesondere für Mütter mit der Trennung verschlechtert – oft ein hoher Preis für die erworbene Unabhängigkeit, die nicht selten nach wenigen Jahren in Einsamkeit umschlägt.

Beeinflusst das Selbstbewusstsein unsere Beziehung?

Wenn wir andere Menschen kennenlernen, präsentieren wir gern unser *Selbstideal*. Besonders wenn es um ein Rendezvous für eine mögliche Partnerschaft geht, geben wir uns gern so, wie wir uns selbst sehen möchten.

Der Psychologe Tobias Otterbring von der schwedischen Universität Karlstad hat 2017 mit 530 Studenten verschiedene Experimente durchgeführt. Den heterosexuellen Probanden wurden zunächst Fotos eines attraktiven oder eines weniger attraktiven Menschen des anderen Geschlechts gezeigt, die sie bewerten mussten. Anschließend sollten sie in einem Fragebogen beurteilen, welche Produkte sie wählen und wie viel Geld sie für bestimmte Produkte ausgeben würden. Allein schon die Bildbetrachtung eines attraktiven Gegenübers beeinflusste die Entscheidung. Erst recht bei einem Essen zum gegenseitigen Kennenlernen neigen Menschen zur Inszenierung, sie nutzen das Essen und die Wahl von Speise und Getränk als Kommunikation über sich: Männer bestellen beim Anblick einer schönen Frau eher teure Speisen und Getränke – auch gern Champagner, während Frauen in der vergleichbaren Situationen dazu tendieren, sich Gesundes und somit der Schönheit Zuträgliches wie frische Früchte kommen zu lassen. So fühlt sich jeder am besten und meint, damit seine Chancen zu verbessern.

Wie das Selbstwertgefühl die Beziehungsfähigkeit eines Menschen beeinflusst, untersuchten die Psychologen Eva Luciano und Ulrich Orth der Universität Bern in einer dreijährigen Studie bis 2016: Das Selbstwertgefühl einer Person trägt zum Erfolg und Misserfolg in Partnerschaften bei, während positive und negative Erfahrungen in Beziehungen wiederum das Selbstwertgefühl eines Menschen verändern.

Besonders der Eintritt in eine Beziehung vergrößert das Selbstwertgefühl, mehr sogar als die Heirat. Und diese Zunahme hält auch an, wenn die Beziehung mindestens ein Jahr übersteht. Personen mit niedrigem Selbstwertgefühl neigen dazu, Bestätigung beim Partner zu suchen oder sich in schwierigen Situationen schnell vom Partner zurückzuziehen. Menschen mit hohem Selbstwertgefühl hingegen haben häufig bessere Fähigkeiten, ihre Partner emotional zu unterstützen und so Beziehungen zu stärken. Trennungen führen der Studie zufolge meist nur zu einer vorübergehenden, bis höchstens ein Jahr andauernden Verringerung des Selbstwertgefühls.

Das Selbstwertgefühl entwickelt sich jedoch nicht nur aufgrund von Erfahrungen in der Partnerschaft, sondern ist selbst eine Ursache für den Erfolg oder Misserfolg: Singles, die zu Beginn der Studie ein hohes Selbstwertgefühl besaßen, gingen vergleichsweise häufig eine Partnerschaft ein. Bei Teilnehmern, die sich bereits in einer Beziehung befanden, kam es dagegen öfter zu einer Trennung, wenn sie zu Beginn der Studie ein niedriges Selbstwertgefühl hatten. Das Resümee der Forscher: Ein hohes Selbstwertgefühl fördert die Beziehungszufriedenheit und verringert die Häufigkeit und die Intensität von Beziehungskonflikten.

Liebe

Ob die Liebe eine Emotion ist, darüber lässt sich streiten. Sicherlich geht sie mit verschiedenen Emotionen einher, ob sie aber ein eigenständiges Grundgefühl darstellt, darf bezweifelt werden. Da Liebe häufig sogar als Synonym für Gefühl verwendet wird, soll sie hier nicht ausgespart werden.

Vorbild für jede Form der Liebe, die wir in unserem Leben verspüren, ist die Liebe von und zu unserer Mutter. Noch bevor wir Angst empfinden können oder Ärger oder viele andere, weitaus komplexere Emotionen, fühlen wir uns schon zu unserer Mutter hingezogen. Der Geruch unserer Mutter, ihre Stimme, ihr Gesicht, alles, was der Säugling mit der Mutter verbindet, führt bei ihm zu Wohlbehagen. Diese Beziehung zu unserer Mutter enthält schon alle Elemente, die auch später unser Liebesempfinden prägen: das Gefühl der Vertrautheit, der Wunsch nach Nähe, das Wohlwollen und die Zärtlichkeit im gegenseitigen Umgang. Diese erste Liebesbeziehung prägt zudem alle weiteren Bindungen, die wir in unserem Leben eingehen: Können wir in unserer frühen Kindheit eine gefestigte Beziehung zu unserer Mutter – oder einer vergleichbaren Bezugsperson – entwickeln, werden auch unsere Partnerschaften mit großer Wahrscheinlichkeit durch Beständigkeit und Nähe gekennzeichnet sein. Sind wir als Kind hingegen unsicher ob der Verlässlichkeit dieser ersten Beziehung, werden wir später Schwierigkeiten haben, einen Partner eng an uns zu binden. Diese frühen Erfahrungen dürfen jedoch nicht als unwiderrufliches Schicksal betrachtet werden. Vielmehr können spätere Beziehungserfahrungen, wie sie in Freundschaften oder Partnerschaften entstehen, auch diese frühen Bindungsmuster positiv beeinflussen.

Wenn Sie bei sich selbst feststellen, dass es Ihnen schwerfällt, stabile Beziehungen einzugehen, in denen die Balance zwischen Nähe und Distanz gelingt, lohnt es sich, Ihre familiären Verhältnisse der Kindheit näher zu beleuchten.

Einen ganz anderen Aspekt der Liebe berührt das Begehren. Während die zärtliche Form der Liebe aus evolutionsbiologischer Sicht vor allem dazu dient, durch gegenseitige Unterstützung und Beistand das Überleben in einer Familie zu vereinfachen, geht es beim Begehren überwiegend um das Zeugen von Nachkommen. Ohne Begehren keine Sexualität, und ohne Sexualität kein Fortbestand der Art, so die einfache evolutionsbiologische Formel für diese Form der »Liebe«. Sexualität dient jedoch keineswegs nur der Fortpflanzung. Dies zeigt sich schon auf hormoneller Ebene: Das sogenannte »Kuschelhormon« Oxytocin wird nicht nur beim Stillen ausgeschüttet, sondern auch nach sexuellen Begegnungen. So kann auch Sexualität die gegenseitige Bindung und Bezogenheit der Partner festigen.

Dreh- und Angelpunkt aller Liebesgefühle ist somit das Gefühl der Verbundenheit. Dies gilt auch für andere Formen der Liebe, die sich nicht im zwischenmenschlichen Bereich abspielen, wie die Liebe zu einer Tätigkeit oder die Liebe zu Gott.

Wie entwickeln sich Partnerschaftskonflikte?

Erinnern Sie sich, wie Ihre Paarbeziehung begann? Wahrscheinlich mit intensiven Glücksmomenten und großer Zufriedenheit, dem Gefühl, endlich den richtigen Partner gefunden zu haben.

Ist jedoch das erste Gefühl der Verliebtheit verschwunden, steht auch der Alltag wieder im Vordergrund. Die »Schwächen« des Partners, die unterschiedlichen Gewohnheiten und Wünsche treten offener zutage. Was vorher am Verhalten des Partners spannend war, nervt und ärgert uns jetzt.

Wir wünschen uns den »perfekten« Partner an unserer Seite und versuchen, ihn entsprechend zu verändern. Das geht selten gut. Oft fühlt sich der Partner kritisiert und abgewertet.

Für Gerd sind Ordnung und Sorgfalt wichtig. Darum regt es ihn auf, wenn seine Frau Susi z. B. die Zahnpastatube offen herumliegen lässt. Damit Gerd mit seiner täglichen Nörgelei aufhört, verschließt Susi zunächst die Tube nach der Benutzung wieder.
Gerd lernt, dass er nur lange genug nörgeln muss, damit die Zahnpastatube ordnungsgemäß verschlossen wird. Er wird seine »erfolgreiche« Strategie in Zukunft häufiger anwenden. Susi ärgert sich, weil sie trotz ihrer Bemühung, dem Partner entgegenzukommen, immer wieder angemeckert wird. Sie neigt dazu, den Nörgeleien ihres Mannes mit aggressivem Verhalten entgegenzuwirken.
Die Auseinandersetzungen nehmen zu, der Austausch von Lob, Komplimenten und Anerkennung dagegen ab. Die positiven Seiten des Partners werden kaum noch gesehen. Elementare Bedürfnisse bleiben unbefriedigt, die Partnerschaft verliert an Qualität. Allmählich entwickelt sich ein richtiger Machtkampf. Die ganze Beziehung gerät in Gefahr.

Dass es erfolgreiche Partnerschaften gibt, ist keineswegs selbstverständlich. Schließlich muss zu einer schwer verstehbaren Psyche ein passendes Pendant gefunden werden. So etwas kann eigentlich kaum gelingen. Trotzdem streben es die meisten an – und das ist gut so! Denn es klappt ja auch. Aber enges Zusammenleben stellt in Verbindung mit Alltagsstress den Nährboden für Konflikte und Streit dar. Schafft es ein Paar, darüber zu sprechen, was sie sich wünschen, lassen sich Kompromisse aushandeln, die für ein harmonisches Miteinander sorgen. Andernfalls stehen schmerzhafte Konflikte und gegenseitige Bestrafungen bevor, die sich auf die grundlegenden Bedürfnisse innerhalb einer Partnerschaft auswirken. Dazu zählen die Bedürfnisse nach Bindung, Anerkennung und Selbstwerterhöhung sowie nach Kontrolle und Autonomie, die sich selbst bei einer Person widersprüchlich äußern können. Unter festen Partnern ist die Abstimmung dieser Grundbedürfnisse immer wieder notwendig, um sich als Person und als Paar zufrieden und glücklich zu erleben.

Bei Schwierigkeiten in Beziehung und Partnerschaft, und dazu gehören auch Sexualprobleme, kann eine Paartherapie helfen. Vorrangig wird es darum gehen, sich wieder auf eine positive Wechselwirkung mit dem Partner einzulassen, besser miteinander reden und nötige Abgrenzungen fair aushandeln zu können. Bei problematischer Partnerwahl kann es auch das Ziel sein, einen guten Weg für eine Trennung zu finden.

Zerstörte Liebe geht meist mit tiefer Kränkung einher. Um sich auf neue Beziehungen ohne Vorbehalte einlassen zu können, ist es wichtig, die Ursache der Verletzungen verstanden und sie aufgearbeitet zu haben. Wer es schafft, dem Verursacher der alten Verletzungen zu verzeihen, fördert sein Seelenheil und schafft die Basis für gute neue Beziehungen (s. Kap. 19).

Paarprobleme gelten nicht als gesundheitliche Störung, daher wird die Therapie nicht von der Krankenkasse übernommen. Die Kosten für eine Beratungsstunde von 50 Minuten richten sich bei Psychologen in eigener Praxis meist nach der Gebührenordnung für Psychotherapeuten. Partnerschaftsberatung wird häufig auch in kommunalen oder kirchlichen Beratungsstellen angeboten.

Übung

Abstimmung der Zufriedenheit in der Partnerschaft

Jeder Partner beurteilt jeden der folgenden Bereiche für sich allein hinsichtlich der aktuellen Zufriedenheit. Anschließend wird verglichen. Übereinstimmungen zeigen das Gelingen der Partnerschaft. Bedeutsame Abweichungen sollten geklärt werden (s. Tipp: Kommunikationsregeln für Paare, S. 246).

Partnerschaftsbereich	**Zufriedenheitsskala**
1 (= sehr gut) bis 6 (= unbefriedigend)	
Haushaltsaktivitäten	1 – 2 – 3 – 4 – 5 – 6
Gemeinsame Aktivitäten	1 – 2 – 3 – 4 – 5 – 6
Persönlicher Freiraum	1 – 2 – 3 – 4 – 5 – 6
Kommunikation	1 – 2 – 3 – 4 – 5 – 6
Sexualität	1 – 2 – 3 – 4 – 5 – 6
Erziehung der Kinder	1 – 2 – 3 – 4 – 5 – 6
Finanzen	1 – 2 – 3 – 4 – 5 – 6
Gesamtzufriedenheit	1 – 2 – 3 – 4 – 5 – 6

Wie können Liebe und Zuneigung aufrechterhalten bleiben?

Mit Zuneigung und Liebe ist oft die Vorstellung verbunden, sie müssten ewig halten. Auch soll dafür, dass es so bleibt, eine andere Person sorgen. Jedes Gefühl ist jedoch vergänglich, auch Liebe und Zuneigung. Um die Liebe in einer Dauerbeziehung aufrechtzuerhalten, benötigt man den Willen, sie zu gestalten.

Jedes Gefühl kann auch immer wieder neu entstehen. Wer beim Partner wiederholt Seiten entdeckt, die liebenswert sind, wird immer wieder Zuneigung oder Liebe spüren. Es geht um achtsamen Umgang statt unachtsame Routine. Es geht darum, Voraussetzungen zu schaffen, die ein bestimmtes Gefühl ermöglichen: den Partner zu erfreuen, indem bemerkt und rückgemeldet wird, was man an ihm oder ihr mag; die Fähigkeit, sich für das Wohlergehen anderer zu interessieren und dadurch sympathisch für andere zu sein usw. In lang dauernden und qualitativ guten Partnerschaften verstärken sich die Partner gegenseitig positiv und erhalten damit die gegenseitige Attraktivität aufrecht. Die Vorteile des Partners überwiegen gegenüber dessen Nachteilen; die positiven Interaktionen zwischen den Partnern überwiegen gegenüber den negativen. Anders als beim Scheitern von Beziehungen werden die Gemeinsamkeiten beachtet, nicht das Trennende.

Was eine Beziehung haltbar macht

- Die Vorteile des Partners werden mehr beachtet als dessen Nachteile.
- Die Partner verstärken sich gegenseitig positiv und erhalten damit die gegenseitige Attraktivität aufrecht.
- Gemeinsamkeiten festigen die Beziehung.
- Die positiven Interaktionen zwischen den Partnern überwiegen gegenüber den negativen.
- Geben und Nehmen zwischen den Partnern sind ausgewogen, jeder profitiert.
- Nähe und Distanz sind für beide Partner stimmig und ausbalanciert.
- Bei Problemen sind beide Partner an Lösungen interessiert und suchen Kompromisse.

Weshalb wir fremdgehen

Sperrt man zwei Tiere, z. B. Ratten beiderlei Geschlechts, in einen Käfig, entwickeln sie lebhaftes Interesse aneinander und bald bespringt das Männchen seine Partnerin. Nach einer kleinen Erholungspause beginnt der Sexakt von Neuem, heftig wie zuvor. Doch nach einigen Malen ist die Lust erloschen. Hat sich das Männchen überanstrengt? Nein, es langweilt sich. Bekommt es nämlich eine neue Gespielin in den Käfig, stürzt es sich auf sie, und das Spiel beginnt von vorn. Schon der Anblick einer neuen Ratte hinter einer Glaswand steigert den Dopaminwert um fast 50 Prozent, unmittelbar vor dem Sex klettert er auf das Doppelte des Normalwerts und wird mit jedem Akt schwächer. Der Anblick einer neuen Ratte lässt ihn dann gleich wieder um ein Drittel ansteigen. Es ist der Reiz des Neuen, der für die Steigerung sorgt, die neue Ratte besitzt ansonsten keine Vorzüge. Es ist die Droge Dopamin, die dieses Verhalten steuert. Wird dem Männchen Dopamin von außen zugeführt, bespringt es sofort auch wieder seine alte Partnerin. So banal ist häufig der Grund fürs Fremdgehen.

Eifersucht

Eifersucht hängt aufs Engste mit Untreue zusammen. Sie ist genaugenommen kein Gefühl, sondern vielmehr ein »Gefühlsgemisch«, bestehend aus Wut, Angst, Traurigkeit und Scham. Gemeinsam ist all diesen Reaktionen, dass sie durch die Bedrohung einer wichtigen Beziehung ausgelöst werden. Eifersucht will einen scheinbaren Besitz bewahren, dessen Verlust abwehren. Welche Grundemotion den individuellen Akkord der Eifersucht bestimmen, ist von Mensch zu Mensch verschieden.

Mit Zorn reagieren Menschen, die durch den Rivalen ihren Status bedroht sehen, wobei Status hier sehr weit definiert ist, d.h., es zählt auch der Status als Ehemann, als exklusiver Sexualpartner oder aber als unwiderstehlicher Frauenheld dazu. Diese mit Wut verbundene Eifersucht hat ihre Wurzel darin, dass ein anderer in das »eigene Territorium« eingreift und somit die eigenen Grenzen überschreitet.

Die Angst wiederum wird ausgelöst durch die Vorstellung, verlassen zu werden, wobei die Vorwegnahme des eigentlichen Verlusts wiederum Traurigkeit bewirkt.

Die Erkenntnis, der »gehörnte« Ehepartner zu sein oder die Einsicht, dass »die andere Person etwas hat, was ich nicht habe«, stellt einen massiven Angriff auf das Selbstwertgefühl dar und erzeugt in den meisten Menschen Scham über die eigene Unzulänglichkeit. So dominieren je nach Situation und Grundpersönlichkeit andere Gefühle die Eifersucht.

Als Auslöser der Eifersucht genügt oft schon die Ahnung eines drohenden Verlusts, ohne dass es wirklich zu beziehungsgefährdendem Verhalten des Partners kommt. Umso extremer sind die Folgen der Eifersucht: Weltweit ist Eifersucht dritthäufigstes Tötungsmotiv.

Eifersucht ist eine sehr frühe Emotion, die sich schon bei einem sechs Monate alten Baby zeigt, wenn es z.B. scheinbar zweitrangig wird, weil sich etwa die Aufmerksamkeit der Mutter einer Puppe zuwendet.

Die globale Verbreitung von Eifersucht, unabhängig von Lebens- und Gesellschaftsform, hat ihren Ursprung in ihrer evolutionsbiologischen Funktion: Männer verhindern durch Eifersucht, nicht leibliche Kinder großziehen zu müssen; Frauen wollen sicherstellen, dass der Vater ihrer Kinder lange genug als Versorger zur Verfügung steht. Entsprechend reagieren Männer und Frauen unterschiedlich stark auf verschiedene Akte der Untreue: Während Männer besonders auf sexuelle Außenbeziehungen mit Eifersucht reagieren, fühlen sich Frauen mehr durch eine enge emotionale Beziehung des Partners zu einer dritten Person bedroht. So sehr die Eifersucht auch den Anschein erweckt, eine Beziehung erhalten zu können, bewirkt sie meist genau das Gegenteil.

Der richtige Umgang mit Eifersucht

- Gestehen Sie sich Ihre Eifersucht ein und denken Sie über Ihre Verdächtigungen nach: Haben diese ihren Ursprung in früheren Beziehungserfahrungen? Oder in einer geringen Meinung von sich selbst? Dann sollten Sie diese Probleme direkt angehen, anstatt Ihrem Partner mit unbegründeter Eifersucht zu begegnen. Tritt die Eifersucht hingegen erstmals bei Ihrem aktuellen Partner auf, sollten Sie diesen mit Ihren Gefühlen und den Auslösern konfrontieren.
- Suchen Sie Bestätigung für sich unabhängig vom Eifersuchtsobjekt, damit Ihr Selbstwertgefühl stärker wird.
- Bringen Sie Ihre Gefühle dem Partner gegenüber verbal zum Ausdruck. Machen Sie deutlich, welches Verhalten des Partners Ihnen wehtut, und geben Sie sich und Ihrem Partner die Chance, Ihr beiderseitiges Verhalten zu ändern.
- Lassen Sie einander Raum zum »Atmen«. Eifersucht beruht auf mangelndem Vertrauen und macht die Partner unfrei. Die gegenseitige Eingrenzung kann somit genau das bewirken, was eigentlich durch Eifersucht verhindert werden soll: die Trennung des Partners von Ihnen. Machen Sie sich klar, dass Sie durch Eifersucht etwas zu kontrollieren versuchen, was nicht kontrollierbar ist, nämlich die Liebe.

Liebe und Gewalt

Eine gute Partnerwahl ist schwierig, die Persönlichkeiten der Partner sind oft unterschiedlich und feste Beziehungen meist tiefgehend emotional und leidenschaftlich. Es überrascht daher wenig, dass Beziehungen häufig problembeladen sind und dass es daher auch zu Gewaltanwendungen zwischen den Partnern kommt.

In einem Experiment von 1980 an der University of Wisconsin ging der Psychologe Edward Donnerstein folgender Frage nach: Gibt es einen Zusammenhang zwischen pornografischem Filmkonsum und der Bereitschaft zur Gewalt?

Als Versuchspersonen dienten männliche College-Studenten. Den Probanden wurde je nach Untersuchungsgruppe einer von drei unterschiedlichen Filmen gezeigt.

- Der Inhalt eines Films war neutral.
- Der zweite Film zeigte Erotik, jedoch ohne Gewaltdarstellungen.
- Im dritten Film wurden Erotik und Aggressivität kombiniert – bis hin zu Vergewaltigungsszenen.

Im Anschluss an die Filme nahmen die Versuchspersonen an einem angeblichen Lernexperiment teil. Als »Lehrer« stellten sie sowohl Frauen als auch Männern Aufgaben. Für falsche Antworten sollten sie den Schülern Elektroschocks verabreichen. Die Stärke der Elektroschocks durften sie in unterschiedlicher Intensität wählen. In Wirklichkeit erhielt keiner der Schüler tatsächlich Stromschläge.

Welches Geschlecht würde heftiger bestraft werden und nach welchem Film? Es zeigte sich ein eindeutiges Ergebnis des Experiments: Die stärksten Schocks des gesamten Experiments fügten die Probanden den Frauen zu – und zwar nachdem sie den aggressiv-erotischen Film gesehen hatten. Dagegen waren die Stromschläge für die Männer nach diesem Film im Durchschnitt deutlich schwächer.

Nach den anderen Filmen lagen die Elektroschocks auf deutlich niedrigerem Niveau. Auch zeigte sich kein Unterschied zwischen Männern und Frauen.

Die Beobachtung sexueller Aggression steigerte also im Experiment die Gewaltbereitschaft von Männern gegenüber Frauen.

Kommunikationsregeln für Paare

Äußern von Gefühlen:

- *Akzeptieren* Sie Ihre eigenen Gefühle so, wie sie sind.
- Drücken Sie Ihre Gefühle *direkt* aus.
- Äußern Sie Ihre Gefühle *ich-bezogen*, nicht allgemein mit »man«.
- Nennen Sie als *konkrete Auslöser* für Ihre Gefühle Situationen und Verhaltensweisen.
- Äußern Sie Ihre Gefühle *spezifisch*, vermeiden Sie Generalisierungen.
- Formulieren Sie Ihre Gefühle *ohne Anklage* oder Werturteil.

Umgang mit den Gefühlen des anderen:

- Helfen Sie Ihrem Partner, seine Gefühle auszudrücken, indem Sie ihm *aufmerksam* zuhören.
- Zeigen Sie Ihrem Partner, wie Sie ihn verstanden haben, indem Sie seine Äußerungen *mit eigenen Worten* wiederholen.
- Beseitigen Sie Unklarheiten, indem Sie *nachfragen*.
- Helfen Sie Ihrem Partner, sich über seine Gefühle klar zu werden, indem Sie seine *Gefühle aufgreifen* und ihm mitteilen.
- Teilen Sie Ihrem Partner mit, wie seine Äußerung auf Sie gewirkt hat, indem Sie Ihre *Gefühle ausdrücken*.

Vom Geben und Nehmen

In einem Experiment untersuchte der US-amerikanische Sozialpsychologe Dennis Regan von der Cornell University 1971 das Prinzip der Gegenseitigkeit, die Reziprozitätsregel.

Die Versuchspersonen meinten, an einer Studie zum »Kunstverständnis« mitzuwirken. Das wahre Experiment ließ sie jedoch auf eine zweite Person in einem Warteraum treffen. Diese war nur scheinbar ein weiterer Versuchsteilnehmer, in Wirklichkeit war sie Regans Assistent. In einer Untersuchungsbedingung tat der Assistent der eigentlichen Versuchsperson einen kleinen Gefallen, indem er kurz den Raum verließ, mit zwei Colas zurückkam, und eine Cola der Versuchsperson schenkte. In der anderen Untersuchungsgruppe war alles genau gleich – nur ohne Cola. Später bat der Assistent die Versuchsperson, ihm Lose abzukaufen.

Die Versuchspersonen, die vorher eine Cola erhalten hatten, kauften viel mehr Lose als die anderen, und zwar im Durchschnitt doppelt so viele – eine Demonstration der Reziprozität. Die meisten Menschen haben das Bedürfnis, sich für einen Gefallen erkenntlich zu zeigen.

Die Reziprozitätsregel zeigt sogar stärkere Effekte als Sympathie: Die Versuchspersonen wurden gefragt, wie sympathisch sie den Assistenten fanden. Ihre Einschätzung der Sympathie hatte allerdings keinen Einfluss auf die Anzahl der gekauften Lose. Entscheidend für das Gefühl, dem anderen etwas schuldig zu sein, war ausschließlich der vorher erbrachte Gefallen, hier die Cola.

Achtung: Das Reziprozitätsprinzip kann auch missbraucht werden. Leute, die wir nicht mögen, können ihre Chancen stark erhöhen, wenn sie uns einen kleinen Gefallen tun, bevor sie ihr eigentliches Anliegen vorbringen.

17 Aufmerksamkeit – mehr als nur anwesend sein

Unsere Aufmerksamkeitsressourcen sind begrenzt. Das Gehirn ist ständig damit beschäftigt, irrelevante Reize auszublenden, damit wir nicht durch Reizüberflutung überfordert werden. Die Kehrseite dessen ist unsere Unaufmerksamkeitsblindheit.

Unaufmerksamkeitsblindheit – der unsichtbare Gorilla

Im berühmten Gorillaexperiment der Kognitionsforscher Daniel Simons und Christopher Chabris, University of Illinois, von 1999 kann sich jeder dieses Phänomen vor Augen führen:

www.youtube.com/watch?v=vJG698U2Mvo

Das Gorillaaufmerksamkeitsexperiment

Für die Gorillastudie hatten die beiden Psychologen ihren Probanden die Aufgabe gestellt, sechs Basketballspieler zu beobachten. Drei trugen weiße, drei schwarze T-Shirts, und sie warfen sich jeweils gegenseitig einen Ball zu. Die Aufgabe lautete, die Pässe der weiß gekleideten Spieler zu zählen. Irgendwann lief dann plötzlich ein Schauspieler im Gorillakostüm durch das Bild. Doch die meisten Probanden bemerkten das nicht.

Wer den kurzen Film nur anschaut, ohne sich mit der Aufgabe zu beschäftigen, kann nicht fassen, dass irgendjemand den Gorilla nicht sofort sieht. Wer selbst den Test macht und ebenso blind ist wie die meisten, kommt sich bei wiederholter Betrachtung blöd vor. Doch es ist ganz normal, den Gorilla zu übersehen. *Unaufmerksamkeitsblindheit* ist eine universelle Eigenart des Denkens und der Wahrnehmung.

Im Durchschnitt sahen 65 Prozent der Zuschauer den Gorilla nicht! Was sind die Gründe dafür?

Aufmerksamkeit für eine Aufgabe wirkt wie ein Filter, durch den wir uns auf ein wichtiges Objekt konzentrieren und unbedeutende und unerwartete Reize der Umgebung ausblenden. So entsteht Unaufmerksamkeitsblindheit: Ungefähr die Hälfte der Versuchspersonen nehmen ein länger dauerndes, eigentlich sehr auffälliges, jedoch unerwartetes Ereignis (einen tanzenden Regenschirm, ein Quadrat in einer Aufgabe mit Kreuzen etc.) nicht wahr, wenn sie mit einer elementaren Beobachtungsaufgabe beschäftigt sind. Gerade *weil* etwas so offensichtlich ist, wird es leicht übersehen. Je deutlicher sich ein unerwarteter Reiz, z. B. der schwarze Gorilla, vom Fokus der Konzentration (die Basketballspieler in den weißen T-Shirts) unterscheidet, desto leichter entgeht er der Wahrnehmung. Die Aufzeichnung der Augenbewegungen zeigte, dass selbst jene Probanden den Gorilla nicht wahrgenommen hatten, die ihn direkt angeschaut hatten. Das Gehirn bestimmt also, was wir sehen – es kommt darauf an, worauf die Aufmerksamkeit gerichtet ist.

Die Stärke der Unaufmerksamkeitsblindheit hängt vom Schwierigkeitsgrad der Beobachtungsaufgabe ab. Es wird geschätzt, dass wir im Alltag 95 Prozent dessen, was in unser Blickfeld gerät, ausblenden. Dies ist in der Regel sinnvoll, um Zeit und Energie zu sparen.

Zunehmend ereignen sich Verkehrsunfälle aufgrund von Unaufmerksamkeit, weil ein Fahrer oder ein Fußgänger sich auf sein Smartphone konzentriert hat und die Gefahr in der komplexen Verkehrssituation nicht erfassen konnte. Diese Problematik bestätigte ein Experiment, das einen Clown auf dem Einrad präsentierte, den vom Smartphone absorbierte Menschen jedoch nicht wahrnahmen.

Man kann auch den eigenen Gedanken so intensiv nachhängen, dass man die Außenwelt komplett ignoriert und z. B. ein sich näherndes Auto übersieht. Ähnlich ergeht es so manchem Schüler: Wenn er im Unterricht z. B. von der nächsten Begegnung mit seiner Freundin träumt, entgeht ihm die Erklärung des Mathelehrers und ist hinterher bei der Klassenarbeit felsenfest davon überzeugt, dass diese Aufgabe nie im Unterricht besprochen wurde. Sie wurde durchaus besprochen, aber da er unaufmerksam war, hat er nichts davon mitbekommen.

Einen amüsanten Spezialfall dieses Effektes demonstrierten 1998 Daniel Simons und Daniel Levin von der University of Illinois: Eine Person sprach Passanten an und ließ sich auf einem Stadtplan den Weg erklären. Während des Gesprächs marschierten zwei Männer mit einer Tür auf den Schultern zwischen beiden hindurch. Hinter dieser Deckung wechselte die Person mit dem Stadtplan: Der Passant erklärte nun – ohne es zu bemerken – einer anderen Person den Weg.

www.youtube.com/watch?v=FWSxSQsspiQ

Aufmerksamkeitsexperiment mit Austausch der Gesprächspartner

Wie Zauberer unsere Aufmerksamkeit ablenken

Durch geschickte Ablenkung der Aufmerksamkeit beim Zuschauen erreichen Zauberer unglaubliche Effekte. Sie können die Blicke des Publikums in eine Richtung lenken, indem sie z. B. eine Hand heben und dabei mit dem Finger schnippen. Wird die Hand wellen- oder bogenförmig bewegt, bleibt die Aufmerksamkeit länger haften als bei gerader und damit vorhersehbarer Bewegung.

Der Psychologe Gustav Kuhn vom Goldsmiths College der University of London zeigt in einem Experiment einen Zaubertrick: Ein Mann will sich eine Zigarette anzünden, steckt sie allerdings verkehrt herum in den Mund. Er bemerkt den Irrtum und dreht mit der linken Hand die Zigarette herum. Dann hebt er die rechte Hand, die scheinbar das Feuerzeug hält, fixiert sie mit seinem Blick, schnippt mit den Fingern, und das Feuerzeug ist weg, die Hand leer. Er schaut auf seine andere Hand, auch die Zigarette ist weg. Der Trick besteht darin, dass der Zauberer das Feuerzeug von der Tischhöhe aus in seinen Schoß fallen lässt, während er die Zigarette umdreht. Wenn er mit den Fingern schnippt und dabei die nun leere rechte Hand fixiert, lässt er ebenso die Zigarette fallen. Obwohl dies für alle sichtbar geschieht, sehen es nur 2 von 10 Teilnehmern, weil der Zauberer ihre Aufmerksamkeit ablenkt.

Wer sind die alltäglichen Zauberer, die uns ablenken? Fantasien, ausgelöst durch Umgebungsreize, wie eine Nachricht auf dem Smartphone, oder ein intensives Nachdenken über ein unangenehmes Ereignis oder eine bevorstehende Prüfung …

Wie wir die Aufmerksamkeit wiedererlangen können

Gegen Unaufmerksamkeit hilft *Achtsamkeit*. Achtsamkeit ist ein modernes Zauberwort zur Entschleunigung und Stressbewältigung in einer immer schneller werdenden Welt. Die Aufmerksamkeit wird bewusst auf das gelenkt, was gerade geschieht. Es hat sich gezeigt, dass viele psychische und gesundheitliche Probleme damit zu tun haben, dass wir so gut wie nie im Hier und Jetzt verbleiben, sondern ständig an Vergangenes oder Zukünftiges denken. Durch Achtsamkeit können wir diesen Gedankenstrom durchbrechen.

Unsere Aufmerksamkeit beeinflusst unser Erleben, Denken und unser Verhalten.

Zur Regeneration der Aufmerksamkeit benötigen wir Phasen der Entspannung. Wissenschaftliche Studien besagen, dass die Aufmerksamkeit in der grünen Natur wesentlich besser wiederhergestellt werden kann als in der Stadt, wo es viel mehr ablenkende Sinnesreize wie Lärm und Verkehr gibt, die uns nicht zur Ruhe kommen lassen.

Aufmerksamkeit durch automatisierte Prozesse

Um Gehirnkapazität zu sparen, werden zusätzlich zur Ausblendung irrelevanter Reize auch häufig genutzte Hirnfunktionen automatisiert. Automatisierte Prozesse, also Gewohnheiten, benötigen weniger Aufmerksamkeit und Bewusstheit, sparen damit Energie und funktionieren schneller. Wie das Gehirn hingegen mit Ungewohntem umgeht, zeigt der *Stroop-Test*: Farbwörter werden in der Farbe präsentiert, die dem Inhalt des jeweiligen Worts entspricht, und auch in Farben, die davon abweichen. Weicht die Farbe vom Farbwort ab, ist größere Aufmerksamkeit beim Lesen notwendig, um den automatisierten Leseprozess von Wörtern zu unterbinden, was die Reaktionszeit beim Benennen der Farbe verlängert: Steht z. B. grün in gelber Farbe geschrieben, lesen wir grün, sollen jedoch gelb sagen und verhaspeln uns daher schnell.

Solche Filter- und Automatisierungsprozesse beim Denken haben nichts mit mangelnder Intelligenz zu tun. Gerade Menschen mit hoher Intelligenz selektieren, wie Wahrnehmungsversuche mit Hochbegabten von Duje Tadin 2013 an der University of Rochester nahelegen. Und auch bei Tieren ist dieses Phänomen zu beobachten.

Die Bedeutung der Aufmerksamkeit für das Lernen zeigte sich ganz deutlich, als Kiro, der Assistenzhund der Stiftung Psyche, die Hundeschule besuchte. Kiro, ein goldiger Labradoodle, ging sehr gern zur Hundeschule. Dort saßen die Hunde im Kreis jeweils neben ihren Hundebesitzern. In der Mitte stand eine Hundetrainerin und erklärte die Aufgaben, die von den jungen Hunden der Reihe nach bewältigt werden sollten. Während die meisten Hunde in die Gegend oder zu den anderen Hunden schauten, verfolgte Kiro immer ganz gespannt, was die Trainerin vorführte. Wenn er dann dran kam, orientierte er sich sofort an seinem »Herrchen«. Er schaute nicht in die Gegend, nicht nach anderen Hunden und jetzt auch nicht zur Trainerin. Ganz gespannt wartete er auf die Kommandos seines Herrchens. Und da er zuvor schon aufmerksam gewesen war, wusste er immer sofort, was nun verlangt wurde. Nach ganz kurzer Zeit war Kiro der Musterschüler, den die Trainerin immer wieder übernahm, um die richtige Ausführung der Aufgaben zu demonstrieren. Anders als die anderen Hunde musste Kiro keinerlei Hausaufgaben machen. Er war eben aufmerksam, wusste dadurch, worum es jeweils ging, und indem er die Aufmerksamkeit sofort von der Trainerin weg auf sein »Herrchen« richtete, klappte es mit den Ausführungen immer vorbildlich. Ganz anders war es außerhalb der Hundeschule. Wenn Kiro etwas Interessantes witterte, war seine Aufmerksamkeit davon so gefesselt, dass er sein »Herrchen« gar nicht mehr wahrnahm.

Aufmerksamkeitsdefizitstörung – eine Krankheit?

Ein relativ neues Phänomen ist die *Aufmerksamkeitsdefizitstörung* (ADS, ADHS bei Kombination mit Hyperaktivität): Ein zentraler Bestandteil von ADS ist die mangelnde Fähigkeit, die Aufmerksamkeit längere Zeit aufrechtzuerhalten. ADS-Betroffene sind leicht ablenkbar, oft motorisch unruhig oder verträumt. Sie haben einen oberflächlichen, sprunghaften Wahrnehmungsstil und können Reizeinflüsse nicht gut sortieren und organisieren. Sie reagieren impulsiv und ecken dadurch oft mit ihrem Verhalten an. Weil ihr Verhalten besonders in der Schule oft stört, werden die besonderen Qualitäten dieser Kinder häufig übersehen. Viele sind sehr hilfsbereit und verhalten sich in diesem Sinn besonders aufmerksam.

ADS gilt als genetisch veranlagt, es tritt jedoch gegenwärtig vermehrt zutage. Was sind die Gründe dafür? Die gesellschaftlichen Rahmenbedingungen ändern sich. Kinder toben sich weniger in der freien Natur aus; sie sind körperlich weniger ausgelastet als früher. Digitale Medien wie Fernsehen, Computer und Smartphone ersetzen häufig die für die Entwicklung von Kindern notwendigen körperlichen Bewegungsmöglichkeiten. Rasche Aufmerksamkeitswechsel sind dadurch gefordert. Das kann dazu führen, dass Kinder unruhig werden und in der Schule dem Unterricht nur schwer folgen können. Stattdessen agieren sie ihre Unruhe aus, indem sie den Unterricht stören.

Karl war für alle Lehrer an der Realschule eine Nervensäge. Ständig heischte er nach Aufmerksamkeit, und wenn er sie von der Lehrkraft nicht ausreichend bekam, verschaffte er sie sich von den Mitschülern, indem er den Kasper spielte, alles durcheinanderbrachte oder auf andere Weise störte. Als einmal ein Radiosender in die Schule kam, um mit den Schülern eine Reportage aufzuzeichnen, wollte Karl natürlich die Rolle des Sprechers übernehmen, die anderen trauten sich nicht. Aber Karl war zu dieser Zeit so richtig im Stimmbruch, und der zuständige Journalist musste ihn aussortieren. Wo also blieb die Bewunderung? Karl wusste sich zu helfen. Zufällig hatte er eine Stinkbombe dabei und stand somit schnell wieder im Mittelpunkt. Bewunderung sieht allerdings anders aus. Je mehr Unfug er trieb, desto mehr wurde er von den anderen gemieden und von den Lehrern bestraft, sodass er dann ein noch stärkeres Bedürfnis nach Zugehörigkeit und einen noch größeren Selbstdarstellungsdrang entwickelte. Kurz vor den Abschlussprüfungen wurde wieder einmal ein Schulausschluss gegen ihn verhängt. Die Lehrer wussten um seine besondere Situation. Karl wurde unehelich geboren, die Mutter überließ das Kind der Großmutter, diese gab es dann in ein Kinderheim. Erst mit 10 Jahren wurde Karl von einer Pflegefamilie aufgenommen. Aber nun wollte er sich nichts mehr sagen lassen. Dass den Lehrern irgendwann der Kragen platzte, ist verständlich. Ihn unmittelbar vor dem Abschluss von der Schule auszuschließen, war allerdings unverhältnismäßig. Zum Glück konnte es Karl noch einmal einrenken. Er schaffte die Prüfung und fand sofort eine Lehrstelle. Aber nach zwei Monaten flog er dort raus. Immerhin suchte er nun von sich aus eine psychologische Beratung auf. Gemeinsam wurde eine angemessene Lösung gefunden. Die zweite Lehre hielt er durch. Einige Jahre später zog er mit seiner Freundin in die Nachbarschaft seiner früheren Lehrerin. Wenn sie Karl nun begegnete, staunte sie über diese wundersame Entwicklung vom pubertären Flegel zu einem ordentlichen jungen Mann.

Wie ist mit diesen Kindern umzugehen? Die Behandlung von ADHS im Sinne einer Krankheit ist der einfachere Weg. Dieser Weg wird momentan häufig beschritten. Das gesellschaftlich nicht erwünschte Verhalten wird pathologisiert. Den Kindern werden Medikamente verschrieben, die sie ruhiger machen sollen. Dadurch werden Eltern und Lehrer entlastet. Den Kindern aber wird suggeriert, nicht normal zu sein und nur mit Tabletten zu funktionieren. Ein Trend, der natürlich von der Pharmaindustrie gern unterstützt wird. Dass die Medikamente in den Hirnstoffwechsel eingreifen und den natürlichen Lernprozess beeinträchtigen, wird dabei meist verschwiegen. Wenn man sich die Statistiken näher anschaut, ist es meist nur eine Minderheit, die von Pillen deutlich profitiert, alle anderen erfahren nur eine minimale Besserung. Diese Wirkung verpufft oft auch noch mit der Zeit, weil allmählich eine Toleranz gegenüber dem Medikament entwickelt wird.

Daneben gibt es natürlich noch den eher beschwerlichen Weg, der mit großer Anstrengung für Eltern und Lehrer verbunden ist. Um die innere Unruhe der Kinder auf natürlichem Wege anzugehen, sollten die Eltern mit den Kindern jeden Tag auf den Spielplatz oder in den Wald gehen, damit sie sich dort austoben können. Die Eltern müssten in der Erziehung auch wesentlich konsequenter auf kindliches Fehlverhalten reagieren. Lehrer sollten Toleranz und mehr didaktischen Einsatz aufbringen, um die Kinder im Unterricht bei der Stange zu halten. Es gibt auch alternative Projekte, wie eine Almfreizeit für ADHS-Kinder, damit sie dort lernen, ohne Medikamente mit ihrer Unruhe umzugehen.

Forscher der Erasmus-Universität Rotterdam beobachteten, dass Studenten mit ADHS später mit überdurchschnittlicher Wahrscheinlichkeit ein Unternehmen gründen.

Asperger-Autismus – Stärken durch fokussierte Aufmerksamkeit

Ganz anders als bei ADHS verhält es sich beim *Asperger-Autismus*, der eher milden Variante des Autismus. Das Asperger-Syndrom ist oft mit Stärken in den Bereichen der Wahrnehmung, der Aufmerksamkeit oder der Gedächtnisleistung verbunden. Weshalb die Betroffenen besonders geeignet sind, Fehler in der Programmierung von Software zu entdecken. Ihre Schwächen in der sozialen Interaktion und Kommunikation, die sie im Alltag als wunderlich erscheinen lassen, spielen hier nur eine untergeordnete Rolle.

Motivation und *Selbstkontrolle* durch innere Gespräche mit sich selbst, wie »Jetzt streng dich mal an«, »Zeig, dass du es drauf hast«, sind ein wichtiger Faktor für Zielorientierung und Erfolg. Darin unterscheiden sich schon kleine Kinder, wie der österreichisch-amerikanische Psychologe Walter Mischel von der Stanford University in Versuchen zum Belohnungsaufschub mit über 700 Kindern in den Jahren 1968 bis 1974 nachweisen konnte.

Das Marshmallowexperiment

Einer Gruppe von vierjährigen Kindern wurde eine Schüssel mit Marshmallows vorgesetzt. Die Kinder sollten zwischen 6 und 15 Minuten allein auf den Versuchsleiter warten. Sie konnten jederzeit nach ihm klingeln und durften sich dann ein Marshmallow nehmen. Wer es schaffen würde, bis zur Rückkehr des Versuchsleiters zu warten, sollte dann zwei Marshmallows bekommen. Somit standen die Kinder vor der Wahl, sich sofort ein Marshmallow zu gönnen oder sich in Geduld zu üben. Erwartungsgemäß griffen einige der Kinder sofort zu. Andere dagegen konnten ihr Verlangen nach den Marshmallows durch z.T. deutlich sichtbare Ablenkungsmanöver aufschieben und sich die doppelte Menge verdienen. Diese Kinder drehten sich vom Objekt der Begierde weg, fingen an, Musik zu machen, oder suchten nach einer anderen Beschäftigung, um die Marshmallows zu vergessen.

Aufschlussreich waren die Untersuchungsergebnisse, die sich viele Jahre später ergaben. Die Teilnehmer des Marshmallowtests wurden im Alter von 18 Jahren erneut aufgesucht. Die Kinder, die damals auf die Belohnung gewartet hatten, waren nun unabhängig von der Intelligenz die erfolgreicheren Schüler. Sie zeigten sich durchsetzungsfähiger und selbstbewusster, gingen besser mit Frustrationen um und erbrachten höhere intellektuelle Leistungen.

Länger auf eine Belohnung warten zu können, ist somit sehr relevant für jedes zielorientierte Verhalten und für das Durchhalten auf dem Weg zum Ziel. Die Fähigkeit zum Gratifikationsaufschub, wie Psychologen den Belohnungsverzicht nennen, ist nicht nur ein Indiz für Willensstärke, sondern auch eine Erfolgseigenschaft. Und diese Fähigkeit, so das zentrale Ergebnis von Mischels Studien, bildet sich bereits in jungen Jahren heraus.

www.youtube.com/watch?v=QX_oy9614HQ#t=28

Das Marshmallowexperiment

Fähigkeit zum Belohnungsaufschub und Bindungserfahrung

Beobachtungen in einem Heim für obdachlose Familien veranlassten die Psychologin Celeste Kidd, von einer geringen Bereitschaft zum Belohnungsaufschub in einer solchen Umgebung auszugehen. Wer es gewohnt ist, dass einem ständig alles weggenommen werde, entscheidet sich aufgrund solcher Erfahrung für den Spatz in der Hand, also besser nicht auf eine größere Belohnung zu warten. Ob der Gratifikationsaufschub von Vorerfahrungen beeinflusst wird, prüften Celeste Kidd und Richard Aslin von der University of Rochester 2012 mit folgendem Experiment: Sie teilten 28 Kinder im Alter zwischen 3 und 5 Jahren in zwei Gruppen. Alle sollten mit Stiften einen weißen Aufkleber bemalen, der später einen Trinkbecher schmücken würde.

Dafür bekamen die Kinder eine Dose mit gebrauchten Wachsmalstiften überreicht. Kidd erklärte, dass sie kurz aus dem Raum gehen werde, um neue und bessere Stifte zu holen.

Bei Gruppe A erschien sie wenige Minuten später mit einer breiten Palette frischer Stifte wieder. Nun legte sie einen kleinen Aufkleber auf den Tisch und sagte den Kindern, dass sie rasch noch einmal schönere Aufkleber holen werde. Wieder kehrte sie wenig später zurück, diesmal mit einer großen Auswahl von Aufklebern.

Den Kindern von Gruppe B versprach sie ebenfalls bessere Stifte und bessere Aufkleber, hielt sich allerdings nicht dran. Jedes Mal kehrte sie zurück und entschuldigte sich bei den Kleinen, es seien weder neue Stifte noch neue Aufkleber vorhanden. Die Kinder dieser Gruppe wurden also enttäuscht.

Nun wurde auch in diesem Experiment der Marshmallowtest durchgeführt: Wie bei Walter Mischel konnten alle Kinder entweder ein Marshmallow sofort essen oder auf ein zweites warten. Doch die beiden Gruppen unterschieden sich bezüglich des Belohnungsaufschubs erheblich. Diese Fähigkeit hängt somit wesentlich von der Zuverlässigkeit der Umgebung ab. Dies bestätigten auch Untersuchungen mit Kindern aus unvollständigen Familien mit häufig wechselnden Vätern.

Mit Willenskraft zur Selbstkontrolle

Unsere Konstruktionen, wie wir uns und die Welt sehen, beeinflussen selbstverständlich auch unser Verhalten, wenn es um ein auf ein bestimmtes Ziel ausgerichtetes motiviertes Arbeiten geht. Diese Konstruktionen tragen dazu bei, ob wir aufgeben oder länger durchhalten. Der Januar eines jeden Jahres steht häufig im Zeichen der Umsetzung guter

Vorsätze. Es folgt jedoch häufig schon Anfang Februar die Ernüchterung, dass die überschüssigen 5 Kilo immer noch drauf sind und sich der Aschenbecher – wie von Geisterhand – doch wieder füllt. Und das, obwohl man sich so sicher war, dass es dieses Mal endlich klappt …

Wirft man einen Blick in die alljährlichen Forsa-Studien zu Neujahrsvorsätzen, so zeigt sich allerdings, dass man mit seinen unerfüllten Vorsätzen nicht allein ist – nur ca. die Hälfte aller Befragten gibt an, Vorsätze länger als drei Monate durchgehalten zu haben. Entsprechend sind die Top Ten der guten Vorsätze seit Jahren mehr oder weniger unverändert. So war für 2016 der Spitzenreiter der guten Vorsätze mit 62 Prozent erneut, »mehr für ein stressfreieres Leben zu tun«. Dieser war dicht gefolgt von »mehr Zeit mit Familie und Freunden« (61 Prozent) sowie »sich öfter bewegen« (59 Prozent) und »eine gesündere Ernährung« (51 Prozent). Des Weiteren finden sich unter den zehn wichtigsten Vorsätzen noch Abnehmen, Tabak- und Alkoholverzicht, eine sparsamere Lebensweise und weniger Nutzung von Handy, Computer und Fernseher.

Eine Forschergruppe um die Psychologin Veronika Job von der Universität Zürich hat 2010 gemeinsam mit Kollegen der Stanford University versucht, dem Phänomen der verworfenen Neujahrsvorsätze auf den Grund zu gehen. Sie konnten herausfinden, dass es bei der Einhaltung von Vorsätzen eine entscheidende Rolle spielt, was Menschen über Willenskraft denken.

Die Einstellung zur Willenskraft wurde mithilfe eines Fragebogens abgefragt, in dem sich Aussagen wie »Nach einer anstrengenden geistigen Aufgabe ist meine Energie erschöpft und ich muss mich erholen« fanden. Im Anschluss daran wurde eine Reihe von Aufgaben gegeben, die ein hohes Maß an Selbstkontrolle erforderten.

Das Experiment zeigte, dass in den Folgeaufgaben ausschließlich jene Personen schlechter abschnitten, die glaubten, dass Willenskraft durch Anstrengung abnimmt. Wer diese Ansicht nicht vertrat, zeigte keine Leistungseinbußen.

In weiteren Experimenten wurde bestätigt, dass unser Durchhaltevermögen sehr von der eigenen Willensstärke abhängt. Wir können uns selbst beflügeln, aber auch ausbremsen. So konnte außerdem gezeigt werden, dass auch in stressreichen Prüfungsphasen mehr Selbstkontrolle aufrechterhalten werden kann, wenn Willenskraft für eine unlimitierte Ressource gehalten wird.

Die gute Nachricht für Neujahrsvorsätze ist, dass sich die Einstellung zur Willenskraft bewusst beeinflussen und daher auch die Fähigkeit zur Selbstkontrolle steigern lässt – somit steht der Umsetzung von guten Vorsätzen eigentlich nichts mehr im Weg.

> *Ein Mensch hat die Aufgabe, alles zu sein,*
> *was er sein kann.*
>
> (Abraham Maslow, Motivationspsychologe)

Erfolg ist zu einem gewissen Teil auch Glückssache. Ob man Glück oder Pech hat, kann man nicht beeinflussen. Aber wenn man sich anstrengt und sich für ein Ziel hartnäckig einsetzt, darf man stolz auf sich sein. Das wiederum ist ein ganz wichtiger Aspekt im Hinblick auf die Konstruktion des Ich und auf das Selbstwertgefühl.

Welche Faktoren beeinflussen unsere Fähigkeit zur Selbstkontrolle?

Sehr erfolgreiche Menschen zeichnen sich durch besonders viel Selbstkontrolle aus: Spitzensportler trainieren täglich mehrere Stunden zusätzlich zu Schule oder Job, Nobelpreisträger forschen jahrelang in unzähligen Nachtstunden an speziellen Fragestellungen.

Die Situation wirkt auf uns ein. Der Ernährungsforscher Brian Wansink, Leiter eines Forschungslabors der Cornell University, konnte 2005 deutlich machen, wie sich die Situation auf unsere Selbstkontrolle auswirkt. Die Teilnehmer seiner Studien bekamen unterschiedlich große Popcornbecher während eines Films angeboten. Zuvor brachten sie überwiegend ihre Überzeugung zum Ausdruck, sich nicht von der verfügbaren Menge des Essens beeinflussen zu lassen. Die Versuchspersonen mit den größeren Popcornbechern aßen dann aber doch 53 Prozent mehr als die Personen mit kleinen Bechern. Bei Getränken machte der Unterschied der Gefäßgröße immer noch 37 Prozent aus. Die eigene Fähigkeit zur Selbstkontrolle wird oft überschätzt. Eine Verhaltenskontrolle durch das Beeinflussen der Umgebungsfaktoren, wie kleinere Teller und Portionen, ist effektiver als Appelle an die Vernunft.

Selbstüberschätzung führt leicht zum Scheitern. Die Gefahr der Selbstüberschätzung untersuchte der Psychologe Loran F. Nordgren von der Northwestern University 2003. In seinen Studien zu Zuständen »gesättigter Impulse« des Essens und Rauchens scheiterten Versuchspersonen mit unrealistischer Einschätzung, wie sie sich häufig in Momenten des Sattseins einstellt. Studienteilnehmer durften sich z.B. leckere Snacks aussuchen, dann wurden ihnen 4 Dollar versprochen, wenn sie diese später wieder zurückbringen. Studenten, die vorher Mittag gegessen hatten, glaubten viel eher, dass sie dies schaffen. Doch nur wenige von ihnen brachten die Snacks tatsächlich zurück. Andere, die weniger sicher waren, gaben die Snacks dagegen zurück.

Genaue Vorstellungen vom Ziel unterstützen die Absicht. Für die Zielerreichung ist eine genaue Vorstellung von der zu bewältigenden Herausforderung förderlich. Der deutsche Sozialpsychologe Peter M. Gollwitzer von der New York University hat dazu 1997 ein Experiment veröffentlicht. Für eine umfangreiche Hausarbeit teilte er seine Studenten in zwei Gruppen ein. Eine Gruppe bekam einen genau besprochenen Zeitplan mit festen Terminen zur Erledigung der Aufgabe, die Teilnehmer der anderen Gruppe durften sich die Zeit frei einteilen, wenn sie nur bis zu einem Stichtag (31.12. des Jahres) die fertiggestellte Hausarbeit ablieferten. Die erste Gruppe war weniger beliebt, aber erfolgreicher, denn 75 Prozent der Teilnehmer schafften die Vorgaben. Von der zweiten Gruppe erreichten nur 33 Prozent der Teilnehmer das Ziel. Eine genaue Vorstellung sowie die Festlegung von Zeit und Durchführung machen das Erledigen anstrengender Aufgaben wesentlich wahrscheinlicher.

Selbstkontrolle ist endlich. Die Begrenztheit unserer Selbstkontrolle veranschaulicht ein Experiment des Sozialpsychologen Roy F. Baumeister an der Florida State University. Die Versuchspersonen saßen vor einem Ofen, der den Duft von frischen Keksen verströmen ließ. Die Teilnehmer der ersten Gruppe durften so viele Kekse essen, wie sie wollten. Eine zweite Gruppe durfte von den Keksen nicht probieren, sondern bekam stattdessen Radieschen vorgesetzt – wovon sie beliebig viele essen durften. Anschließend sollten beide Gruppen eine schwierige Rechenaufgabe lösen. Bereits die erste Bedingung erforderte ein unterschiedliches Maß an Überwindung und damit an Selbstkontrolle, was sich auf die Leistung bei der folgenden Aufgabe auswirken sollte. Tatsächlich erwies sich die Selbstkontrolle als begrenzte Ressource: Die Radieschenesser resignierten schneller und gaben die Bearbeitung der Aufgabe bereits nach 8 Minuten auf, während die Keksesser immerhin 19 Minuten lang durchhielten.

In anderen Untersuchungen mussten die Versuchspersonen Emotionen oder Gedanken unterdrücken, bevor sie einen Arm möglichst lange in Eiswasser halten, einen Gegenstand in der Hand zusammendrücken oder sich ein Lachen verkneifen sollten. Jedes Mal taten sich die Personen bei der Aufgabe deutlich schwerer, wenn sie zuvor Selbstkontrolle hatten ausüben müssen.

Je länger man Selbstkontrolle ausübt, umso mehr ermüden Geist und Körper. Selbstkontrolle kann man sich also wie einen Muskel vorstellen: Immer wenn man übt, wird man besser; aber man benötigt auch Pausen gegen die Ermüdung. Ein überanstrengter Muskel bringt keine Leistung mehr, und wenn er müde ist, gibt der Mensch Ziele schneller auf.

Die Tagesform spielt eine Rolle. Eine weitere Voraussetzung für erfolgreiche Selbstkontrolle ist die Beachtung des angeborenen Biorhythmus. Den meisten Menschen fällt es leichter, in den frühen Stunden des Tages willensstark zu sein, während die Standhaftigkeit gegen Abend schwächer wird. Also sollte man wichtige Dinge eher in den frühen bzw. leistungsstarken Stunden des Tages anpacken.

Mit dem Autopiloten arbeiten. Vieles im Alltag erledigen wir fast automatisch, ohne uns daran erinnern zu müssen, indem wir Gewohnheiten ausbilden. Das Gehirn schont seine Ressourcen, indem es Automatismen an Hirnregionen delegiert, die nicht für Entscheidungen zuständig sind. Man wird leistungsfähiger, wenn man die Notwendigkeit von Entscheidungen reduziert.

Wenn Sie sich einen Zeitplan setzen und immer dranbleiben, erreichen Sie Ihr Ziel!

Praxistipp

- Jedes Veränderungsvorhaben beginnt mit einer bewussten Entscheidung. Der Erfolg wird sich dauerhaft nur einstellen, wenn man dem Veränderungsprozess Priorität einräumt. Die neue Zielsetzung muss zukünftig Vorrang haben.
- Suchen Sie sich ein Vorbild für Ihr Vorhaben, und suchen Sie sich Verbündete, die wie Sie zu Anstrengungen bereit sind.
- Hüten Sie sich vor Ablenkungen und überlegen Sie sich einen Satz, der andere davon abhält, Sie in der Arbeitszeit zu stören.
- Das Ziel sollte realistisch sein, damit ein Scheitern weitgehend ausgeschlossen werden kann.
- Problematisches Verhalten besteht in der Regel bereits längere Zeit und ist zur Gewohnheit geworden. Automatisiertes Verhalten zu ändern benötigt viel Übung. Es gilt nun also, beharrlich zu sein.
- Einen langen Veränderungsprozess hält man eher durch, wenn man dafür einen konkreten Plan entwirft und dessen Einhaltung protokolliert. So wird einer Selbsttäuschung und dem unmerklichen Vermeiden unangenehmer Aufgaben vorgebeugt.
- Eine weitere Voraussetzung ist das Beachten des eigenen Biorhythmus. Wichtige Dinge sollten in den leistungsstarken Zeiten des Tages, meist vormittags, angegangen werden.
- Selbstkontrolle ermüdet, deshalb sollte man Pausen zur Erholung einplanen. Diese sollte man machen, bevor man erschöpft ist, dann freut man sich eher auf das Weiterarbeiten. Hält man solche Pausen kurz, ist man wieder schnell im Thema drin.
- Das Ende des täglichen Pensums legt man am besten vorher fest und hält diese Begrenzung ein. Wer nicht weiterarbeiten darf, baut neue Motivation für den nächsten Tag auf.
- Ein schrittweises Vorgehen schützt vor Überforderung. Große Aufgaben sollten daher in kleinere Einheiten und Abschnitte zergliedert werden.
- Schafft man einen künstlichen Zeitdruck durch Terminvorgaben, verhindert man eher, dass Aufgaben verschoben werden.
- Anstrengungen sollten durch Belohnen verstärkt werden.
- Entscheidungen fallen oft schwer und stören damit den Veränderungsprozess. Die Planung sollte Entscheidungssituationen umgehen.
- Wem eine Aufgabe schwerfällt, tut gut daran, anderen von der eigenen Absicht zu erzählen. Die Entscheidung wird dadurch verpflichtender.

- Damit Vorsätze im Alltag nicht untergehen, können Erinnerungshilfen und feste Routinen nützlich sein.
- Verhalten, das bereits häufig auftritt und automatisiert abläuft, kann ein erwünschtes Zielverhalten verstärken. Vor jeder Treppe, beim Öffnen von Türen oder beim Angurten im Auto usw. kann z. B. ein beruhigendes oder aufmunterndes Selbstgespräch geführt werden.
- Veränderung erfolgt durch das Tun. Also so oft wie möglich tätig werden!
- Gegen Enttäuschungen und schlechte Stimmung sollte man sich wappnen. Oft hilft es, erst einmal einen Gang zurückzuschalten. Aber Achtung, nicht gleich aufgeben! Stattdessen sofort festlegen, wann man wie weitermachen wird.

Übung

Die Zukunft wahr werden lassen

Stellen Sie sich jetzt einmal Folgendes vor:

- Das Jahr ist vorbei und es ist Silvester …
- Gehen Sie nun noch weiter in die Zukunft und stellen Sie sich vor, es seien weitere fünf Jahre vergangen, und es ist wieder Silvester …
- Wie leben Sie? Wo sind Sie jetzt? Wer ist bei Ihnen? Wie geht es Ihnen?
- Und nun schauen Sie zurück: Wie sind Sie hierhergekommen? Welche Schritte haben Sie zurückgelegt?
- Gehen Sie nun Schritt für Schritt wieder zurück in die Gegenwart …
- Und nun überlegen Sie sich, welches der nächste Schritt ist, den Sie sich jetzt vornehmen.

Die Zielerreichung vorwegnehmen

Eine Belohnung zum Abschluss

- Überlegen Sie sich eine Belohnung, die Sie sich gönnen, wenn Sie Ihr Ziel erreicht haben.
- Schreiben Sie auf, was es Ihnen wert ist, dieses Ziel mit aller Kraft anzugehen.
- Was ist es, worauf Sie sich jetzt schon freuen, wenn Sie an die Zielerreichung denken?

Das Ziel ist geschafft

- Stellen Sie sich vor, dass Sie Ihre Zielaufgabe soeben erfolgreich bewältigt haben.
- Wie fühlen Sie sich in diesem Moment?
- Dann stellen Sie sich vor, wie Sie dieses Ereignis anderen, Ihren Freunden, Ihren Eltern u. a., mitteilen und wie stolz Sie sich dabei fühlen.
- Erleben Sie, wie sich die anderen mit Ihnen freuen.

Erwartungen und Hoffnungen

- Was bedeutet es für Sie, erfolgreicher zu werden? (Ihre Gefühle, Ihr Verhalten, Ihre Beziehungen u. a.)
- Was bedeutet es für Ihre Eltern/Großeltern, wenn sie erleben, dass Sie Erfolg haben werden?
- Was bedeutet es für eine andere Ihnen wichtige Person?
- Und schließlich, was bedeutet es für Ihre Stadt und Ihr Land, wenn Sie Erfolg haben werden?

19 Verhaltensänderung – wie wird sie möglich?

Mit dem Thema Verhaltensänderung befassen sich die psychologischen Teildisziplinen *klinische Psychologie* und *Psychotherapie*. Von Psychotherapie spricht man, wenn es um die Linderung oder Heilung von psychischen Störungen mit Krankheitswert geht. Davon zu unterscheiden ist die *beratende Psychologie (Coaching)*, die sich mit allgemeinen Problemen der Lebensführung befasst. In Deutschland regelt das Psychotherapeutengesetz, wer heilkundliche Psychotherapie ausüben darf und welche durch einen wissenschaftlichen Beirat anerkannte Verfahren von einem Psychotherapeuten angewendet werden dürfen. Unter Richtlinienverfahren versteht man diejenigen wissenschaftlich anerkannten Verfahren, die von der gesetzlichen Krankenversicherung anerkannt sind und in einem festgelegten Umfang bezahlt werden.

Hauptformen der Psychotherapie

Es gibt eine Vielzahl von Therapieschulen und Methoden, dabei dominieren zwei Hauptformen: verhaltenstherapeutische und psychodynamische Verfahren.

Verhaltenstherapeutische Verfahren. Bei den verhaltenstherapeutischen Verfahren steht das aktuelle psychische Problem und seine Bewältigung im Vordergrund; die Lebensgeschichte findet Berücksichtigung hinsichtlich der Entstehung des Problems und seiner Aufrechterhaltung. Verhaltenstherapeutische Verfahren basieren historisch auf den Prinzipien der klassischen und operanten Konditionierung mit dem Ziel des Neulernens von angemessenerem

Verhalten. Eine bessere Selbstregulation wird z. B. dadurch angestrebt, dass dem Betroffenen seine Gedanken und Bewertungen bewusst gemacht werden und er ggf. angeleitet wird, diese zu korrigieren. Vorrangiges Ziel der Verhaltenstherapie sind neue Erfahrungen anstelle alter Gewohnheiten.

Psychodynamische Verfahren. Die psychodynamischen Verfahren wie die tiefenpsychologisch fundierte Psychotherapie und die Psychoanalyse suchen die Auseinandersetzung mit unbewussten, meist in der Kindheit entstandenen Motiven und Konflikten. Dadurch sollen ein tieferes Verständnis des eigenen Selbst erreicht sowie die Ursachen von bestehenden Problemen geklärt und diese aufgelöst werden.

Das Bild eines Therapiebaums geht von wenigen Wurzeln der Psychotherapie aus und zeigt dann eine Verästelung durch Weiterentwicklungen zu einer Vielzahl unterschiedlicher Methoden und Techniken (Abb. 19-1). Die konkrete Ausgestaltung des therapeutischen Prozesses wird letztendlich wesentlich von der Interaktion der beiden beteiligten Personen, Patient und Therapeut, bestimmt. Heute wird angestrebt, Psychotherapie als eine von Therapieschulen losgelöste Therapieform zu etablieren, in der nach Gesichtspunkten der *evidenzbasierten Medizin* behandelt wird. Es soll angewendet werden, was bei einem bestimmten Störungsbild und unter Berücksichtigung der Situation des Patienten als wissenschaftlich am besten belegt und wirksam angesehen werden kann.

Der deutsche Psychotherapieforscher Klaus Grawe hat folgende grundlegende *Wirkfaktoren der Psychotherapie* nachgewiesen:

- *Therapeutische Beziehung*: Die Qualität der Beziehung zwischen dem Psychotherapeuten und dem Patienten trägt bedeutsam zu einem besseren oder schlechteren Therapieergebnis bei.

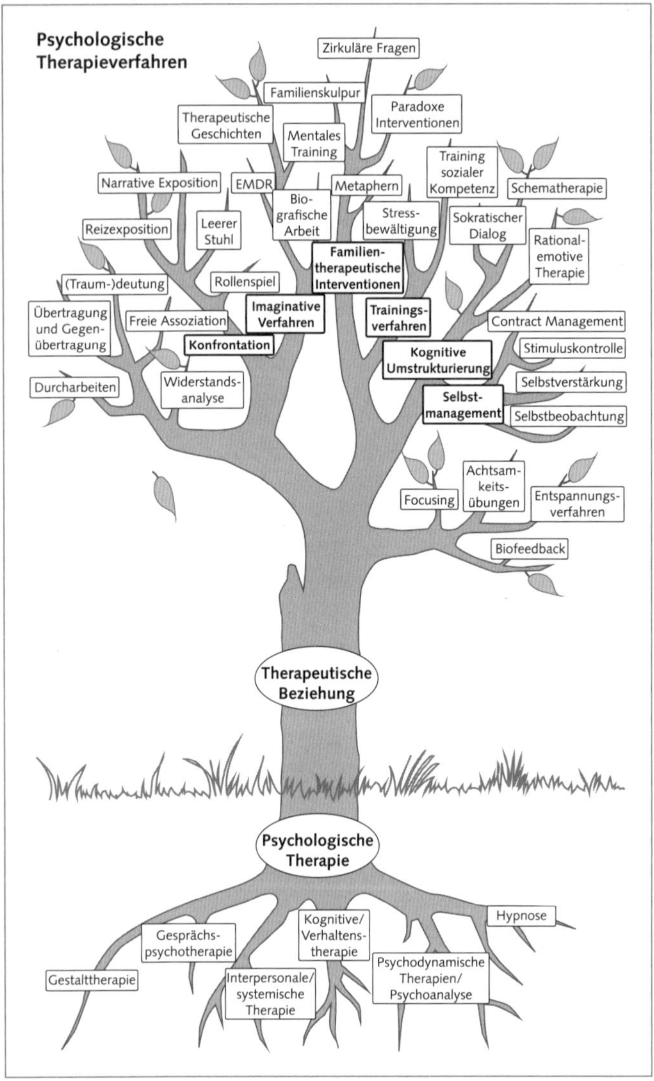

Abb. 19-1 Verfahren, Methoden und Techniken der Psychotherapie

- *Ressourcenaktivierung*: Die Motive, Bereitschaften, Fähigkeiten und Interessen des Patienten werden als positive Ressource für das therapeutische Vorgehen genutzt.
- *Motivationale Klärung*: Die Therapie fördert die Entscheidung und Entschlossenheit zur angestrebten Veränderung.
- *Problemaktualisierung*: Probleme, die in der Therapie verändert werden sollen, werden unmittelbar erfahrbar gemacht, z.B. durch Imaginationsübungen oder das Aufsuchen der realen Situation.
- *Problembewältigung*: Die Behandlung unterstützt den Patienten darin, positive Erfahrungen im Umgang mit seinen Problemen zu sammeln.

Wie schwierig es für Therapeuten sein kann, sich angemessen in einem spezifischen Lebensabschnitt auf einen Patienten einzustellen, den er erst einmal kennenlernen muss, vermittelt die folgende Fallbeschreibung:

Wilhelm (35 Jahre) ist nach einem schlimmen Unfall körperlich und sprachlich behindert und erwerbsunfähig berentet. Während seiner Behandlung in einer neurologischen Klinik glaubt die verantwortliche Psychotherapeutin bei ihm einen sekundären Krankheitsgewinn und mangelnden Änderungswillen zu erkennen. In der anschließenden ambulanten Behandlung stellt sich Wilhelm als »Macho« dar, der die »Weiber kenne«, schließlich sei er als Gesunder kein »Kostverächter« gewesen.
Wilhelm war schon sehr früh aus dem Elternhaus ausgezogen und hatte in der Fremde Schlachter gelernt. Außerordentlich leistungsfähig machte er regelmäßig viele Überstunden und erwarb sich ein hohes Einkommen, das er verlebte (Frauen, Alkohol, Spielen).
Nach seinem Unfall traut er sich abends nicht aus dem Haus und hat Angst vor Menschenmengen, sodass er sich immer mehr isoliert. Seine einfache Ausdrucksweise und die Art, wie er sich im Gespräch präsentiert, verhindern, dass Gefühle der Zuneigung entstehen und andere ihm helfen wollen.
Im Verlauf der ambulanten Therapie wird Wilhelm wieder mobiler und nimmt soziale Kontakte auf. Seine sexuellen Bedürfnisse befriedigt er,

da es ihm inzwischen dank der Auszahlung einer Unfallversicherung finanziell sehr gut geht, mithilfe von Viagra und einer Prostituierten, die zu ihm in die Wohnung kommt. Trotz seiner Behinderung zeigt sich Wilhelm jetzt zunehmend verändert: Er klagt und bemitleidet sich weniger, nutzt stattdessen nun aktiv die ihm noch gegebenen Möglichkeiten.

Schließlich lernt er sogar eine Frau kennen, die – selbst asthmakrank – gut mit seiner Behinderung umgehen kann. Als sie ihn zu sich übers Wochenende einlädt, freut er sich auf den Besuch, obwohl er voller Ängste ist, die sich dann aber als unbegründet herausstellen. Es folgen Telefonate, in denen sich diese Frau um einen persönlichen Kontakt bemüht.

Die Therapeutin erwartet daher einen Konflikt zwischen Freundin und Prostituierter und spricht den Patienten darauf an. Er bestätigt, dass er schon einen Anruf der Freundin wegen des Eintreffens der Prostituierten beenden musste, will aber nicht auf den Besuch der Prostituierten verzichten. Als Folge dieser Problematisierung ruft der Patient seine neue Freundin in der Absicht an, sich von ihr zu trennen. Er gibt dabei vor, er werde verreisen und könne deshalb nicht mehr anrufen. Im darauffolgenden Gespräch mit der Therapeutin versucht er, dieses abrupte Handeln damit zu erklären, dass er nicht enttäuscht werden wolle und auch die Freundin nicht enttäuschen möchte. Da Frauen nur auf Geld oder Sex aus seien, er sein Geld aber selbst benötige und sexuell nichts mehr zu bieten habe, sei es richtig, keine Beziehung einzugehen.

Der zugespitzte Konflikt lässt wieder das alte Machoverhalten hervortreten. Die Therapeutin fühlt sich davon nicht brüskiert und schafft es, die positiven Absichten der Freundin deutlich werden zu lassen. Daraufhin nimmt sich der Patient vor, sich bei der Freundin als von der Reise wieder heimgekehrt zurückzumelden.

Hier zeigt sich, dass es in der ambulanten Therapie besser als in der stationären Behandlung gelang, einen konstruktiven Kontakt zum Patienten aufzubauen. Nun kann die Arbeit an den Gefühlen des Patienten beginnen. Im Gespräch wird nun deutlich, dass der Patient seine Erkenntnisse von den Erfahrungen mit zwei Frauen ableitet. Eine davon war seine Mutter, eine dominante Frau, der er sich durch den Auszug mit 14 Jahren entzogen hatte und mit der später kein Kontakt auf Augenhöhe möglich war. Die zweite bedeutsame Frau war seine große Liebe, für die er über 100.000 Euro Schulden abgearbeitet hatte und die ihn dennoch mit einem anderen Mann betrog. Als er sie in flagranti antraf, zögerte er nicht, sondern gab ihr nur 15 Minuten Zeit zum Verlassen des Hauses. Auf einen Kontaktversuch mit Entschuldigung war er nicht eingegangen, sondern hatte auf dem Auszug aus der Wohnung bestanden.

Diese bedeutsamen Erfahrungen hatte Wilhelm in der Anamnese nicht geschildert, auch nicht angedeutet. Aufgrund seines einfachen »Weltbildes« war er offensichtlich in der Lage, in schwierigen Situationen außerordentlich entscheidungsstark zu handeln. Therapeutisch wird mit ihm erarbeitet, dass mit seinem Handeln das Vermeiden von Gefühlen einhergeht. Was nimmt er hinter seinem Handlungsimpuls wahr, wenn er sich imaginativ im Rollenspiel oder bei einer Stühlearbeit wieder in solche Situationen begibt? Was immer er dabei spürt, wie kann man es als Gefühl benennen? Und woran erinnern solche Gefühle? Eventuell an weiter zurückliegende Ereignisse und schließlich an tief liegende primäre Erfahrungen, vielleicht schon als Kind? Dieser schnell handelnde Patient muss hier von der Therapeutin »angehalten« werden, um die vermiedenen Gefühle spüren und ausdrücken zu lernen. Wenn die Therapie dafür nicht den Raum gibt, sondern nur auf der Handlungsebene bleibt (sein Verhalten gegenüber der Freundin), vergibt die Therapeutin eine Chance, den Patienten zum Selbstmanagement zu motivieren: Wie geht es ihm, wenn sie im therapeutischen »Experiment« seine Mutter (oder seine Liebe) spielt, wie sie nie war(en), sie sich nach Auffassung der Therapeutin der Patient aber gewünscht hätte? Was ändert sich, wenn er eine solch neue Erfahrung in Gedanken und Fantasien wiederholt, wenn er allein zu Hause ist?

Dabei geht es nicht um eine langwierige Aufarbeitung der Vergangenheit, sondern um das Annehmen der lebensgeschichtlich geformten Gefühle in der Auseinandersetzung mit der Gegenwart und um die emotionale Verankerung eines neuen Verhaltens. So erfolgt eine Art Weisheitstherapie zur Bearbeitung seiner Verbitterung. Mittels einer differenzierten Lebensbetrachtung im Abgleich mit modellhaft diskutierten Allerweltsproblemen schafft es Wilhelm schließlich, sich auch mit den eigenen negativen Ereignissen so weit auszusöhnen, dass die Vergangenheit abgeschlossen werden und er sich neu orientieren kann.

Am Ende dieser Verhaltenstherapie steht tatsächlich ein Mensch, der trotz unfallbedingter Sprachprobleme selbst äußern kann, dass sein altes Leben ihn vermutlich bald umgebracht hätte. Er kann nun anderen Behinderten in ehrenamtlicher Arbeit soziale Unterstützung geben, wodurch er selbst wiederum Bestätigung erfährt, die er so früher nie erlebt hat. Dafür war es wichtig, dass dieser Mensch nicht als von Defiziten gekennzeichnet betrachtet worden war, sondern dass man ihn im Gegenteil sogar angeleitet hat, seine Ressourcen selbst zu erkennen. Es zeigt sich auch, dass Lebensfreude möglich wird, obwohl Einschränkungen bestehen bleiben, weil es Wilhelm gelingt, sich als Person weiterzuentwickeln.

> *Es ist nicht gesagt, dass es besser wird, wenn es anders wird. Wenn es aber besser werden soll, muss es anders werden.*
>
> (Georg Christoph Lichtenberg, Experimentalphysiker)

Gründe für eine Psychotherapie

Die Anlässe für Psychotherapie sind vielfältig, z. B. Ängste, Depressionen, aber auch körperliche Beschwerden, die durch psychische Probleme entstehen oder aufrechterhalten werden. In der Regel leiden Menschen, die therapeutische Hilfe suchen, oder auch ihre Angehörigen, stark unter den Beschwerden, sodass eine Veränderung herbeigesehnt wird. Viele wissenschaftliche Untersuchungen zeigen, dass Psychotherapie wirkt: Durchschnittlich geht es nach einer Therapie 80 Prozent der behandelten besser als den nicht behandelten Menschen.

Welche Form der Psychotherapie ist geeignet?

Die Psychotherapieverfahren unterscheiden sich danach, ob sie für die gesetzlichen Krankenkassen zur Behandlung zugelassen sind *(sogenannte Richtlinienverfahren)* oder nicht.
Neben den Richtlinienverfahren (Verhaltenstherapie, Tiefenpsychologisch fundierte Psychotherapie, Analytische Psychotherapie, Systemische Therapie bei Erwachsenen und Neuropsychologische Therapie bei Gehirnverletzungen) gibt es weitere nicht als eigenständige Psychotherapie anerkannte Behandlungsmethoden, wie Gesprächspsychotherapie oder Hypnotherapie.
Viele Therapeuten haben Kenntnis in verschiedenen Verfahren und die Verhaltenstherapie bietet heute ein Spektrum an Behandlungsmöglichkeiten aus vielen Therapierichtungen, sodass es mehr darauf ankommt, welche dieser Möglichkeiten der Therapeut selbst bevorzugt und anwendet.

Psychotherapie wird meistens als Einzeltherapie durchgeführt, oft ist eine Kombination mit Paar-, Familien- oder Gruppentherapie am effektivsten.

Was kostet eine Psychotherapie?

Psychotherapie in Form der Richtlinienverfahren wird von den gesetzlichen Krankenkassen bei kassenzugelassenen Therapeuten über die Versichertenkarte bezahlt, wenn eine Krankheit vorliegt, die durch die Psychotherapie geheilt oder gebessert werden kann. Die Behandlung durch die Krankenkasse muss nach Probesitzungen beantragt werden (vergleichbar einer Kur oder einer kieferorthopädischen Behandlung). Wenn die Wartezeit auf einen Therapieplatz unzumutbar ist, kann die gesetzliche Krankenkasse die Behandlungskosten auf Antrag auch bei nicht zugelassenen Therapeuten erstatten.
Bei Privatkassen sind die Regelungen unterschiedlich und abhängig vom vereinbarten Versicherungsvertrag. Eine Nachfrage bei der Versicherung schafft Klarheit. Ambulante Psychotherapie ist generell beihilfefähig.
Bei Privatversicherung rechnen die Therapeuten nach der Gebührenordnung für Psychotherapeuten (GoP) ab, der Stundensatz bei Kostenerstattung durch gesetzliche Kassen wird vom Therapeuten mit dem Patienten und dessen Krankenkasse vereinbart.

Zu welchem Therapeuten?

Psychotherapeuten sind meist (Diplom-)Psychologen, aber auch Ärzte und Pädagogen (nur für Behandlungen bis zum 21. Lebensjahr). Alle haben nach ihrem Studium noch eine mehrjährige Ausbildung in Psychotherapie absolviert. Ihre Titel bzw. Berufsbezeichnungen lauten: Psychologischer Psychotherapeut, Facharzt für psychotherapeutische Medizin, Kinder- und Jugendlichenpsychotherapeut.

Was ist der Unterschied zum somatisch tätigen Arzt?

Der Arzt behandelt gewöhnlich körperliche Erkrankungen mittels physikalischer oder medikamentöser Verfahren. Man geht zu einem oder mehreren Einzelterminen zu ihm und nimmt dann regelmäßig über einen gewissen Zeitraum eine Medizin bzw. bekommt Anwendungen wie Massagen. In der Psychotherapie geht es um seelische Erkrankungen, die sich manchmal auch körperlich niederschlagen. Zum Psychotherapeuten geht man über einen längeren Zeitraum (deshalb bedarf es in der Regel einer gewissen Wartezeit bis zum Beginn einer Therapie) zu einem regelmäßigen (meist wöchentlichen) Termin von jeweils 50 Minuten; man muss sich die erforderliche Zeit dafür regelmäßig freihalten.

Wie lange dauert Psychotherapie?

Die Dauer hängt von Inhalt und Komplexität der Probleme ab. Manchmal genügen wenige Beratungsstunden, um wieder allein zurechtzukommen; andere Probleme benötigen viel Zeit zur Be- und Verarbeitung, bevor eine Besserung eintritt. In der Verhaltenstherapie werden viele Behandlungen bis zur 25. Sitzung abgeschlossen, also etwa nach einem halben bis dreiviertel Jahr. Reicht dies nicht, kann die Therapie auf maximal 80 Sitzungen verlängert werden. Sollten später erneut Probleme mit Krankheitswert auftreten, kann wiederum eine Psychotherapie beantragt werden.

Was bringt man zum ersten Termin mit?

- Die Versicherungsunterlagen zur Prüfung der Abrechnungsmöglichkeiten,
- Ggf. Befunde (z. B. Arztberichte, Testergebnisse) von Vorbehandlern (Klinik, Psychotherapeut),
- Einen Kalender zur Vereinbarung von Terminen.

Was fragt man sich als Patient?

- Welche Erwartungen habe ich an eine Therapie? Welche Ziele sind angemessen?
- Welche Lösungsversuche habe ich schon unternommen?
- Welche möchte ich erproben?
- Wie viel Zeit und Energie bringe ich dafür auf?

Was passiert in der Therapie?

Wenn Patient und Therapeut miteinander arbeiten können, schließen sie einen Therapievertrag, der die Behandlung regelt (Sitzungen, die man versäumt, aber nicht rechtzeitig absagt, muss man privat bezahlen).
Patient und Therapeut erarbeiten ein Verursachungsmodell der Erkrankung: Wann trat die Störung erstmals auf? Was ging voraus? Was folgte? Welche Lernerfahrungen bestimmten das bisherige Leben? Wie verläuft das Leben derzeit? Welche Beschwerden existieren? Als Patient lernt man sich besser kennen und verstehen. Dies geschieht meist im Gespräch, daneben aber auch in Verhaltensübungen usw. Zusätzlich helfen Arbeitsblätter, die man zu Hause beantwortet.

Risiken einer Psychotherapie

Patienten können zu Risiken und Nebenwirkungen einer Psychotherapie weder eine Packungsbeilage lesen noch einen Arzt oder Apotheker und oft auch keinen Psychotherapeuten fragen. Denn über Risiken und Nebenwirkungen wird in der Psychotherapie kaum gesprochen.

Nachdem die Wirksamkeit psychotherapeutischer Maßnahmen intensiv beforscht wurde und inzwischen belegt werden konnte, stellt sich zunehmend die Frage unerwünschter Wirkungen.

Dabei geht es um unsachgemäße Anwendung durch unzureichend ausgebildete Therapeuten oder moralisches Fehlverhalten Einzelner. Aber auch wenn Verfahren lege artis durchgeführt werden, sind Probleme möglich. Diese reichen von Suizidalität und sexuellen Übergriffen über unrealistische Ziele bis hin zum Aufoktroyieren von Normen.

Es stellen sich Fragen der Passung zwischen Patient und Therapeut sowie der Qualitätssicherung in einem manchmal langwierigen zwischenmenschlichen Prozess, die nicht einfach zu beantworten sind.

Wie man einen geeigneten Therapeuten findet

Die Suche nach einem Therapieplatz ist schwierig. Nicht nur, dass es an vielen Orten lange Wartezeiten auf einen freien Platz gibt, es stellt sich auch die Frage, welcher Therapeut die angemessene Methode anwendet. Die Anerkennung z. B. als Verhaltenstherapeut garantiert keineswegs die Anwendung z. B. von Expositionsverfahren. Möglicherweise hat ein Verhaltenstherapeut diese Richtung nur aus pragmatischen Gründen gewählt und sich eventuell in späteren Fortbildungen einer anderen Vorgehensweise verschrieben. Was Therapeuten in ihrer Ausbildung lernen, ist das eine, was sie daraus machen, das andere. Psychotherapie gelingt zudem nicht ohne Intuition, das Spüren dessen, welches Wissen im konkreten Fall und zum gegebenen Moment relevant ist. Diese Kompetenz erwirbt ein Therapeut durch Erfahrung – im Beruf und auch in seinem eigenen Leben.

Ein Patient sollte unabhängig von theoretischen Überlegungen eine Therapie bei einem Therapeuten nur beginnen, wenn er bei diesem *echtes Interesse* wahrnimmt, wenn er ihn als *kompetent* und *hilfsbereit* erlebt und wenn der Therapeut *Hoffnung* in ihm zu wecken versteht. Der Therapeut sollte dem Patienten ein plausibles *Verursachungsmodell* für dessen Probleme vermitteln und aufzeigen können, wie man diesen abhelfen kann. Nicht zuletzt sollte der Therapeut über therapeutische *Rituale* bzw. eine *Technik* verfügen, bei der davon ausgegangen werden kann, dass sie die Veränderung bewirkt.

Etliche Methoden, wie die *Hypnose* oder *EMDR* (Augenbewegungsdesensibilisierung), werben gern mit überraschenden Effekten. Erfolge in zwei oder drei Sitzungen sind möglich, aber in allen Verfahren nur als seltene Ausnahme. Als Patient muss man also schon etwas durchhalten und sich selbst auch kritisch prüfen, ob man die Handlungsanweisungen überhaupt umsetzt. Vom Gespräch mit dem Therapeuten allein werden die Probleme meist nicht verschwinden. Andererseits sollte man eine Therapie, die nichts bewirkt, auch nicht fortsetzen. Wenn Patient und Therapeut keine Änderung mehr erwarten, dann wirkt sich die therapeutische Beziehung nicht mehr förderlich aus. Im Extremfall entsteht dann sogar eine Abhängigkeit. Wenn sich innerhalb von sechs Monaten nicht wenigstens erste Fortschritte erkennen lassen, dann sollte man als Patient nach einer anderen Therapiemethode schauen.

Wie geht es Ihnen? Ein Fragebogen zur Lebensqualität

Dieser Fragebogen erfasst, wie Sie in verschiedenen Lebensbereichen (Freizeit, Arbeit, Kontakt, körperliche und psychische Belastung) durch etwaige Beschwerden beeinträchtigt sind.

Bitte setzen Sie bei den folgenden fünf Fragen jeweils ein Kreuz auf die Stelle der durchgezogenen Linie, die den Grad Ihrer Einschränkung kennzeichnen könnte.

Beispiel: Wenn Sie sich zu ungefähr 50 Prozent bei der Arbeit oder im Haushalt eingeschränkt fühlen, setzen Sie das Kreuz in die Mitte:

0 100

|------|------|------|------|------X------|------|------|------|------|

gar nicht eingeschränkt 50 % völlig eingeschränkt

1. Einschränkung durch Beschwerden **in meiner Freizeit**

0 100

|-------|-------|-------|-------|-------|-------|-------|-------|-------|-------|

2. Einschränkung durch Beschwerden **bei meiner Arbeit oder im Haushalt**

0 100

|-------|-------|-------|-------|-------|-------|-------|-------|-------|-------|

3. Einschränkung durch Beschwerden **im Kontakt mit anderen** (Partner, Familie, Freunde)

0 100

|-------|-------|-------|-------|-------|-------|-------|-------|-------|-------|

4. Einschränkung durch Beschwerden bei **körperlicher Belastung** (z. B. Einkäufe erledigen, längere Strecken gehen)

0 100

|-------|-------|-------|-------|-------|-------|-------|-------|-------|-------|

5. Einschränkung durch Beschwerden bei **psychischer Belastung** (Stress)

0 100

|-------|-------|-------|-------|-------|-------|-------|-------|-------|-------|

Probleme sind abhängig vom Kontext

Die Sicht auf unser Leben ist immer eingeschränkt. Das Gleiche kann uns völlig verschieden erscheinen, wie der Schattenwurf eines Zylinders je nach Standpunkt einmal als Rechteck oder einmal als Kreis gesehen wird. Die Lösung eines Problems ergibt sich oft durch eine veränderte Betrachtungsweise.

Wie man bei sogenannten *Kippbildern* z.B. abwechselnd einen Stern oder einen Würfel erkennen kann, so werden auch Probleme, Konflikte und Schicksalsschläge von verschiedenen Standpunkten unterschiedlich bewertet und erlebt (Abb. 19-2).Bereits unsere Wahrnehmung ist also abhängig vom Kontext. Das Gleiche gilt auch für unser Denken und Verhalten.

Wer seine Wahrnehmung von sich und der Welt verändert, ändert sein Schicksal!

Mit dem Wechsel der Umgebung verändern sich die Wahrnehmung, das Denken, das Verhalten und damit die Person. Wir ändern uns, wenn die Verhältnisse sich ändern. Möchten wir uns ändern, dann sollten wir die Situation

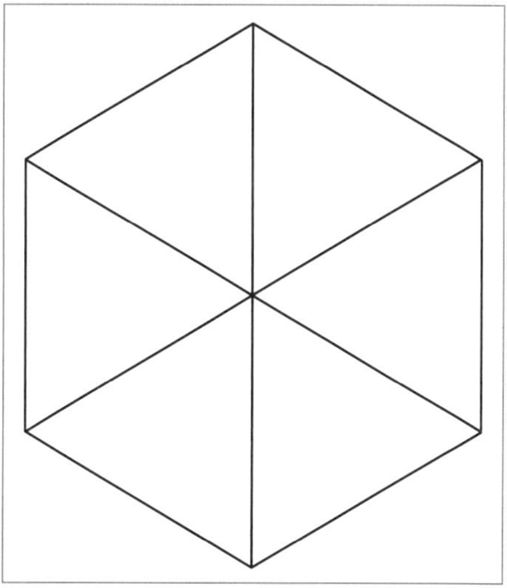

Abb. 19-2 Kippbild: Je nach Perspektive sieht man Verschiedenes

verändern, damit sie uns nicht blockiert, sondern anregt. Dabei sollte man immer die gesamte Bedürfnislage beachten und Einseitigkeit vermeiden. Eine Problemhierarchie ist nicht naturgegeben, sondern wird durch Emotionen wesentlich beeinflusst. Insofern besteht eigentlich immer die Möglichkeit zur Distanzierung und Neubewertung.

Franks Eltern waren wegen einer Nachricht der Schule sehr erzürnt, die das Sitzenbleiben des Sohnes ab Schuljahrsende ankündigte. Die Eltern hatten Frank großzügig unterstützt und ihm vorbehaltlos vertraut. Nun waren sie sehr enttäuscht, denn Frank hatte nie ein Wort zu seinen Schulproblemen verlauten lassen. Frank war 17 Jahre alt und das einzige Kind der Familie. Die Schulproblematik verlor jedoch schlagartig an Bedeutung, als Frank den Eltern seine Homosexualität offenbarte. Es war die Zeit, als AIDS in den Medien als tödliche Homosexuellenkrankheit dargestellt wurde. Daher war es nur zu verständlich, dass den Eltern angesichts dieser Bedrohung nun die Wiederholung einer Klasse nicht mehr als Drama erschien.

Was die Raupe »das Ende der Welt« nennt, nennt der Rest der Welt »Schmetterling«.

(Laotse, chinesischer Philosoph)

Strategien zur Problemlösung

Wenn wir in Problemen stecken, benötigen wir Distanz. Nimmt man eine Beobachterhaltung ein, sieht man sich also von außen in der problematischen Situation, dann wird ein Perspektivenwechsel möglich. Dieser erleichtert das Finden von Lösungen.

Wie sieht eine systematische Problemlösung aus?

- *Benennen der eingetretenen Schwierigkeiten*: Wer empfindet was? Gefühle werden zugelassen und geäußert ohne Stellungnahmen der anderen Beteiligten.
- *Brainstorming*: Alle Möglichkeiten werden ohne Einschränkung gesammelt.
- *Rationale Bewertung aller Möglichkeiten*: Tauglichkeit, Kosten, Umsetzbarkeit.
- *Auswahl*: intuitive Prüfung und Entscheidung. Eine Kombination aus rationaler Analyse und intuitiver Prüfung (ggf. nach einer Pause) liefert die beste Entscheidung für konkretes Handeln in den nächsten Tagen.
  Die Intuition hat ihre Wurzeln im Langzeitgedächtnis. Intuitiv vergleichen wir neue Informationen mit dem, was uns schon passiert ist. Diese Informationen können wir nicht alle explizit in Worte fassen. Die Antworten, die uns das Langzeitgedächtnis vorgibt, basieren nämlich auf der gesammelten Lebenserfahrung.
- *Evaluation*: Was hat wie funktioniert? Was muss eventuell korrigiert werden? Den Prozess der Lösungssuche weiterverfolgen.

Probleme lassen sich nur lösen, wenn die Betroffenen an einer Lösung interessiert sind. Fehlt es an dieser Bereitschaft, dann muss Zeit eingeräumt werden. Probleme kann man zwar rational analysieren, es sollten jedoch immer Vernunft und Gefühle berücksichtigt werden, um eine Lösung zu finden. Dies haben viele Schriftsteller aus aller Welt überzeugend herausgearbeitet. So plädiert Khalil Gibran (1983) in »Der Prophet – Wegweiser zu einem sinnvollen

Leben« für die Versöhnung von Verstand und Gefühl bzw. von Vernunft und Leidenschaft.

Reaktanz – ein Phänomen, das Lösungen erschweren kann

Mit *Reaktanz* bezeichnet die Psychologie ein Reaktionsmuster auf äußeren Druck oder auf Einschränkungen. Im Extremfall hat eine Person von einer Handlungsmöglichkeit vor der Beschränkung nie Gebrauch gemacht, möchte dies aber mit dem Eintreten der Beschränkung nun unbedingt. *Reaktantes Verhalten* besteht also darin, die verbotene Handlung *nun erst recht* auszuführen oder ausüben zu wollen. Damit möchte sich die betroffene Person ihre Freiheit gleichsam zurückerobern (selbst wenn dies eventuell gar nicht mehr möglich ist).

Das Reaktanzphänomen wurde von Jack W. Brehm, Sozialpsychologe der University of Kansas, seit 1966 ausgiebig untersucht: In einem Experiment sollten zwei Gruppen von Teilnehmern im Laufe von zwei Tagen verschiedene Schallplatten bewerten. Der einen Gruppe wurde mitgeteilt, dass sich die Teilnehmer als Belohnung am Ende eine Schallplatte *aussuchen* könnten. Die andere Gruppe erhielt die Information, dass die Probanden als Belohnung eine der Platten *zugeteilt* bekämen. Am zweiten Versuchstag erhielten beide Gruppen die Information, dass zwei der vier Schallplatten nicht mehr verfügbar seien. In der Gruppe, die sich eine Schallplatte aussuchen durfte, stieg daraufhin die Bewertung der *eliminierten Alternative* deutlich an (Reaktanz). In der anderen Gruppe sank sie sogar (Saure-Trauben-Effekt). Durch den Wegfall dieser für sie unkontrollierbaren Alternative entstand kognitive Dissonanz, die dadurch abgebaut werden konnte, die eliminierte Alternative als weniger bedeutsam zu bewerten (s. Kap. 4).

Probleme – bloß nicht darüber nachdenken!

Es ist erstaunlich, dass wir Menschen ständig in Gedanken sind und doch nicht nachdenken. Wir drehen uns gedanklich im Kreis, Grübeln raubt uns den Schlaf, aber ein bewusstes Nachdenken kommt nicht zustande. Viele Menschen neigen dazu, belastende Gedanken weit von sich zu schieben. Aber tut solches Verhalten tatsächlich gut? Dieser Frage gingen Keith Petrie, Roger Booth und James Pennebaker 1998 mittels eines Experiments auf den Grund.

Nach dem Zufallsprinzip teilten sie die Probanden ihres Experiments in zwei Versuchsgruppen ein. An drei aufeinanderfolgenden Tagen erhielten die Teilnehmer eine fünfzehnminütige Schreibaufgabe. Das Thema konnte jeder Teilnehmer selbst bestimmen, es sollte aber so gewählt sein, dass es ihn emotional tief berührte, wie z. B. der Tod eines nahestehenden Menschen. Im Anschluss daran sollten die Versuchsteilnehmer der ersten Gruppe 5 Minuten lang über das Geschriebene nachdenken. Dagegen erhielten die Probanden der zweiten Gruppe die Anweisung, Gedanken an das eben Verfasste 5 Minuten lang nicht zuzulassen.

Allen Versuchsteilnehmern wurde sowohl vor als auch nach der täglichen Aufgabe eine Blutprobe entnommen. Anhand der Blutuntersuchungen sollte die Stärke des Immunsystems eingeschätzt werden. Wie reagiert unser Körper, wenn wir belastende Gedanken unterdrücken?

Es zeigte sich folgendes Ergebnis: Bei den Versuchsteilnehmern, die nach dem Schreiben noch Gelegenheit gehabt hatten, über das Verfasste nachzudenken, war die Anzahl der Lymphozyten deutlich erhöht. Lymphozyten gehören zu den weißen Blutkörperchen und haben die Aufgabe, Fremdstoffe im Körper, wie Viren und Bakterien, zu erkennen und zu entfernen.

Dagegen führte die Unterdrückung der Gedanken an das Geschriebene bei den Versuchsteilnehmern der anderen

Gruppe zu einer signifikanten Abnahme der Lymphozyten. Emotionale Gedankeninhalte über einen längeren Zeitraum zu verdrängen, führt somit zu einer Schwächung des Immunsystems. Es ist also gesundheitsgefährdend, wenn wir uns nicht mit dem auseinandersetzen, was uns belastet.

Nachdenken und Aufarbeiten benötigen Zeit und einen Rahmen. Am besten Sie setzen sich, wenn Sie sich gerade in einer Krise befinden, feste Termine, um sich schriftlich oder zeichnerisch mit den Problemen auseinanderzusetzen. Zwischen diesen »Sitzungen« lassen Sie das Thema ruhen. (Allerdings können Sie sich durchaus hin und wieder kurze Notizen machen, wenn Ihnen neue Aspekte einfallen, die Sie nicht vergessen wollen.)

Übungen

Planen sie Ihr Veränderungsprojekt konkret

Wenn Sie sich für eine Veränderung entscheiden, überschreiten Sie den Rubikon: Entwerfen Sie einen Plan zur Veränderung, indem Sie Ziele festlegen, Ihre Bemühungen protokollieren und Ihr Handeln immer wieder bekräftigen. Nur wenn Sie gut vorbereitet sind, können Sie die für den Erfolg notwendigen Anstrengungen durchhalten. Ziele spornen an, sie bringen uns immer wieder auf die Spur, wenn ablenkende Einflüsse von außen und innen um unsere Aufmerksamkeit buhlen. Ihre Vorsätze werden Ihr Denken neu ausrichten.

Was ist Ihre Vision, wie sehen Sie sich in der Zukunft?

____

Was möchten Sie in drei Monaten erreicht haben?

____

Was nehmen Sie sich für die nächste Woche vor? Und womit beginnen Sie morgen?

____

Was könnte Ihnen möglicherweise dazwischenkommen? Wie können Sie sicherstellen, dass Ihr Vorhaben morgen und in der nächsten Woche klappt?

Selbstbestätigung verleiht Ihnen Zuversicht und verstärkt das neue Verhalten.
Wie werden Sie sich selbst für Ihre Bemühungen loben? Womit werden Sie sich für Ihre Anstrengungen belohnen?

Zielführende innere Bilder unterstützen die Selbstveränderung. Welches Bild kann Sie zum Handeln animieren? Aus welchem früheren Erlebnis können Sie Kraft schöpfen?

Hilfreiche Verhaltensweisen zur Gewohnheit werden lassen:

Alte Verhaltensmuster sind im Gehirn gut gebahnt, neue Verhaltensweisen sind dagegen noch wenig vernetzt. So kommt es, dass man in der Alltagsroutine immer wieder in die besser etablierten Verhaltensschemata zurückfällt. Um dem zu entgehen, müssen Sie immer wieder üben. Nur über lange Zeit und mit vielfältigen Anwendungen der neuen Verhaltensweisen werden Sie sicherer und besser in der Anwendung. Setzen Sie sich kreative Impulse, die Sie in einem Vierteljahr, nach sechs Monaten und nach einem Jahr daran erinnern, Ihre Ziele weiterzuverfolgen.

Katharina, eine Lehrerin, bekam nach einer längeren therapeutischen Begleitung eine Anleitung zur Rekapitulation der Therapiebausteine auf einem Tonträger mit nach Hause. Sie sollte dieses Hilfsmittel für sich allein zur Stabilisierung des in der Therapie Gelernten und zur Aufmunterung in einem Stimmungstief einsetzen. Später berichtete sie von einer Extremsituation, in der sie das so oft Wiederholte spontan angewandt hatte: Katharina war mit einer Klasse verreist und hatte an einer von Sportstudenten geleiteten »Outdoor Experience« teilgenommen. Dabei wurden die Schüler u.a. einzeln nachts im Wald ausgesetzt. Für zwei Schülerinnen war dies eine derartige Überforderung, dass sie zusammenbrachen und ein Abbruch dieser Klassenunternehmung unvermeidbar schien. In dieser Situation gab Katharina die von ihr mittels Tonträger sehr gut gelernten Anregungen zur Problembewältigung an die beiden Schülerinnen weiter. Die übrigen Klassenkameraden hörten still zu. Die Schülerinnen beruhigten sich, und die Klasse konnte die Unternehmung am nächsten Tag fortsetzen und regulär beenden. Diese erfolgreiche Intervention war Katharina nur deshalb möglich, weil sie dieses Vorgehen in der Therapie und danach mittels Tonträger vielfach geübt und schließlich verinnerlicht hatte.

Menschen unterscheiden sich nicht so sehr in Anzahl und Ausmaß ihrer Probleme, sondern vor allem in ihrer Bereitschaft, diese anzupacken, und in ihrer Zuversicht, sie zu bewältigen. Mentales Training wie in der Onlineübung zu diesem Buch kann zu einer besseren Problemlösung oder Konfliktbewältigung beitragen. (Folgen Sie hierfür den Hinweisen zum Online-Material vorne im Buch.)

Durch Musikuntermalung wird eine leichte Trance und damit eine Tiefenwirkung möglich, die das mentale Training im Hinblick auf die eigenen Problemsituationen und die dazu imaginierten Lösungsangebote unterstützt. So kann wie bei Katharina aus Hilflosigkeit Selbstwirksamkeit werden.

> *Nicht weil die Dinge schwierig sind, wagen wir sie nicht, sondern weil wir sie nicht wagen, sind sie schwierig.*
>
> (Seneca, Philosoph der Antike)

20 Wohlbefinden und Zufriedenheit – nur keine zu hohen Erwartungen!

Sind Wohlbefinden und Zufriedenheit heutzutage eigentlich nicht selbstverständlich? Aufgrund des hohen Wohlstands müssen wir uns weniger plagen als frühere Generationen. Alles hat jedoch seinen Preis, und so herrschen heute ganz allgemein sehr hohe Erwartungen, was oft unzufrieden macht.

Genügsame sind zufriedener

In der Persönlichkeitspsychologie unterscheidet man die Maximierer und die Genügsamen. Eine entscheidende Eigenschaft des Maximierers besteht darin, dass er sich immer nur mit dem Besten zufriedengibt, dem besten Job, dem besten Partner, dem besten Auto usw. Morgens wird er nur vom besten Kaffee wach, mittags isst er nur beim besten Italiener und abends entspannt ihn nur der beste Film. Er sucht lange, bis er das Beste gefunden hat. Trotzdem wird er nach jeder Entscheidung von Zweifeln geplagt und neigt sogar trotz objektiven Erfolgs zur Unzufriedenheit.

Die Genügsamen dagegen suchen nur, bis sie etwas finden, was in etwa ihrem Maßstab entspricht. Sie stehen im Vergleich zu den Maximierern objektiv eher schlecht da, subjektiv fühlen sie sich jedoch besser.

In einer Studie des Sozialpsychologen Ilan Dar-Nimrod an der kanadischen Universität British Columbia im Jahr 2008 wurden die Besucher zweier Eissalons befragt. Eine Eisdiele befand sich in einem zentralen und belebten Stadtviertel und bot 20 Sorten Eis an. Die andere lag in einem abgelegenen Industriegebiet und bot sage und schreibe 200 verschiedene Eissorten an. Alle Befragten füllten zunächst einen Fragebogen aus, der die Neigung zur Maximierung erfasste. Anschließend stuften sie ihre Zufriedenheit mit dem Eis auf einer Skala von 1 bis 7 ein. Viele Maximierer zog es zum abgelegenen Eissalon; damit gaben sie ihrem Drang zum besten Eis nach. Mit ihrem Eis waren sie dann allerdings weniger zufrieden als diejenigen Maximierer, die es doch beim nahegelegenen Eissalon belassen hatten.

Auch bei der Jobsuche zeigt sich ein großer Unterschied zwischen Genügsamen und Maximierern: Letztere bemühten sich 2006 in einer Studie von Sheena Iyengar, Professorin für Wirtschaftspsychologie an der Columbia Business School, viel intensiver um eine gute Stelle. Manche schrieben bis zu 1000 Bewerbungen. Monate später lag ihr Einstiegsgehalt auch 20 Prozent über dem der Genügsamen – sie waren jedoch mit dem Erreichten weniger zufrieden.

Zu hohe Erwartungen sind eine Falle: Zufriedenheit wird unwahrscheinlich, Enttäuschung dagegen sehr wahrscheinlich!

Wer keine Alternative hat, ist zufriedener

In unserer heutigen Multioptionswelt sind Maximierer bei der kleinsten Unstimmigkeit geneigt, das, was sie haben, infrage zu stellen, um sich auf die Suche nach einer attraktiveren Alternative zu machen. Hätten sie keine Wahl, würde das manches für sie vereinfachen.

In einem Experiment von Daniel Gilbert von der Harvard Universität 2006 sollten Studenten an einem Fotokurs teilnehmen. Sie durften eine Reihe von Fotos machen, entwickelt wurden jedoch nur zwei Lieblingsfotos. Eines davon durften die Teilnehmer behalten, das andere ging zu den Akten, die sich im Ausland befanden. Bei Gruppe A wurde dieses Foto sofort weggeschickt, bei Gruppe B erst nach einer Woche. Fast alle Kursteilnehmer bevorzugten die zweite Bedingung, es entschied jedoch der Zufall, welcher Gruppe die Versuchsperson zugeteilt wurde. Versuchspersonen der Gruppe B stellten die eigene Wahl im Laufe der Woche infrage und waren mit ihrem selbst gewählten Foto unzufriedener als die Teilnehmer von Gruppe A. Dieser Effekt blieb auch stabil, nachdem bei Gruppe B kein Umtausch mehr möglich war.

Dies macht deutlich: Wenn wir die Erfahrung nicht verändern können, suchen wir nach Wegen, unsere Sichtweise, unsere Einstellung dazu zu verändern. Wir machen das Beste aus unserem Schicksal.

Genuss und Gehirn

Oft sind wir mit dem Gegebenen nicht zufrieden und streben nach mehr oder etwas anderem. Was spielt sich im Gehirn ab, wenn wir uns etwas wünschen? Der Neurotransmitter Dopamin lässt uns aktiv werden, Erwartungen zu befriedigen. An diese Phase des Verlangens schließt sich ggf. die Phase des Genießens an, bevor es abschließend zu einer Sättigungsphase kommt. Beim Genuss sind körpereigene Opiate, die Endorphine (inneres Morphium), beteiligt. Sie lassen das Wohlgefühl entstehen, wenn Reize von Sinnesorganen ans Gehirn geleitet werden. Dabei ist es egal, um welchen Sinnesreiz es geht, ein Stück Braten oder die Bewegung in der Natur. Den natürlichen Genuss kann man fördern und so Endorphine im Gehirn freisetzen: Etwa wenn man einen Gegenstand, z. B. eine Orange, als etwas Unbekanntes mit allen Sinnen untersucht – wie fühlt sie sich an, wie riecht und schmeckt die Schale, das Fleisch? Mahlzeiten sollten wir nicht mit dem Blick auf die Uhr einnehmen, denn es fördert den Genuss, wenn wir hungrig sind und wenn wir aufmerksam essen.

Es muss nicht immer etwas Besonderes geboten werden, um tiefe Empfindungen auszulösen. Bei der Behandlung von Depression hat sich ein *Genusstraining* als sehr wirksam erwiesen. Die Patienten suchen dabei gemeinsam verschiedene Quellen einfachen Empfindens und Spürens auf. So gehen sie z. B. mit bloßen Füßen über einen Waldboden oder sie rollen sich wie Kinder einen Wiesenabhang hinunter.

Die sieben Genussregeln

1. Genuss muss erlaubt sein. Genießen ohne schlechtes Gewissen macht das Leben erst lebenswert.
2. Genuss braucht Zeit. Ein positiver emotionaler Zustand muss sich entwickeln können. Dafür muss man sich im Alltag Freiräume schaffen.
3. Genuss ist alltäglich. Es braucht nichts Besonderes für genussvolles Empfinden. Genuss sollte nicht besonderen Feiertagen oder einer besonderen Leistung vorbehalten sein.
4. Genuss geht nicht nebenbei. Es gilt, das Angenehme mit ganzer Aufmerksamkeit auszukosten. Man kann nicht voll genießen, wenn man gleichzeitig etwas anderes tut. Wichtig ist, im Hier und Jetzt zu verweilen.
5. Weniger ist mehr. Genießen bedeutet nicht: »Je mehr, desto besser.« Grenzenloser Konsum schließt Genuss oft sogar aus, eine gewisse Askese hingegen ist genusssteigernd.
6. Ohne Erfahrung kein Genuss. Um herauszufinden, was einem wann guttut, muss man Erfahrungen sammeln, indem man sich neuen Erlebnissen stellt und sich so neue »Genussbereiche« erschließt.
7. Aussuchen, was einem guttut. Je nach Stimmung können ganz unterschiedliche Genüsse das Wohlbefinden steigern.

Der Neurophysiologe Morton Kringelbach von der Universität Aarhus in Dänemark untersuchte 2011 im Computertomografen, wie sich Sättigung auf das Genussempfinden auswirkt. Die Versuchspersonen bekamen zwei Genussmittel, die sie anfangs als gleich gut bewerteten (mit +1 auf einer Skala von +2 bis -2). Dann sollten sie eines davon verzehren, bis sie satt waren, und danach noch einmal davon nehmen. Nun bewerteten sie dieses Produkt mit -0,5. Die Alternative, die zuvor als gleich gut eingestuft worden war, wurde dagegen nun sogar besser bewertet. Dieses Ergebnis der Befragung war auch in bestimmten Arealen des Gehirns, die man als *Lustnetzwerk* bezeichnet, nachweisbar.

Sich lustvoll nach etwas zu sehnen, kann Stunden, Tage und Jahre andauern. Anders ist es beim Genießen: Mit dem Auskosten des Genusses schwinden die Endorphine wieder. Der Normalzustand kehrt zurück, mehr davon zu konsumieren bringt nicht viel. So hält die Freude über ein neu gekauftes Kleid nicht an, bei nächster Gelegenheit muss deshalb die passende Handtasche gekauft werden.

Nostalgie – ein positives Gefühl

Im Laufe des Lebens ergeben sich Veränderungen der Persönlichkeit, u.a. lässt die Unruhe nach, vieles verliert an Dringlichkeit. Eine neue Fähigkeit bildet sich aus: Wir neigen dazu, Erinnerungen nachzuhängen und dabei in Gefühle einzutauchen – *Nostalgie* macht sich breit. Der Niederländer Tim Wildschut führte ab 2006 an der Universität Southampton verschiedene Experimente zur Nostalgie durch.

So ließ er 172 Probanden an ein für sie bedeutsames Ereignis ihrer Vergangenheit denken, das nostalgisch stimmen sollte. Anschließend beschrieben sie dieses Ereignis möglichst lebendig auf Papier und schilderten schließlich ihre momentanen Gefühle. Diese Reise in die Vergangenheit hatte die meisten Probanden in eine angenehme Stimmung versetzt. Es wurden doppelt so häufig positive Gefühle geschildert wie negative.

Bei einem anderen Experiment teilte Wildschut die Versuchspersonen in drei Gruppen ein, die Zeitungsartikel mit unterschiedlichen Inhalten zu lesen bekamen. Es wurde ein positives, neutrales oder trauriges Ereignis beschrieben. Letzteres war ein Tsunami im Indischen Ozean im Dezember 2004 mit 230.000 Toten, der in einem Artikel beschrieben wurde. In der anschließenden Beschreibung ihrer Gefühlswelt nannten die Teilnehmer der Gruppe mit der schlechten Nachricht wesentlich häufiger Trauer als vorherrschende Emotion. In einem zusätzlich unterbreiteten Nostalgiefragebogen äußerten sie sich zudem deutlich nostalgischer. Ihre höchsten Werte wiesen sie v. a. bei den Fragebogenitems »Verwandte«, »Freunde« und »frühere Partner« auf.

Nostalgie ist eine elementare menschliche Erfahrung. So wie die Liebe stärkt sie soziale Bindungen, wie Stolz erhöht sie die Selbstachtung und wie Freude erhöht sie das Wohlbefinden.

Nostalgie öffnet auch unseren Geldbeutel. Katherine Loveland von der kanadischen Wirtschaftsuniversität HEC Montréal führte 2010 ein Experiment zu nostalgischen Gefühlen und Entscheidungen beim Einkauf durch: Zwei Gruppen spielten »Cyberball«. Dabei warfen sich die Probanden mit anderen, real existierenden Personen virtuell einen Ball zu. In einer Gruppe war das Spiel jedoch so manipuliert, dass die Versuchsperson den Ball nur selten bekam und sich ausgeschlossen fühlte. Das entstandene Gefühl der Benachteiligung wirkte sich in der zweiten Phase des Experiments auf die Wahl von Produkten aus. Allen Teilnehmern war nun eine Auswahl von Produkten angeboten worden. Sie konnten zwischen nostalgischen, in der Vergangenheit und Gegenwart sehr beliebten Produkten, und anderen wählen, die es erst seit Kurzem gab. Würden sie z. B. eher einen VW Käfer oder einen Smart wählen? Die Probanden aus der Außenseitergruppe wählten mit großer Mehrheit das Nostalgieprodukt – meist doppelt so häufig wie jene aus der anderen Gruppe. Je stärker das Bedürfnis nach Zugehörigkeit, desto stärker die Neigung zu einer nostalgischen Entscheidung. Die Wahl nostalgischer Produkte sollte das negative Gefühl der frustrierten Spieler eliminieren, da es positive Erinnerungen und ein Zugehörigkeitsgefühl weckt. Konsumenten kaufen sich – besonders wenn sie zu bekannten Marken greifen – positive Gefühle.

Nostalgisches Erinnern ist ein alltägliches Phänomen, das häufig durch negative Emotionen ausgelöst wird. Wenn man sich z. B. einsam fühlt, denkt man bevorzugt an Freunde oder Verwandte, die man länger nicht mehr gesehen hat. Dadurch fühlt man sich besser.

Erinnerung ist wie eine Schatztruhe, die wir bei Bedarf öffnen können. Wenn das Leben unerfreulich ist, zaubern wir schöne Erlebnisse hervor und stellen fest, dass die Vergangenheit in uns weiterlebt. So wirkt Erinnerung als Medizin gegen mentale Krisen und macht uns optimistisch.

Ob Nostalgie eine positive Wirkung hat, hängt an unserer Einstellung: Wenn wir uns darauf konzentrieren, wie schön ein Erlebnis war, dann haben wir ein positives Gefühl. Denken wir v. a. daran, dass es leider der Vergangenheit angehört, kann Nostalgie Weltschmerz bei uns auslösen.

Warum war früher alles besser? Weil wir uns mit zunehmendem Alter eher positive als negative Erinnerungen ins Gedächtnis rufen. Dies hat unter anderem die Psychologin Susan Charles 2003 an der University of California in Irvine zeigen können. Eine Erklärung dafür fand schon 1968 der Psychologe Robert Zajonc mit dem Mere-Exposure-Effekt: Man mag etwas allein schon deshalb, weil man öfter damit zu tun hat.

Zajonc bot seinen Versuchsteilnehmern zwölf angeblich türkische, in Wirklichkeit aber sinnlose Wörter dar. Die Untersuchungsbedingungen unterschieden sich darin, dass diese Wörter nicht oder mehrmals wiederholt wurden. Die Teilnehmer schätzten anschließend ein, ob ein Wort etwas »Gutes« oder etwas »Schlechtes« bedeute. Dabei ergab sich ein eindeutiger Zusammenhang zwischen der größeren Darbietungshäufigkeit und positiver Bewertung. Da wir uns dieses Effekts nicht bewusst sind, neigen wir im Allgemeinen zu der Annahme, früher sei es besser gewesen, denn die Dinge von damals sind uns schon häufig begegnet.

www.youtube.com/watch?v=1oYf3hEun5w

Demonstration des Mere-Exposure-Effekts

Für unser psychisches Wohlbefinden müssen wir oftmals aktiv etwas tun …

- *Genuss ermöglichen:* Wer genießt, nutzt den Augenblick und verliert sich weniger in Sehnsucht.
- *Kontakte ermöglichen:* Ein soziales Netzwerk fördert die Gesundheit; andere zu treffen, tut Körper und Seele gut, während Einsamkeit schadet.
- *Freude ermöglichen:* Was man tun muss, sollte man möglichst freudig tun, damit es leichter fällt.
- *Natürliches Leben ermöglichen:* Körper und Seele benötigen Erholung und Zeit zur Verarbeitung. Pausen sind wichtig und am erholsamsten in der Natur.
- *Bewegung ermöglichen:* Ausdauersportarten eignen sich hervorragend, um Stress abzubauen. Zudem tragen sie zur inneren Ausgeglichenheit bei.

Freundschaften und soziales Engagement erhöhen das Wohlbefinden

Lebten die Menschen früher in Dörfern, waren sie ungefähr von 150 ihnen bekannten bzw. meist verwandten Mitbewohnern umgeben. Im Durchschnitt hat auch der moderne Städter 150 Freunde und Bekannte. Damit umreißt der Evolutionspsychologe Robin Dunbar von der University of

Oxford ein soziales Netzwerk, das Menschen für ein gesundes Leben benötigen. Unter den 150 nahestehenden Personen sind nur etwa 5 enge Freunde oder Verwandte, 15 (einschließlich dieser 5) sind gute Freunde, 50 gute Bekannte. Diese Größe von 150 wird selbst durch das Internet kaum verändert. Letztlich steht man auch in den sozialen Medien nur mit einer begrenzten Zahl an Freunden in dauerhaftem Kontakt.

Die Anzahl der guten Freunde entscheidet im Allgemeinen, wie es um die persönliche Gesundheit, das Wohlbefinden und die Lebenszufriedenheit steht. Die 5 eng Vertrauten sind entscheidend, denn auf sie ist normalerweise in einer Krise Verlass.

Die Familie lässt uns am wenigsten im Stich. Sie erträgt Fehlverhalten meist noch eher als enge Freunde. Dass auch die Anzahl der Freunde bedeutsam ist, erklärt man sich damit, dass man durch sie mehr Sicherheit und Anregung erfährt. Es gibt dann auch eher etwas zu lachen: Beim Lachen, Singen, Geschichtenerzählen und synchronen Handlungen wie Tanzen haben wir das Gefühl, zu einer Gemeinschaft zu gehören. Dann schüttet das Gehirn Endorphine aus. Sie hellen die Stimmung auf und kurbeln das Immunsystem an.

Viele Indizien sprechen dafür, dass Freundschaften gesund für uns sind. So konnte Dunbar bei Müttern von Kleinkindern nachweisen, dass Mutter und Kinder umso seltener krank wurden, je häufiger die Mütter Freunde trafen.

Der Sozialpsychologe Bert Uchino von der Ohio State University in Columbus wies 2012 nach, dass der emotionale Stress beim Erzählen von belastenden Ereignissen abnimmt, wenn Personen von engen Freunden begleitet werden. Die Stressmarker, wie hoher Blutdruck oder Beschleunigung von Herz- und Atemfrequenz, stiegen dagegen an, wenn fremde Personen beim Gespräch anwesend waren.

2015 ermittelte der Psychologe Sheldon Cohen von der Carnegie Mellon University in Pennsylvania in täglichen Befragungen zwei Wochen lang bei mehr als 400 Versuchspersonen die Anzahl von Umarmungen und von Streitigkeiten. Anschließend setzte er alle Versuchsteilnehmer einem Erkältungsvirus aus und schickte sie in Quarantäne. Die Erkältung befiel die Teilnehmer umso eher und heftiger, je mehr diese zuvor Streit und je weniger sie Umarmungen erlebt hatten. Kaum ein Lebensstil ist allerdings so gefährlich wie Einsamkeit. Sie erhöht unter anderem das Risiko für Persönlichkeitsstörungen, Alzheimer-Demenz und einen frühen Tod.

Sich um jemanden zu kümmern, kann dagegen das Leben sogar verlängern, wie ein Forscherteam unter der Leitung von Sonja Hilbrand von der Universität Basel zwischen 1990 und 2009 an 500 Großeltern zwischen 70 und 103 Jahren aufzeigen konnte. Wenn die Betreuung von Enkelkindern nicht mit Stress verbunden ist, dient sie auch der eigenen Gesundheit. Wer sich nicht um seine Enkelkinder kümmerte, starb mehrere Jahre früher. Dieser Effekt – allerdings nicht ganz so ausgeprägt – ließ sich auch bei alten Menschen nachweisen, die selbst keine Enkelkinder hatten, sich aber für andere Menschen engagierten. Auch sie lebten länger als Senioren, die sich nicht sozial engagierten. Ein erfülltes Dasein, ein Leben mit einem nachhaltigen Sinn, schützt unsere Psyche und bewahrt uns vor Krisen.

Warum Tiere zufriedener sind als Menschen

Wenn ein Tier an einer bestimmten Stelle an mehreren Tagen Futter vorfindet, wird es lernen, dass es hier immer sein Futter bekommt. Bleibt dann das Futter aus, wird es zunächst warten, nach einiger Zeit wird es sich jedoch auf die Suche begeben und nachschauen, ob sich Futter an anderen Stellen findet.

Der Mensch ist noch viel lernfähiger als Tiere und hat deshalb mehr Möglichkeiten; aber viele Menschen berauben sich ihrer Chancen durch unangemessene innere Bewertungen der Situation. So würden viele Menschen an dieser Stelle sitzen bleiben, in der Erwartung, vergessen worden zu sein; sich ärgern, schimpfen und so auf sich aufmerksam machen, weil sie meinen, ein Recht darauf zu haben, hier Futter zu bekommen; flehen, weil sie befürchten, etwas falsch gemacht zu haben und bestraft zu werden … Es ist offensichtlich, dass es nicht die Umstände sind, die uns unglücklich oder glücklich machen; es ist unsere Reaktion darauf, die Art, wie wir die Umstände beurteilen, die unser Gefühl bestimmt.

In Umfragen äußern sich viele Menschen dahingehend, dass sie von einer Zunahme an Gefahren ausgehen. Dieses Urteil basiert auf der Wahrnehmung negativer Meldungen, wie sie in den Medien vorherrschen. Doch diese Wahrnehmung täuscht, wie der Psychologe Steven Pinker 2011 nach ausführlichen Recherchen belegt. Wissenschaftliche Untersuchungen ermittelten wesentlich mehr Gewalttaten und negative Ereignisse in früheren Zeiten. Wir fühlen uns bedroht, obwohl es noch nie so friedlich um uns herum war wie heute. Die Tendenz zum Negativen hängt damit zusammen, dass das Gehirn auf negative Informationen wesentlich stärker reagiert als auf positive, da diese für unser Überleben wichtiger sind.

Wir Menschen lernen schon als Kleinkinder zu kategorisieren. Wir können deshalb schon sehr früh beurteilen, zu welcher Gruppe wir gehören, wer nicht zu unserer Gruppe gehört und von wem Gefahr droht. Dieses Bewerten findet ständig statt, denn Menschen denken unablässig. Die Fähigkeit zu kategorisieren und zu bewerten können wir, wenn sie dominant wird, durch Achtsamkeit neutralisieren, was Wohlbefinden und innere Ruhe nach sich zieht.

Eine Quelle für Wohlbefinden und Lebensfreude ist ein angemessener Umgang mit Fehlern, Missgeschicken, Unglück usw. Wer sich selbst die Schuld dafür zuschreibt, wird eher unglücklich sein. Wer die Ursache dafür hingegen in der Umgebung oder im Schicksal sieht, und positive Ereignisse sowie Erfolge auf sich selbst zurückführt, der wird eher zurechtkommen. Da jeder Mensch Fehler macht, ist es durchaus berechtigt, diesbezüglich tolerant zu sein, solange man nicht versäumt, aus Fehlern auch zu lernen.

Wenn etwas nicht klappt, lösen sich Tiere davon und können sich sofort wieder freuen. Den Menschen gelingt das oft nicht, weil sie immer noch über das vorangegangene Missgeschick grübeln oder den ihrer Meinung nach dafür Verantwortlichen durch Missachtung bestrafen. Ihr Unglück verlängert sich auf diese Weise. Sich davon zu lösen heißt, stattdessen wieder mehr Lebensfreude zu erfahren.

Wer sich ausreichend selbst bestätigt, kann auch eher das Vertrauen in die eigenen Ressourcen aufbringen, hat also die Überzeugung, dass er, egal was komme, damit gut fertig wird. Damit ist allerdings keine Egokultur gemeint, wie sie sich heute in den sozialen Medien ausbreitet. Schon 1996 wies der Psychologe Roy Baumeister von der Florida State University darauf hin, dass ein überhöhtes Selbstwertgefühl nicht mit Ausgeglichenheit verwechselt werden darf. Narzissten sind nicht psychisch stabil, sondern reagieren mit Verstimmung und Aggression auf Kritik und fehlende Beachtung. Selbstbezogenheit erschwert soziale Beziehungen, die wichtig sind für eine stabile Psyche.

Übung

Positives möglich machen

Stellen Sie sich jeden Abend vor dem Schlafengehen drei positive Ereignisse vor, die am folgenden Tag eintreten könnten.
Dies können alle möglichen Ereignisse sein, von den kleinen Freuden des Alltags bis hin zu wichtigen Geschehnissen. Versuchen Sie, sich diese Ereignisse so genau wie möglich vorzustellen.

Wenn Sie ein detailliertes inneres Bild davon haben, schließen Sie die Übung mit einem tiefen Atemzug ab.
Untersuchungen haben gezeigt, dass sich mit dieser einfachen Übung das eigene Befinden verbessern lässt.
Man traut sich dann auch mehr zu, und wenn man aktiv wird, bestätigt man sich wiederum durch sein Handeln.

Wer sich als selbstwirksam wahrnimmt, ist zufriedener

Unsere Selbstwirksamkeitserwartungen hängen keineswegs nur mit den gegebenen Möglichkeiten zusammen. Woran liegt es, ob wir uns etwas zutrauen oder vielleicht sogar vorschnell resignieren? Hierzu führten die Psychologen Martin Seligman und Steven Maier von der Universitiy of Pensilvania 1967 eine Studie mit Hunden durch.

Die Tiere wurden in zwei Vergleichsgruppen aufgeteilt, das Experiment gliederte sich in zwei aufeinanderfolgende Phasen.

In der ersten Versuchsphase wurde einer Gruppe von Hunden elektrische Schocks zugefügt. Durch die Betätigung eines Hebels konnten die Tiere die Schocks aber unterbinden. Tatsächlich erlernten sie dies auch innerhalb kürzester Zeit. Die Vergleichsgruppe erhielt Stromschläge derselben Stärke. Anders als bei der ersten Gruppe gab es für diese Hunde aber keine Möglichkeit, die Stromstöße zu unterbinden.

Die erste Gruppe der Hunde nahm sich also als *selbstwirksam* wahr, während die zweite der Lage hilflos ausgeliefert war. Wie würden sich diese Erfahrungen auf das weitere Verhalten der Tiere im Fortgang des Experiments auswirken?

In der zweiten Phase des Experiments überprüften die Wissenschaftler die Reaktionsweise der Tiere mithilfe einer speziell präparierten Box. Diese bestand aus zwei scheinbar identischen Kammern, die durch eine Barriere voneinander getrennt waren. In der ersten Kammer erhielten die Hunde erneut Stromschläge. Durch einen Sprung über die Abgrenzung in die andere Kammer konnten sie den Schocks aber entkommen. Würden die Tiere herausfinden, wie sie in Sicherheit gelangen konnten?

Die Tiere beider Gruppen zeigten deutliche Verhaltensunterschiede: Die Hunde, die in der ersten Versuchsphase die Stromschläge unterbinden konnten, lernten auch in der zweiten Versuchsphase schnell, den Stromschlägen zu entgehen. Viele Hunde der zweiten Gruppe verhielten sich dagegen passiv und erduldeten die Stromschläge teilnahmslos. Außerdem wirkten sie gestresst und verängstigt. Sie wiesen damit Symptome einer Depression auf.

Seligman und Maier gingen davon aus, dass *erlernte Hilflosigkeit* die Ursache für die depressionsartigen Zustände der Tiere war. Im ersten Teil des Versuchs hatten sie »gelernt«, dass sie ihrem Leiden hilflos ausgeliefert waren. Im zweiten Teil des Experiments waren sie deshalb nicht mehr im Stande, sich aus eigener Kraft aus ihrer Lage zu befreien, obwohl es dieses Mal möglich gewesen wäre.

Der Versuch dient als Modell, um die Entstehung von Depressionen beim Menschen zu erklären. Wer sich als Herr seiner Lage erlebt und sogar wehrhaft Bedrohungen bewältigt, entwickelt Selbstwirksamkeitserwartungen und ist zufriedener mit sich, was ihn vor Depressionen schützt. Frühere Erfahrungen sind manchmal wenig geeignet, das gegenwärtige Geschehen zu erklären und taugen dann nicht als Ratgeber für aktuelles Empfinden und Handeln. Daher dient ein Leben im Hier und Jetzt dem eigenen Wohlbefinden.

www.youtube.com/watch?v=87Vuqvp2V7w

Selbstbeschränkung im Alltag als Folge erlernter Hilflosigkeit

Kuno hat einen Zusammenbruch hinter sich. Bis dahin hat er immer versucht, alle Erwartungen zu erfüllen. Als Kind litt er darunter, dass sich seine Eltern sehr häufig stritten. Er befürchtete ständig, dass sie sich trennen könnten, und fühlte sich dafür verantwortlich, dass sie nicht in Streit gerieten. Als Jugendlicher konnte er die ständigen Spannungen und vermehrten Anforderungen kaum ertragen, wehrte sich jedoch nicht. Er half dem Vater und übernahm Besorgungen für die Familie, selbst wenn er keine Zeit hatte.
Nach seiner Heirat kümmerte er sich zusätzlich um seine Frau und – wenn erforderlich – auch um deren Familie. Dabei war völlig klar, dass er der Ernährer der jungen Familie sein müsste. Selbst die Erziehung oblag ihm, wenn seine Frau nicht mit den Kindern zurechtkam. Er war einfach zuständig, sobald es Probleme gab. Nie hätte er sich beklagt, denn es schien ihm so ganz selbstverständlich. Nur sein Körper, der machte irgendwann nicht mehr mit. Kuno litt ständig unter Entzündungen, die er nicht ernst nahm. Eines Tages musste er in eine psychosomatische Klinik. Zunächst war ihm das peinlich, und er rief daheim an, dass er so schnell wie möglich wieder zurückkehren würde. Aber dann ging ihm ein Licht auf: Sein Körper hatte ihn nicht im Stich gelassen, sondern ihn aus seinem Hamsterrad befreit. Endlich konnte er wieder ruhig schlafen. Er machte Sport aus Vergnügen, nicht aus Pflichtbewusstsein oder aus Sorge um seine Leistungsfähigkeit. Er saß stundenlang mit anderen zusammen und drängte nicht wie bisher zum frühen Aufbruch. Zwischendurch überkamen ihn Schuldgefühle, weil er es sich so gut gehen ließ. Die Psychologen in der Klinik regten ihn an, mehr für sich selbst zu sorgen. Hier konnte er es, aber er wusste, dass es zu Hause schwer werden würde. Er fürchtete sich vor der Entlassung, denn es war ihm klar, dass er alle erst einmal vor den Kopf stoßen müsse. Genau das hatte er sein ganzes Leben lang vermieden. Er wollte kein Egoist sein, aber ab sofort wollte er auch nicht immer gleich für alle anderen springen. Kuno musste lernen, dass er die Hilflosigkeit des kleinen Kindes längst überwunden hatte und nun Verantwortung für seine eigenen Bedürfnisse übernehmen konnte. Eigene Chancen würde er jedoch nur wahrnehmen können, wenn er seine Einstellung zu Konflikten veränderte. Er wusste, das würde ihm schwerfallen, aber es war der richtige Weg.

Wer mit sich selbst zufrieden ist, kommt besser mit Kränkungen zurecht

Sind wir gekränkt, so fühlen wir uns durch eine andere Person verletzt, zurückgewiesen oder abgewertet. Wir sind im tiefsten Inneren getroffen und erkennen nicht, dass es vom Gegenüber meist nicht so gemeint war.

Dabei liegt es an uns selbst, ob wir gekränkt reagieren oder ein Problem konstruktiv angehen, sodass unsere Beziehung zu der anderen Person nicht zerstört wird.

Kränkungen sind alltäglich, sie passieren jedem. Aber keineswegs kommen alle Menschen mit Kränkungen gut zurecht. Jeder will sich selbst als stark sehen und sich so nach außen präsentieren. Doch die Wirklichkeit sieht anders aus, die meisten Menschen sind sehr leicht zu verletzen. Viele neigen dann zu extremem Verhalten und reagieren auf eine Kränkung häufig mit dem Abbrechen der Beziehung. Der Gekränkte ist voller Empörung und Bitterkeit. Eine aggressive Reaktion liegt dann nahe, befreit jedoch nicht vom Schmerz der erlebten Demütigung, sondern provoziert neues Unheil. Wer sich stattdessen verbittert zurückzieht und in Selbstmitleid zerfließt, pflegt ebenfalls eine negative Haltung. Denn wer in Unfrieden mit sich und anderen lebt, schwört neue Konflikte und Kränkungen geradezu herauf. Die innere Destruktivität bleibt nämlich anderen nicht verborgen, und sie reagieren wiederum mit Ablehnung. Daher muss der zugrunde liegende Konflikt gelöst werden, um einen Teufelskreis aus Erniedrigung und Gewalt zu durchbrechen.

Eine Kränkung ist keineswegs ein Automatismus im Sinne von: Weil eine andere Person sich so verhalten hat, bin ich gekränkt und kann nicht anders. Die Reaktion auf das Verhalten der anderen Person ist immer davon abhängig, wie wir uns selbst sehen. Wenn wir uns aufgrund des Verhaltens anderer selbst infrage stellen, uns selbst ablehnen, kommt es zur Empfindung des Gekränktseins. Nicht die andere Person kränkt uns, sondern wir fühlen uns aufgrund eines Verhaltens einer anderen Person gekränkt. Die Kränkung hängt davon ab, welche Bedeutung man selbst dem Ereignis, dem Verhalten der anderen Person gibt. Insofern hat der Betroffene immer selbst die Verantwortung für sein Gekränktsein. Menschen mit niedrigem Selbstwert reagieren empfindlicher, nehmen negative Reaktionen anderer persönlicher als selbstbewusste Personen.

Jeder Mensch möchte geliebt und geachtet werden. Selbstwerterhöhung ist ein Grundbedürfnis des Menschen. Bei einer Kränkungssituation wird dieses Grundbedürfnis bedroht – daher die starken Empfindungen. Wer von Selbstzweifeln getrieben ist, sucht besonders die Bestätigung bei anderen und ist entsprechend leicht verletzbar. Wer dagegen selbst dafür sorgt, dass seine Bedürfnisse erfüllt sind und wer mit sich selbst zufrieden sein kann, kann besser mit provokanten Reaktionen anderer umgehen.

Zu einer Kränkung kommt es meist, weil ein wunder Punkt getroffen wird. Der Kränkungsschmerz hängt oft mit einer längeren Geschichte von Demütigungen zusammen. Die Heftigkeit der Reaktion erklärt sich dann nur vor dem Hintergrund unverarbeiteter Enttäuschungen oder Erniedrigungen bzw. unerfüllter Erwartungen.

Wenn du Ermutigung, Lob und Schulterklopfen brauchst, dann machst du jeden zu deinem Richter.

(Fritz Perls, Gestalttherapeut)

Wie Sie gelassener reagieren

- Machen Sie sich klar, dass Sie selbst die Verantwortung für Ihr Wohlbefinden und Ihre Gefühle haben – nicht andere Menschen.
- Vorwürfe und Rückzug tragen nicht zur Lösung eines Problems bei.
- Nehmen Sie sich Zeit und lassen Sie überschießende Gefühle erst einmal abklingen.

- Überprüfen Sie Ihre Annahmen über die Absichten der anderen, indem Sie nachfragen.
- Akzeptieren Sie, dass Ihre Sicht der Dinge von der anderer verschieden ist.
- Versuchen Sie für sich selbst und für Ihr Gegenüber Verständnis aufzubringen.
- Teilen Sie den anderen mit, was Sie brauchen, damit Sie sich besser fühlen können.
- Fragen Sie auch, was die anderen benötigen.
- Bieten Sie ggf. einen Kompromiss an, aber unter Berücksichtigung Ihrer Bedürfnisse.
- Wie auch immer das Ergebnis ausfällt, verzichten Sie auf eine Fortsetzung negativen Denkens und erleben Sie mehr Wohlbefinden durch Versöhnung – selbst bei unterschiedlichen Standpunkten.

Natur als Ruheinsel

Wo sich am besten abschalten lässt, hat sich der US-Psychologe Marc Berman von der Chicago University gefragt. In einem Experiment im Jahr 2010 unternahm eine Probandengruppe einen 50-minütigen Spaziergang in der Stadt, eine andere Gruppe in der Natur. Anschließend unterzogen sich beide Gruppen psychologischen Tests. Das Ergebnis: Die Probanden, die durch die reizdichte Stadt geschlendert waren, waren schlechter gelaunt und weniger leistungsfähig als diejenigen, die sich im vergleichsweise reizarmen Park bewegt hatten. Ein zweites Experiment zeigte, dass schon das Betrachten einer Landschaftsfotografie sich vorteilhafter auf die Hirnleistung auswirkt als das Betrachten einer Straßenszene.

Auch der schwedische Psychologe Terry Hartig von der Universität Uppsala hat 2014 die entspannende Wirkung der Natur experimentell nachgewiesen. Er befragte rund hundert Studenten, wie aggressiv oder verärgert sie sich fühlten, und maß ihren Blutdruck. Danach bat er die Hälfte von ihnen, eine Stunde lang durch die Natur zu spazieren. Die andere Hälfte schickte er die gleiche Zeit ins Stadtzentrum. Unmittelbar nach der Rückkehr der beiden Gruppen maß er erneut Blutdruck und Aggressionslevel. Beide Wanderungen zeigten Wirkung: Der Lauf durchs Grüne hatte den Blutdruck gesenkt und die verärgerten Teilnehmer beschwichtigt. Bei den Stadtspaziergängern hatte sich der Blutdruck erhöht, sie fühlten sich aggressiver.

Tagebuchschreiben macht widerstandsfähig

Das Tagebuchschreiben hat eine lange Tradition vor allem in Phasen des Lebens, die von starken Emotionen gekennzeichnet sind. Das hat seine Berechtigung, wie wissenschaftliche Untersuchungen zeigten.

Der Psychologe und Emotionsforscher James Pennebaker von der University of Texas begründete in den 1980er-Jahren eine neue Form der Therapie: das expressive Schreiben. Menschen schreiben dabei über ein persönliches Erlebnis, das sie belastet. Sie stellen sich den schweren Gefühlen und fassen in Worte, was ihnen Kummer bereitet.

Pennebaker untersuchte die Wirkung an knapp 50 Studenten. Es waren junge, im Grunde gesunde Menschen, doch zu seinem Erstaunen hatten viele schlimme Dinge erlebt. Eine Gruppe bat er, an vier aufeinanderfolgenden Tagen jeweils eine Viertelstunde lang ihre Gedanken zum schmerzhaftesten Ereignis ihres Lebens aufzuschreiben. Eine andere Gruppe von Studenten schrieb nach dem gleichen Zeitplan über ein Ereignis ihrer Wahl. Es war nicht überraschend, dass die erste Gruppe am Ende in betrübterer Stimmung war und einen höheren Blutdruck hatte als die zweite Gruppe. Viele Probanden der ersten Gruppe hatten den Raum hinterher tränenüberströmt verlassen. Doch am nächsten Tag kamen sie wieder, um weiterzuschreiben.

Noch bemerkenswerter war, was in den folgenden Wochen geschah. Den Studenten, die sich ihre schmerzhaften Erlebnisse von der Seele geschrieben hatten, schien es danach deutlich besser zu gehen: Vier Monate später wiesen diese Studenten weniger gesundheitliche Probleme auf und waren in der Zwischenzeit auch seltener beim Arzt gewesen – das expressive Schreiben hatte sie widerstandsfähiger gemacht. Dieses Resultat, dass ein schriftliches Wiedergeben von schmerzlichen Ereignissen positive Auswirkungen hat, wurde in anderen Studien bestätigt. Als Wirkmechanismus wird die länger anhaltende Konfrontation mit dem Schmerz und das beim Schreiben entstandene Gefühl vermutet, das selbst Hervorgerufene meistern zu können. Das expressive Tagebuchschreiben hat damit ähnliche Effekte wie eine Psychotherapie.

Wenn Sie sich selbst helfen wollen, schreiben Sie auf, was Sie belastet. Dabei sollten Sie allerdings nicht nur die Ereignisse wiedergeben, sondern auch die dabei hervorgerufenen Emotionen.

Resilienz – sich auf das Positive besinnen

Wir Menschen sind erstaunlich anpassungsfähig. Viele können Schicksalsschläge und selbst grausame Folter ohne Schaden überstehen.

Hat man sich in der Forschung lange Zeit ausschließlich damit beschäftigt, wie Krankheit entsteht, gewinnt eine andere Betrachtung an Bedeutung: Wie bleibt man gesund? Salutogenese geht davon aus, dass wir zeitlebens immer sowohl gesund als auch krank sind, und untersucht, welche Faktoren dazu beitragen, dass Krankheit nicht die Oberhand gewinnt. Entsprechend hat die Psychotherapie erkannt, dass durch die Aktivierung von Ressourcen oft mehr Gesundheit gewonnen wird als durch Eliminierung von

Krankheitsfaktoren. Ergänzend wird nun immer mehr das Thema Resilienz diskutiert.

Widerstands- und Regenerationsfähigkeit – anders ausgedrückt: innere Stärke oder *Resilienz* – bei Konflikten, Misserfolgen, Krisen und Schicksalsschlägen hängt mit folgenden Faktoren zusammen:

- Verlässliche soziale Beziehungen,
- Akzeptanz,
- realistischer Optimismus,
- Lösungsorientierung,
- Zukunftsorientierung und
- Selbstwirksamkeitserwartung.

Resiliente Menschen geraten weniger in Verzweiflung und erholen sich bei Belastungen schneller.

> *Unsere Geschichte bestimmt nicht unser Schicksal. Resilienz ist die Fähigkeit, an furchtbaren Problemen zu wachsen.*
>
> (Boris Cryulnik, Klinischer Ethologe)

Niemand ist immun gegen das Unglück, aber Widerstandsfähigkeit kann man fördern – am besten schon in der Kindheit. Eltern sollten bei ihren Kindern Selbstvertrauen und Selbstwirksamkeitserwartungen fördern und Stressmanagement alltäglich vorleben.

Trotz vorhandenen Wissens wird Resilienz durch das moderne Leben eher geschwächt. Unterstützend ist es, wenn wir uns einer sinnvollen Aufgabe widmen, uns um enge Freunde bemühen, uns in der Natur bewegen, uns ausgewogen ernähren und uns durch Entspannungs- und Meditationsübungen mehr Gelassenheit ermöglichen.

So finden Sie zu innerer Stärke

- Belastungen sollten Sie nicht als Weltuntergang sehen, sondern als Herausforderung annehmen.
- Vergegenwärtigen Sie sich, was Sie in der Vergangenheit bereits alles gemeistert haben.
- Nehmen Sie sich Zeit, Ihre Empfindungen zu beschreiben, das fördert langfristig Ihre Stabilität.
- Stellen Sie sich vor, wie die nähere Zukunft aussehen soll. Malen Sie ein inneres Bild von sich nach erfolgreicher Krisenbewältigung und spüren Sie Ihre zunehmende innere Stärke.

21 Psychologie – Richtschnur für ein gutes Leben

Schon immer mussten Menschen mit Problemen umgehen und Lösungen suchen. So ist es ganz selbstverständlich, dass im Laufe der Menschheitsgeschichte verschiedene Wege beschritten und vielfältige Lösungen entwickelt wurden. Zeitweilig herrschten rationale Ideen vor mit philosophisch-kognitiven Erklärungsansätzen, dann dominierten wieder weniger rationale Bewältigungsversuche.

Lange Zeit kümmerten sich die Religionen um das Seelenheil der Menschen, indem sie genau vorgaben, was gut und richtig bzw. falsch und verwerflich war. Mit der Verbreitung wissenschaftlichen Denkens wurden religiöse Doktrinen zunehmend infrage gestellt. So konnte sich die Psychologie als weltliche Seelenkunde ausbreiten. Als wissenschaftliche Disziplin verzichtete sie auf moralische Bewertungen. Stattdessen brachte sie Methoden zur Beschreibung innerpsychischer und zwischenmenschlicher Prozesse hervor. Die psychologischen Experimente trugen zum Verständnis menschlichen Erlebens, Denkens und Handelns bei. Daraus entwickelten sich auch unterschiedliche Theorien zur Erklärung von Störungen und verschiedenartige Methoden zu deren Bewältigung. Die Methoden psychologischer Therapie sind allerdings oft nicht neu; neu sind deren wissenschaftliche Untersuchung und die Bereitschaft, auf eine »allein seligmachende« Heilslehre zu verzichten. Dazu gehört auch, wissenschaftliche Erklärungen nicht unreflektiert zu übernehmen, sondern sie mit psychologischem Erfahrungswissen abzugleichen.

Schwebebalken des Lebens

Das Leben ist heute mehr denn je Veränderung. Dazu passt das Bild des Schwebebalkens, auf dem wir die Herausforderung des Lebens überwinden – sofern wir nicht abstürzen. Mit jeder bewältigten Aufgabe kommen wir weiter voran, aber außer der größeren Zuversicht und der zunehmenden Übung, die uns eine gemeisterte Aufgabe ermöglicht, spricht nichts dafür, dass auch die nächste Anforderung erfüllt wird. Betrachten wir den Jugendlichen, der die Entwicklungsaufgaben des Kleinkindes ebenso bewältigt hat wie die Aufgaben im Schulalter. Aber jetzt steht für ihn die Selbstfindung an. Viele psychischen Störungen zeigen sich erstmals in und nach der Pubertät. Wird dem Jugendlichen diese Entwicklungsphase gelingen?

Oder blicken wir auf den Mann in der Lebensmitte: Er kann trotz Erfolg in Beruf und Familie in die Krise geraten. Er fragt sich in diesem Fall »War das alles? Soll ich jetzt noch 40 Jahre auf den Tod warten?« – und stürzt dann möglicherweise ab. Unser Lebensbalken verläuft meist nicht gerade, sondern eher wie ein verwinkelter Weg, auf dem sich die Richtung mit jeder Aufgabe ändert. Mit der Partnerschaft, als Beispiel für eine bewältigte Lebensaufgabe, taucht vielleicht bald der Kinderwunsch auf, der Erziehungsurlaub ist dann eventuell eine gute Lösung. Es kann aber auch sein, dass wir uns dabei einsam fühlen und erst neue Freunde finden müssen usw. (Abb. 21-1).

Balance ist ein Grundprinzip unseres Organismus: Der Körper fühlt sich gut an, wenn sich die inneren Prozesse in einem dynamischen Gleichgewicht befinden. Homöostase ist das physiologische Streben nach Einhaltung eines Gleichgewichts, das für die Lebenserhaltung und Funktion des Organismus notwendig ist. Ein Beispiel für Homöostase ist der Blutdruck und seine Regulation. Steigt oder sinkt der Blutdruck zu stark, werden vom Organismus gegenre-

Abb. 21-1 Entwicklungsaufgaben im Lebensverlauf

gulatorische Maßnahmen zur Erhaltung der Homöostase ergriffen. Entsprechend müssen wir uns lebenslang um psychische Balance bemühen. Ausgeglichenheit und damit Stabilität ergibt sich nur durch ständige Auseinandersetzung mit uns, den anderen und den jeweiligen Entwicklungsaufgaben. Bei Einzelnen mag dieser Balanceakt ruhig verlaufen, wie bei einem versierten Hochseilartisten, dem man seine Leistung äußerlich nicht ansieht. Andere dagegen geraten permanent ins Schwanken, erleben abrupte Veränderungen und unterliegen ständig der Gefahr des Absturzes.

Die Balance zwischen Struktur und Chaos finden

Das Leben entspricht generell eher einem chaotischen Prozess als einem geordneten. Bei chaotischen Prozessen kommen wir oft zu negativen Bewertungen, wie ineffektiv oder charakterlos. Aber funktionieren nicht alle grundlegenden biologischen Prozesse auf diese Art? Wie ist es mit dem Gehirn? Es steuert den gesamten Organismus und verlässt sich dabei auf chaotische Prozesse der *Selbstregulation*. Unser Herz z. B. schlägt nie ganz gleichmäßig wie ein Uhrwerk, sondern einmal schneller und einmal langsamer. So ist es maximal leistungsfähig und kann sich schnell an Extremsituationen anpassen. Wir sollten diesen Selbstorganisationsprozessen unseres Körpers vertrauen.

Andererseits begegnet uns mehr als früher ein »Strukturanalphabetismus«, d. h., Einzelne und Familien müssen die Fähigkeit, ihr Leben zu strukturieren, erst (wieder) erlernen. Wenn scheinbar alles jederzeit möglich ist, Prioritäten nicht mehr eindeutig sind, dann verlieren sich *Strukturen* – was ein Zugewinn an Freiheit sein kann, aber oft Überforderung bedeutet. Struktur wird in Familien eher nebenbei vermittelt, z. B. durch feste Essenszeiten. Unterbleibt dies, stehen sich gerade junge Menschen selbst im Weg. So werden Psychologen heute oft zum Coach für die Vermittlung einer grundlegenden Zeit- und Organisations-, ja Alltagsstruktur in der Familie und beim Einzelnen. Ein Stück weit Stimuluskontrolle zuzulassen, schafft Basisbedingungen für eine bewusste Lebensgestaltung. Leben bedeutet eben, immer wieder eine Balance zu finden, auch zwischen Struktur und Chaos.

> *Menschen stolpern nicht über Berge, sondern über Maulwurfshügel.*
>
> (Konfuzius, Philosoph)

Der Garten des Lebens

Balance als Grundhaltung eines guten Lebens lässt sich auch anhand des Bildes eines eigenen Gartens sehr schön verdeutlichen: Jeder hat sicherlich eine Vorstellung, wie sein Garten aussehen soll, aber man wird auch wissen, dass dieser Garten sich immer verändert. Sicherlich kann man ihn verwildern lassen, aber dann ist man darauf weniger stolz, als wenn man ihn bewusst bearbeitet. Auch wenn man alles überlegt pflanzt, sodass einzelne Pflanzen zunächst genug Raum und Sonne haben, wird man manche Pflanzen beschneiden oder später wieder entfernen müssen, weil mit der Zeit alles zugewachsen ist und dann anderen Pflanzen das Licht fehlt, das sie zum Gedeihen brauchen. Mit Gartenpflege wird man nie fertig; sie findet zwar nicht jeden Tag statt, aber eben doch so lange, wie man die Verantwortung für diesen Garten trägt. Dabei empfindet man oft Lust und Befriedigung, aber genauso muss man auch mit Unlust und Schmerzen zurechtkommen. Manchmal muss auch eine Abgrenzung zum Nachbargarten errichtet werden. Trotz guter Planung will man einiges später wieder ändern, weil sich die Bedürfnisse ändern. So hat man mit kleinen Kindern vielleicht eine Matschecke eingerichtet, aus der man später einen Tümpel macht, der wiederum, wenn man ein höheres Alter erreicht hat, möglicherweise zu pflegeaufwendig ist. Das alles ist in Ordnung, der Lebensbalken braucht gar nicht gerade zu sein. Die Veränderung ist also nicht ein Zeichen des Alters, sondern sie ist ein Zeichen des Lebens! Eher ist Starrheit ein Zeichen von Leblosigkeit – ein betonierter Garten wirkt tot.

Stiftung Psyche – Ergebnis einer psychologischen Beratung

Zu diesem Bild passt auch die Lebensgeschichte von Gerhard Alber, der durch seine testamentarische Verfügung zum Aufbau einer Stiftung wesentlich dazu beigetragen hat, Wissen über psychische Phänomene der Öffentlichkeit zugänglich zu machen:

Gerhard kam 1927 in einem Dorf zur Welt. Er stammte aus einer Bauernfamilie und war das jüngste von fünf Kindern. Armut und Pietismus prägten ihn von Kindesbeinen an. Im Zweiten Weltkrieg wurde der elterliche Hof bombardiert und seine Familie ausgelöscht. Gerhard überlebte als Einziger und kam bis zur Volljährigkeit in eine Pflegefamilie. Er entwickelte einen unbeugsamen Durchhaltewillen, aber auch ein allgemeines Misstrauen. Unterstützung konnte in der Nachkriegszeit niemand erwarten, und so baute er als »Einzelkämpfer« die elterliche Landwirtschaft wieder auf. Kühe und Schweine wollte er nur vorübergehend allein halten – bis er eine Frau gefunden haben würde. Doch es sollte anders kommen: Die Landwirtschaft entwickelte sich rasant, was noch mehr Arbeit mit sich brachte und ihm gleichzeitig immer weniger Zeit ließ, sich seinem privaten Glück zu widmen.

So geht es nicht mehr weiter. Während des Krieges und in der Folgezeit war die Versorgung psychischer Erkrankungen in Deutschland praktisch zum Erliegen gekommen. Erst in den 1960er- und besonders in den 1970er-Jahren führten Reformen zu einer deutlichen Verbesserung in diesem Bereich. Bis dahin zählten Erschöpfung und psychosomatische Beschwerden nichts – es musste erst der körperliche Zusammenbruch erfolgen, bevor Hilfe angeboten und angenommen wurde. Diese Einstellung teilte auch Gerhard Alber. Ab 1980 war es ihm unmöglich, die Landwirtschaft fortzuführen, er war körperlich ruiniert. Selbst im Krankenhaus verschlechterte sich sein körperliches Befinden weiter. Obwohl seine Ärzte ihn nachdrücklich aufforderten, die Landwirtschaft aufzugeben, drängte er auf eine möglichst rasche Wiederherstellung seiner Leistungsfähigkeit. Denn nun wollte er sich endlich seinem Lebensziel zuwenden und eine eigene Familie gründen, um die Weitergabe des Familienbesitzes zu sichern.

Schließlich erkannte der Krankenhaussozialdienst das psychische Dilemma. Man verwies Gerhard Alber an eine psychologische Beratungsstelle. Für ihn kam das zunächst einer Kränkung gleich. Gingen nicht ausschließlich Simulanten und Spinner zu einem Psychologen? Glücklicherweise gab es für die Beratungsstelle keine formalen und finanziellen Hürden, es musste keine spezielle Diagnose erstellt werden, und auch Zeitdruck gab es nicht. Gerhard Alber konnte angenommen werden, wie er war und wie er sich gab. So wandelte sich das von Misstrauen und zunächst sogar Geringschätzung geprägte Verhältnis zum psychologischen Berater in ein Vertrauensverhältnis.

Ein neuer Blickwinkel. Vor dem Hintergrund von Gerhard Albers Lebensgeschichte ließ sich vieles von dem, was ihm in den zurückliegenden Jahren widerfahren war, verstehen. Bald war klar, dass er sich umorientieren musste. Eine Stiftung konnte eine moderne Form der Weitergabe des Familienerbes sein. Sie ermöglichte ihm, seine Finanzen zu regeln, mit Blick auf das Stiftungsziel weiterhin sparsam zu sein, und half ihm gleichzeitig, die von der gesellschaftlichen Entwicklung längst überholte Bauerntradition auch privat allmählich aufzugeben. Die psychologische Begleitung mit wöchentlichen Sitzungen dauerte mit einigen kurzen Pausen ein knappes Jahr.

Was hat sie gebracht? Gerhard Alber erkannte, dass er einen neuen Lebenssinn brauchte. Nachdem er sich bei der zuständigen Behörde diesbezüglich hatte beraten lassen, verfasste er ein Testament, das besagte, dass nach seinem Tod eine Stiftung eingerichtet werden sollte. Da er nun einen neuen Sinn für sein Dasein gefunden hatte, kam wieder Hoffnung auf, und er erholte sich nach der psychologischen Begleitung auch gesundheitlich so weit, dass trotz Herzschwäche und Asthmas kein Krankenhausaufenthalt mehr notwendig wurde.

Für Gerhard Alber war die psychologische Begleitung sicherlich ein Erfolg. Ansonsten hätte er wohl kaum per Testament die Gründung einer psychologisch orientierten Stiftung veranlasst und seinem Berater die Testamentsvollstreckung übertragen. Heute würde sich ein solcher Patient wohl schon viel früher wegen eines Erschöpfungssyndroms bzw. Burnouts um eine psychologische Beratung bemühen. Hätte man Gerhard Albers psychische Leiden frühzeitig erkannt, so wäre vermutlich seine chronische Erkrankung verhindert worden bzw. eine vollständige körperliche Gesundung wäre möglich und ein längeres Leben wahrscheinlich gewesen.

Wie Religion und Philosophie bestätigt auch die Psychologie die überragende Bedeutung von *Hoffnung* für das menschliche Empfinden und Handeln. Ein Perspektivenwechsel hat Gerhard Alber wieder einen Sinn in seinem Dasein sehen lassen. Die nach wie vor körperlich einschränkenden Beschwerden verloren ihr Bedrohungspotenzial. Ein neues Ziel weckte Zuversicht, es musste allerdings erst akzeptiert werden. Dies war nicht mit einer wissenschaftlich fundierten Erklärung allein getan. Vielmehr war dazu auch empathisches Verstehen und Aufarbeiten des früher im Leben Versäumten notwendig.

www.youtube.com/watch?v=9FBxfd7DL3E

Seligman plädiert für eine *Positive Psychologie*, die mehr ist als eine Reduktion von Beschwerden.

Psychologie als Wissenschaft und Beruf

Sehr viel hat sich verändert seit Wilhelm Wundt Ende der 1880er-Jahre das erste experimentelle Psychologielabor eingerichtet hat. Damals ging es um genaue Messungen. In der Folge wandelte sich die Psychologie von einer philosophischen zu einer quasi naturwissenschaftlichen Disziplin. Doch auch heute bringen selbst immer aufwendigere Experimente noch keine endgültigen Antworten. Wie auch, wenn es für ein wissenschaftliches Experiment doch immer erforderlich ist, die Rahmenbedingungen genau festzulegen und damit einzuschränken.

Ein Blick aufs Ganze, der auch Ausnahmen berücksichtigt und Widersprüche integriert, wäre wohl nur durch das Einbeziehen der Philosophie möglich. Eine Psychologie, die beide Wurzeln ihres Fachs zusammenführt und zudem die gesellschaftliche Dimension berücksichtigt, wird dem Menschen und den Veränderungen des Lebens sicher am ehesten gerecht. Werte dienen zur Orientierung, sie lassen sich definieren, aber sie ändern sich auch mit den Lebensbedingungen. Menschliches Verhalten erklärt sich nicht nur durch das Individuum, sondern wird durch die Situation, die Gesellschaft, die Medien usw. beeinflusst.

Es gibt also keine einfachen Erklärungen für menschliches Verhalten, sofern man es nicht auf Reflexe reduziert. Psychologische Experimente erklären Verhalten immer im Rahmen eines Kontextes gegebener Lebensbedingungen – sie liefern daher keine endgültigen Wahrheiten. Der Mensch kann sich und andere mithilfe von naturwissenschaftlichen Experimenten besser verstehen, aber für ein Verständnis des Lebens insgesamt – für ein Verständnis von Phänomenen wie Glück, Liebe, Mitgefühl – wird es immer auf die Fähigkeit zur Reflexion, das konstruktive Zweifeln und das Finden einer Balance ankommen. Für die psychologische Erkenntnis trifft zu, was der griechische Philosoph Aristoteles bereits vor Christi Geburt formuliert hat und was zum Leitgedanken der Gestaltpsychologie wurde: »Das Ganze ist mehr als die Summe seiner Teile.«

Es ist gut, dass der Mensch zum Fühlen *und* Denken befähigt ist. Er hat die Wahl, muss sich fragen, was ihm wichtig ist, und wird sich immer wieder entscheiden müssen. Mensch sein heißt eben, auf der Suche sein, immer wieder aufs Neue eine gute Antwort zu finden, bei sich stets verändernden Lebensbedingungen jeweils die bestmögliche Entscheidung zu treffen, damit ein gutes Leben gelingt. Es ist beeindruckend, was wir heute immer noch von den Philosophen der Antike lernen können. Sie haben Weisheiten formuliert, die auch für den modernen Alltag taugen: Ein gelingendes Leben erfordert eine gesunde Seele, die auch sich selbst und die Welt versteht. Dafür sind innere Werte wichtiger als äußere.

Wenn man auf das eigene Leben zurückschaut, wundert man sich nicht selten, wie es sich so gefügt hat. Auch bei mir waren die Zufälle, die das Leben für mich bereithielt, bestimmender als meine Absichten. Psychologie habe ich studiert, weil ich zuvor einen Psychologiestudenten kennengelernt hatte, der mir intellektuell sehr imponierte. Das hatte – wie ich später erkannte – gar nichts mit Psychologie zu tun, aber es richtete meine Aufmerksamkeit auf dieses Studium. Und damit bin ich bis heute gut gefahren.
Als Sohn einer Lehrerin war Sicherheit und Planbarkeit ein wichtiger Teil meiner Persönlichkeit. Da taugte es, dass man als Psychologe im öffentlichen Dienst eine sichere Anstellung findet. Als junger Diplom-Psychologe an einer Beratungsstelle für Erziehungs-, Ehe- und Lebensfragen war ich angesichts der vielfältigen Fragen und Probleme allerdings oft heillos überfordert, aber das lag auch an mir selbst. Ich meinte doch damals, als fertiger Psychologe muss ich mit allen Problemen zurechtkommen. Die Realität belehrte mich eines Besseren. Zwar hatte ich tolle Erfolge, vereinzelt sogar herausragende Therapieergebnisse als Verhaltenstherapeut, aber nicht selten war auch der Wurm drin. Einmal wurde mir überhaupt nicht klar, was eine Person eigentlich wollte, ein andermal waren die Beteiligten viel zu ungeduldig. Ein gescheiterter junger Mann bedeutete mir, dass ich wohl bescheuert sei, für ein mickriges Gehalt von morgens bis abends zu arbeiten – da wusste ich dann auch nicht weiter. Eine Frau suchte mich auf mit der Bitte um eine Hypnosebehandlung, aber nach 15 Minuten fragte sie schon, wie lange das noch dauern würde – so wurde es dann auch nichts. Zum Glück tritt so etwas schnell in den Hintergrund, vor allem wenn einen eine Anfrage besonders berührt. Schon in meinem ersten Praktikum als junger Student in einer Kinder- und Jugendpsychiatrie wurde ich mit einem zwölfjährigen Mädchen konfrontiert, das noch immer nachts einnässte. Die Mutter hatte es in der Klink mit den Worten abgegeben: »Die könnt ihr behalten.« Dann war sie mit ihrem neuen Freund nach Italien verduftet. Das Mädchen hatte sich auf der

Station an mich geklammert, einfach weil ich die erste Person war, die sich um es gekümmert hatte. In solchen Momenten spürt man deutlich, was es bedeutet, für einen anderen Menschen wichtig zu sein, ihm helfen zu können. Gleichzeitig werden einem die eigenen Grenzen drastisch vor Augen geführt. Nie vergessen werde ich auch die Begegnung mit Gerhard Alber, der sich eigentlich nur über die unzureichende Hilfe des Krankenhauspersonals beschweren wollte, dann aber doch blieb. Irgendwie fand ich einen Draht zu ihm, vielleicht, weil auch die Vorfahren meines Vaters wie er Bauern waren, die ihr Leben lang hart arbeiten mussten. Ich fand wohl deshalb die richtige Sprache und setzte in den Gesprächen die passenden Akzente. Später hat er mir die Vollstreckung seines Testaments übertragen, und ich konnte die Stiftung aufbauen, an der ich noch heute mitwirke.

Mich fasziniert das psychische Geschehen. Es regt mich an, Veränderungen zu initiieren. Denn da ist noch eine andere Seite meiner Persönlichkeit, die eher auf meinen Vater, einen kleinen Unternehmer, zurückgeht. Wie er habe ich viele Ideen und möchte etwas bewegen. Ich baue gern und schaffte es auch im Beruf, mich an Aus- und Umbauten zu beteiligen oder sie gar zu initiieren. Ich gründete nicht nur das erste deutsche Ausbildungsinstitut für Verhaltenstherapie, sondern baute es schließlich zu einem großen und repräsentativen Institut aus. Überhaupt die Verhaltenstherapie – am Ende meines Studiums kam sie erst an den deutschen Universitäten an, und ich erkannte sofort: Das ist es. Nicht nur reden, sondern handeln. Das passte zu mir, und ich legte los, schnell die Diplomarbeit, dann das Institut, später noch die Doktorarbeit. Welch ein Glück, dass ich diese Entwicklung an der Uni gerade noch mitbekommen konnte. Längst habe ich akzeptiert, dass auch andere Vorgehensweisen ihre Berechtigung haben. Die Verhaltenstherapie ist außerdem sehr offen und integrierte oft neue Erkenntnisse und Methoden. Aber Reden war einfach nicht so mein Ding – stattdessen jede Menge Projekte. Wenn ein Student Interesse hatte, gingen wir ein Therapieprojekt an. Einmal ging es um starke Emotionen, einmal um chronische Schmerzen … Neue Themen, neue Kollegen inspirieren mich. Das ist Leben – und auch Stress. Aber das Schöne an psychologischen Themen ist, dass man die eigene Familie immer ein wenig teilhaben lassen kann – Psychologie geht eben jeden an. Genau das kann auch ein Fluch sein, immer ist man betroffen, und wer möchte schon ständig Vorbild sein?

Inzwischen bin ich nicht mehr berufstätig, aber beteilige mich weiterhin an der Ausstellung »Faszination Psychologie« der Stiftung Psyche, leite Führungen und Stadtspaziergänge usw. Vieles sehe und empfinde ich heute anders als früher. Es bleibt spannend. Manche beneiden mich, weil ich keine Langeweile habe. Andere fragen sich, weshalb ich mir das im Ruhestand antue, immer wieder Termine, immer noch stressige Auftritte vor Gruppen und auf Tagungen. Warum sitze ich nicht gemütlich auf der Bank im eigenen schönen Garten und genieße das Erreichte? So bin ich eben! Früher hätte ich es als innere Unruhe und fehlende Gelassenheit gedeutet, heute sehe ich darin Kreativität und Unternehmergeist, eben die zweite Seite meiner Psyche.

> *Man kann das Leben nur rückwärts verstehen,*
> *aber leben muss man es vorwärts.*
>
> (Sören Kierkegaard, Philosoph)

Obwohl viele psychologische Erkenntnisse heute Allgemeingut sind, gibt es dennoch viele Vorbehalte, wird das Psychische geringer geschätzt als das Körperliche. Kommt ein Mensch nicht zurecht, ist es vorrangig immer noch der Körper, der repariert werden muss. Das hat nichts mit dem Denken zu tun, heißt es dann. Obwohl heute alle z. B. um den Placeboeffekt wissen, trauen die meisten solchen psychischen Phänomenen nicht über den Weg. Wir sind es aufgrund des großen technischen Fortschritts zu sehr gewohnt, Dinge »technisch« – und das heißt schnell – lösen zu wollen. Unser Denken, unsere Einstellungen und psychologischen Konstruktionen beeinflussen unser Verhalten und wirken auf unseren Körper. Aber wir spüren das nicht direkt, weil der Einfluss allmählich geschieht. Obwohl man z. B. weiß, dass man Erholung und Schlaf nicht erzwingen kann, wird dieses Wissen so lange wie möglich ignoriert. Die innere Unruhe anzunehmen und sich geduldig auf den Prozess des »Herunterkommens« einzulassen, erscheint vielen zu mühsam – obwohl sich nur über diesen Weg eine nachhaltige Lösung erwarten lässt. Auch hierfür können wir uns die Tiere zum Vorbild nehmen.

Die menschliche Psyche ist kompliziert und widersprüchlich, insofern ist es erstaunlich, dass vielen Menschen ihr Leben überhaupt gelingt. Das macht unsere Psyche einerseits faszinierend, andererseits müssen wir mit komplexen Antworten auf unsere Fragen leben. Zur Orientierung liefert uns die wissenschaftliche Psychologie viele Anregungen und mit ihren Erkenntnissen auch eine Richtschnur für ein gutes Leben.

Ein gutes Leben ist ein Prozess, kein Daseinszustand.

(Carl Rogers, Gesprächspsychotherapeut)

Weiterführende Literatur

Appiah, K. A. (2009): Ethische Experimente. C. H. Beck, München.

Bandelow, B. (2004): Das Angstbuch. Rowohlt, Reinbek.

Bergner, T. (2013): Gefühle. Schattauer, Stuttgart.

Birbaumer, N. (2015): Dein Gehirn weiß mehr, als du denkst. Ullstein, Berlin.

Christmann, F. (2015): Keine Angst vor Ängsten. Schattauer, Stuttgart.

Ciccotti, S. (2011): 150 Psychologische Aha-Experimente. Spektrum Akademischer Verlag, Heidelberg.

Collin, C. et al. (2012): Das Psychologie-Buch. Dorling Kindersley, München.

Dal-Bianco, P. und Walla, P. (2010): Verrückt, was unser Gehirn alles kann, selbst wenn es versagt. Galila, Etsdorf.

Dutton, K. (2014): Psychopathen. Deutscher Taschenbuch Verlag, München.

Förster, J. (2012): Unser Autopilot. Deutsche Verlagsanstalt, München.

Furnham, A. (2010): Psychologie – 50 Schlüsselideen. Spektrum Akademischer Verlag, Heidelberg.

Gerrig, J. R. und Zimbardo, P. (2008, 18. Aufl.): Psychologie. Pearson Studium, München.

Gibran, K (1983, 13. Aufl.): Der Prophet. Walter, Olten.

Grawe, K. (2000, 2. Aufl.): Psychologische Therapie. Hogrefe, Göttingen.

Hasler, G. (2017): Resilienz: Der Wir-Faktor. Schattauer, Stuttgart.

Heath, C. und Heath, D. (2010): Switch – Veränderungen wagen und dadurch gewinnen. S. Fischer, Frankfurt a. M.

Hirschhausen, von, E. (2009, 6. Aufl.): Glück kommt selten allein. Rowohlt, Reinbek.

Kaluza, G. (2011): Salute! Was die Seele stark macht. Klett-Cotta, Stuttgart.

Kast, B. (2012): Ich weiß nicht, was ich wollen soll. S. Fischer, Frankfurt a. M.

Kast, B. (2015): Und plötzlich macht es klick. S. Fischer, Frankfurt a. M.

Klein, S. (2003): Die Glücks-Formel. Rowohlt, Reinbek.

Mai, J. und Rettig, D. (2011): Ich denke, also spinn ich. Deutscher Taschenbuch Verlag, München.

Pinker, S. (2011): Gewalt. S. Fischer Verlag, Frankfurt a. M.
Precht, R.D. (2010): Die Kunst, kein Egoist zu sein. Goldmann, München.
Quoidbach, J. (2012): Glückliche Menschen leben länger. Springer Spektrum, Heidelberg.
Schneider, R.U. (2006, 2. Aufl.): Das Buch der verrückten Experimente. Goldmann, München.
Schneider, R.U. (2009): Das neue Buch der verrückten Experimente. Bertelsmann, München.
Reber, R. (2007): Kleine Psychologie des Alltäglichen. Verlag C.H. Beck, München.
Rettig, D. (2013): Die guten alten Zeiten. Deutscher Taschenbuch Verlag, München.
Slater, L. (2005): Von Menschen und Ratten. Beltz, Weinheim und Basel.
Spitzer, M. (2010): Aufklärung 2.0. Schattauer, Stuttgart.
Steiner, G. (2007, 4. Aufl.): Lernen. 20 Szenarien aus dem Alltag. Hans Huber, Hogrefe, Bern.
Wetzel, S. (2014): Achtsamkeit und Mitgefühl. Klett-Cotta, Stuttgart.

Sachverzeichnis

E

H

I

K

L

M

N

O

P

R

S

T

U

V

Fred Christmann bei Schattauer

Fred Christmann

Keine Angst vor Ängsten

Verhaltenstherapeutische Techniken lernen und anleiten

Panische und phobische Ängste – welche verhaltenstherapeutischen Möglichkeiten der Hilfe und Selbsthilfe gibt es? Das Buch vermittelt klar und fundiert, was Therapeuten und Betroffene über die Mechanismen der Angst wissen müssen und welche Übungen sich besonders eignen.

Die vorgestellten Methoden eignen sich zur ganzheitlichen Behandlung von diversen Angststörungen in den verschiedensten Lebensphasen. Ergänzt wird das Buch durch hilfreiche Online-Übungen zum mentalen Training.

2015. 134 Seiten, 46 Abb., kart., inkl. Audio-Dateien zum Download €
ISBN 978-3-608-43147-6

Fred Christmann

Keine Angst vor Ängsten - dein Pocketcoach

- **Übungen:** Imagination, paradoxe Angstübung, Muskelentspannung, Achtsamkeit, Körperhaltung u.v.m.
- **Erste Hilfe:** Was beim akuten Angstanfall hilft
- **Plus:** Therapeutische Geschichte und Extra-Tipps für Eltern und Erzieher

Wer sich seinen Ängsten stellt, wird sich verändern. Dieser Coach hilft dir, deinen Ängsten mehr und mehr die Stirn zu bieten.

2017. 86 Seiten, 7 Abb., kart.
ISBN 978-3-608-43250-3

Schattauer